新编21世纪高等职业教育精品教材 · 通识课系列

现代大学美育

（第二版）

主编 张绍荣 朱传书 杨 敏

中国人民大学出版社
·北京·

图书在版编目（CIP）数据

现代大学美育 / 张绍荣，朱传书，杨敏主编.

2 版. -- 北京：中国人民大学出版社，2024. 10.

（新编 21 世纪高等职业教育精品教材）. --ISBN 978-7

-300-33408-0

Ⅰ. G40-014

中国国家版本馆 CIP 数据核字第 2024EL2088 号

新编 21 世纪高等职业教育精品教材·通识课系列

现代大学美育（第二版）

主　编　张绍荣　朱传书　杨　敏

Xiandai Daxue Meiyu

出版发行	中国人民大学出版社		
社　　址	北京中关村大街 31 号	**邮政编码**	100080
电　　话	010 - 62511242（总编室）	010 - 62511770（质管部）	
	010 - 82501766（邮购部）	010 - 62514148（门市部）	
	010 - 62515195（发行公司）	010 - 62515275（盗版举报）	
网　　址	http://www.crup.com.cn		
经　　销	新华书店		
印　　刷	北京瑞禾彩色印刷有限公司	**版　　次**	2023 年 9 月第 1 版
开　　本	787 mm×1092 mm　1/16		2024 年 10 月第 2 版
印　　张	14	**印　　次**	2024 年 10 月第 1 次印刷
字　　数	303 000	**定　　价**	49.00 元

第二版前言

PREFACE

美育是立德树人的重要载体，是培根铸魂的重要工作，在德智体美劳"五育"并举中具有不可替代的重要作用。全面加强和改进大学生美育，提高大学生美育素养是高等教育一项恒久的任务。通过对大学生认识美、体验美、感受美、欣赏美和创造美等能力的教育培养，可以丰富大学生情感，健全大学生心智，从而促进大学生全面发展。

本教材以中共中央办公厅、国务院办公厅印发的《关于全面加强和改进新时代学校美育工作的意见》、教育部印发的《关于切实加强新时代高等学校美育工作的意见》《关于全面实施学校美育浸润行动的通知》及全国学校美育工作推进会议精神等为指导，深入学习贯彻党的二十大精神和习近平总书记关于美育工作的重要论述，扎根中国，融通中外，立足时代，面向未来。

本教材在汲取前人成果的基础上，本着传承中华优秀传统文化精华，体现国家和民族核心价值理念，构建模块化美育知识体系，从"认识美——万物皆美""劳动美——职业之美""科技美——智慧之美""道德美——修养之美""艺术美——美美与共"五个教学模块、十二章内容对大学生进行审美教育和引导，积极探索构建以审美和人文素养培养为核心、以创新能力培育为重点、以中华优秀传统文化传承发展和艺术经典教育为主要内容的课程体系。本教材的编写从基本概念、要素、作品入手，将艺术欣赏、生活兴趣结合在一起，注重对大学生价值观的引导，在沉浸式、体验式等新形态的审美活动中立德树人。

本教材拓展并创新了美育内容体系，在传统美育内容之外，将劳动美、科技美、综合艺术美（数字媒体、摄影等）纳入其中，使美育范畴更全面、内容更现代，特别是更适合新时代大学美育的教材建设要求。教材图文并茂，浅显易懂，既可以让学生在学习中获得丰富的人文知识和感受美的熏陶，又可以让学习过程变得轻松愉快。

本教材为修订再版。教材编写组合理吸收了教材第一版使用过程中全国 12 所高职院校反馈的意见和建议，并结合承担的重庆市美育综合评价改革试点项目进行系统修订，既丰富了中国传统文化典型案例，又补充了教育部关于美育系列新要求、新内容。特别是新增了音频、视频、微课、虚拟仿真等多种美育媒介元素，促进数字技术与中华优秀传统文化融合，期盼让美育活起来、动起来。

编者

CONTENTS

模块一　认识美——万物皆美

第一章

美是什么　002

第一节　美的蕴意　002
第二节　美的作用　006
第三节　美育思想　008

第二章

何为美育　015

第一节　审美教育　015
第二节　情操教育　018
第三节　心灵教育　022

模块二　劳动美——职业之美

第三章

劳动孕育精神美　026

第一节　劳模精神美　026
第二节　劳动精神美　032
第三节　工匠精神美　039

第四章

劳动成就职业美　045

第一节　职业技术创新美　045
第二节　职业技能创造美　048
第三节　职业技艺传承美　051

第五章
劳动塑造生活美　059

第一节　生命运动美　059
第二节　健康体魄美　064
第三节　创造生活美　069

模块三　科技美——智慧之美

第六章
科技美化职业　076

第一节　学业中的科技美　076
第二节　产业中的科技美　079
第三节　职业中的科技美　083

第七章
科技提升美质　085

第一节　科技革新理念美　085
第二节　科技改进产品美　090
第三节　科技提升效能美　095

模块四　道德美——修养之美

第八章
道德美的职业内涵　102

第一节　政治品德美　102
第二节　职业道德美　108
第三节　社会公德美　112
第四节　家庭美德美　116

第九章
道德美的职业外延　123

第一节　服饰妆容美　123
第二节　礼仪行为美　129
第三节　伦理秩序美　139
第四节　语言心灵美　142

模块五　艺术美——美美与共

第十章

表演艺术美　148

第一节　音乐美　148
第二节　舞蹈美　153
第三节　戏剧戏曲美　157
第四节　影视美　162

第十一章

造型艺术美　166

第一节　雕塑工艺美　166
第二节　书法绘画美　173
第三节　建筑园林美　181

第十二章

媒体艺术美　189

第一节　摄影艺术美　189
第二节　数字媒体艺术美　199
第三节　媒介融合美　202

参考文献　208
后记　212

模块一

认识美——万物皆美

美是什么

学习目标

1. 理解美的内涵
2. 把握美的作用
3. 了解美育思想

学习重点

1. 美的内涵
2. 马克思主义美育思想的主要内容
3. 习近平关于美育的重要论述

什么是美？美又往何处寻？生活中并不缺少美，而是缺少发现美的眼睛。赏心悦目的美景，婉转动听的美声，香甜可口的美食，愉悦心灵的美文……世间万物，只要具备了美的属性，就能使人在欣赏的同时产生积极向上的情感反应，从而为人所喜爱。

第一节　美的蕴意

美是指能够使人产生积极的情感体验，继而促使人发生积极的精神变化的事物属性。积极的情感体验表现为情感愉悦、身心轻松和感觉舒适等。积极的精神变化是指人在获得审美体验之后，或是产生了对审美对象的喜爱之情，或是产生了对美好生活的憧憬，或是精神得到了振奋，或是心中产生了一种信念等。

（一）美源于人类生产实践

纵观人类文明发展史，人类在改造和利用自然的社会实践活动中，逐渐产生了审美意识。在此基础上，人类的审美能力也在后天的实践中逐渐形成和发展起来。

美源于生产实践

人类最初的审美意识，是在创造和使用生产工具的过程中产生的，人类最早的审美体验也产生于生产工具创造和使用的经验之中。当人们在生产劳动中打制石器工具，制作出各种石刀、石斧、石锛的时候，为了使用方便，就把工具打磨得光滑、均匀、规整。在新石器时代的良渚文化中出现的玉钺、玉璧、玉琮、玉猪龙等，制作用料较大，雕工细腻，风格深沉，可以想象当时玉石的解剖和分割技术已经成熟。其艺术装饰的构成特点，融入了对称与均衡的新理念，突破了琢玉整体设计的随意性，人类的审美意识在器物制作中得以体现，器物的美感也得到进一步增强。这种从工具到礼器的变化，也是人类审美意识和审美需要提高和发展的结果。

美是依赖于事物而存在的，当事物不存在的时候，其能够表现出来的个性美也就随之消失。客观世界的事物是多种多样的，而不同事物的美只有通过社会实践才能发现。人在社会实践中，因为接触不同的领域，所以视野更开阔，感受更丰富，才能更有效地发现未曾注意的各种形式美。离开了社会实践，人们很难发现美。

（二）美反映人类精神生活

随着人类社会实践的不断发展，人类审美意识日益增强，追求美、表现美逐渐成为人类精神生活的重要内容，原始艺术随之产生。原始艺术根植于原始人的社会实践，是原始人的社会生活和意识活动的反映，集中表现为原始乐舞和原始绘画。

原始乐舞主要表现狩猎、战争、庆功等场面，它能让原始人再度体验劳动、胜利的喜悦。如《尚书·虞书·舜典》中的"予击石拊石，百兽率舞"，就描写了原始人戴着兽类面具，模仿兽类动作，随着敲击石器的声音跳舞的情景。

原始绘画也多是记载和描绘劳动对象、劳动工具和劳动场面，如刻画狩猎、舞蹈、部落战争及天文图像等，皆反映了古代狩猎民族的社会生活。

人类在不断演进的精神生活中丰富了美，在丰富美的过程中又逐步提高和发展自己的审美意识和审美需要。人类在提升这种审美能力的基础上，又创造出更多、更新、更美的事物。如此循环，人类社会的美不断由低级向高级发展，美的领域也日益扩大。

（三）美体现人类自由创造

人类和其他动物的本质区别就在于其他动物的活动只是对自然的消极适应，而人类的活动是一种有意识、有目的的社会实践，是在掌握客观规律基础上的自由创造。人类之所以能够从创造中得到一种审美愉悦，是因为它们展示了人类的智慧、仁爱、勇敢和坚毅，表现了人类的理想和愿望。从这个意义上来说，美体现了人类自由创造的本质力量，美的价值就是人类自由创造的价值。

美不仅存在于物质生产领域，也存在于社会生活领域。人类一方面要认识和利用自然，创造丰富的物质文明；另一方面要不断地认识和改造社会以及人类自身，营造安定和谐的理想社会。为获得美好的社会生活，人类不仅要有智慧和勇气，还要有伦理、道义，以及美好的生活理想。这些优秀的行为、品质及思想情感，都体现了人类的本质力量。

总之，人类不仅能够发现美、欣赏美，而且能够追求美、创造美。所以说，美是一种社会现象，不能离开人类社会而存在。美是从人类改造客观世界的社会实践中产生的，美是现实对人类创造性实践活动的肯定形式。

二、美的特点

（一）形象性

美不是抽象、虚空的，而是可以透过感官直接感受的。美的内容都要通过一定的色彩、声音、形态等所构成的更加丰富的外在形式表现出来，也就是说"美"都有具体可感的形态，即具有形象性。美的形象，一方面在于其内容的社会功利性，即有用、有利、有益于社会生活实践，是对实践的肯定；另一方面在于其质料和形式的合规律性，如对称、均衡、和谐等。这两者的统一构成了美完整的形象。

大自然中，一切美的事物都是具有形象的。喷薄而出的旭日、惊涛拍岸的江水、翁翁郁郁的森林、繁花似锦的草地等，这一切都表现为形状、颜色、声音等感性形式，人们总是通过这些感性形式看到、听到、触及它们，它们无一不是具体可感的。

人类社会中，最核心的美是人的美，人的美无论是身材相貌，还是心灵，都是具有感性形式的。其中心灵美，外在表现为语言和行为两个方面，语言是我们可以听见的，行为是我们可以看到的。因此，心灵美也并非是抽象的，而是有其具体可感形象的。

（二）感染性

美不是直接诉诸人的理智，而是诉诸人的情感，以情感人、以情励志、以情悦人，这就是美的感染性。美的感染性能够给人的情绪甚至情感带来影响。当我们欣赏一件艺术品时，无论是天然形成还是人工制造，我们或多或少都会产生一种情绪上的波动，也许是愉快兴奋，也许是悲哀激昂，不管是前者，还是后者，我们肯定是被这件艺术品所打动了。美的事物一般影响人的情感，使人在精神上得到很大的愉悦与满足。比如，每当看到迎风招展的五星红旗时，我们便油然而生一种蓬勃向上的情绪，以及强烈的民族自尊心和自豪感。因为那一抹鲜艳夺目的中国红是成千上万的先烈用鲜血和生命换来的，它象征着国家独立和人民解放，具有震撼心魄的感染力。

（三）共通性

事物无处不在，美也随处可见可感。美是具有自然属性的，如事物内在的质地、性能、功用和外在的形状、色泽、声音等美的素质，它们是自然生成的或经人改造的物质材料所蕴含的固有属性，其本身并不具有鲜明的社会属性，因此它有可能引起不同时代、民族、阶级的情感激荡，使美具有十分宽广的共通性。尤其在同一文化背景下，美的共通性表现为人们的价值观和审美观等。例如，儒家思想的代表孔子非常注重美善的和谐统一，认为美离不开善的审美意旨，善更离不开美的审美表现。这一思想在今天对于艺术审美创作的评价中依然践行着，人们认为艺术审美创作必须符合伦理道德规范。

三、美的表现

（一）感官体验

生活中，美的表现形式是丰富多样的，而这些不同形式美的享受，都需要经过感官体验的方式才能获得。例如，美味佳肴是生活美的重要组成部分，而要感受食物之美，如水果的甜美、佳肴的味美、好酒的醇美等，都必须通过品尝才能感受得到。又例如，欣赏法国画家米勒的油画《拾穗者》（见图1-1），我们看到的是乡村秋季收获后，人们从地里拣拾剩余麦穗的情景，可以从中感受劳作之美。同时，我们也会联想到自己熟悉的乡村劳动场景，获得更大的感受空间。

图1-1　米勒《拾穗者》

（二）心理感受

各种情感之美，都是以心理感受的形式存在的。亲情、友情和爱情之美，人们既可以在各种人际交往中真切地体验到，也可以通过文学和其他形式的艺术品，以及从现实情景中感受到。例如，人们不论是聆听歌曲《父亲》，还是欣赏油画《父亲》（见图1-2），都能从听觉和视觉层面获得强烈的情感体验，感受到父亲质朴、高尚的亲情之美。

（三）真实情境

真实情境是自然美和生活美的一种主要表现形式。自

图1-2　罗中立《父亲》

然美的真实情境常常表现为迷人的景色、清新的环境、高远的空间等。比如登临高山、走进森林、静坐月下等，一般都能使人心境豁然、身心轻松。生活美的真实情境很多表现为欢乐的场面、热烈的氛围等，比如人们在欢庆丰收、庆祝节日时跳起欢快的舞蹈，能够使人感受到收获的快乐、生活的富足，从而激励和鼓舞人的拼搏奋斗精神。

生活美的真实情境

（四）文化熏陶

文化熏陶是人类思想美和精神美的主要表现形式。这种表现形式以各种自然事

物为基础，通过赋予其一定的思想和精神内涵而成为一个个文化意象，借以表现思想美和精神美。如在中国古典诗词中，有很多关于"月"的诗词，有的读来令人顿生思念之情，如"海上生明月，天涯共此时"；有的读来使人心生哀怨之感，如"待到黄昏月上时，依旧柔肠断"；有的读来使人顿觉澎湃激昂，如"星垂平野阔，月涌大江流"。为什么诗词中的"月"字，会让人们产生强烈的情感反应呢？因为诗词中的"月"已经不再是一种简单的自然事物，而是一种具有思想美的意象，从而形成文化熏陶。

第二节 美的作用

爱美之心，人皆有之。美是人类生活的重要方面。审美活动是人类特殊的精神活动。人们只有通过培养审美意识，了解审美特点，健全审美心理，不断提高自己的审美能力，建立起自己的审美观念和审美趣味，才能更全面、准确地感受无处不在的美。

一、培养审美意识

审美意识是对审美活动的观念反映和评价，是一种审美的价值观念形态。就个体而言，个体的世界观、人生观、价值观的构成离不开审美意识，而审美意识亦是个体人生志趣、气质情操、社会理想在审美方面的集中体现，在审美过程中起着重要作用。

（一）乐观的审美态度

审美态度是指人们在审美活动中形成的、对事物美的持久而稳定的心理反应。拥有积极乐观的审美态度，更利于促使人们在审美活动中确立科学、客观的审美标准，得以欣赏大自然及社会中不计其数的美；否则就会出现难以分辨善恶美丑的情况，把庸俗当作高雅，将病态视为优美，把落后看成时尚，追求低级、怪异和不健康的趣味。

（二）健康的审美情趣

健康的审美情趣是把对美的需要作为实践动机，逐渐形成个体主观审美的积极情感、兴趣和爱好。审美情趣并不是纯粹的孤立现象，外在的众多因素都会对个体的审美情趣产生或多或少的影响，如陶渊明独爱傲霜怒放的菊花，周敦颐偏爱出淤泥而不染的莲花，陆游偏好冰肌玉骨的梅花，郑板桥尤好神韵秀逸的青竹……审美情趣虽然以个体偏爱作为外在表现，却是一个时代、一个民族的审美要求、趋向和理想的反映。

健康的审美情趣不是审美主体与生俱来的，而是需要不断教育培养的。人们的审美情趣在很大程度上受到周围环境的影响。家庭、学校、社会都应积极行动起来，为孩子培养健康的审美情趣，合力打造审美教育的优美环境。

（三）崇高的审美修养

审美意识的提高需要审美主体具备一定的审美修养。比如，你想获得更真实、更纯粹的艺术享受，那么你就必须是一个具有艺术修养的人。审美修养往往引导人们确立崇高的审美理想，促进人们自觉地展开心性锻炼。它一方面发掘社会生活中固有的、积极健康的美来启迪人的心灵和智慧，培养人们高品位、高品质的生活情趣；另一方面又以自身独有的方式来提高人们诗意栖居和艺术生活的能力，从而不断提高人们生活、学习和工作的质量。

二、健全审美心理

审美心理是审美主体的一种精神追求的心理活动，人们只有在不断健全审美心理的过程中，才能真切地感受到超越人类生命境界的自由和灵动。

（一）审美感知

审美感知是审美感受的心理基础。在审美感知过程中，美的对象作用于人的感觉和知觉，在大脑中形成一个美的主观印象。怀揣梦想、热爱生活的人们，总是具有强烈的求知欲和成才意识，他们追求精神的富有和充实，勇于追寻和探究未来。在面对纷繁复杂的审美对象时，他们总是能凭着迅捷的感知，更快、更多地了解周围事物，从而使自己的感知及时准确、明晰高效。同时，他们的求知欲和成才意识也不断促使他们学习更多的知识，掌握更多的技能，对各种社会活动和文化活动都表现出浓厚的兴趣，仔细观察自然景物，细腻感受艺术作品，深刻体验人类情感。

（二）审美情感

审美情感以日常情感为基础，是人们精神需要的满足以及对自己进行内省所形成的主观体验和态度，是最高级的情感类型。审美情感是随着个人知识水平、品德修养和思维能力的提高而不断丰富的。强烈的审美情感体验，能够丰富人的精神生活，净化人的心灵，激发人对情感美的追求。但是，审美情感的不稳定性往往会给人们的审美体验带来极大的波动，出现审美偏差。为了避免这种情况的出现，人们就应不断提升审美情感的社会化水平，升华审美情趣，在为人民幸福、国家富强、人类命运而奋斗的过程中获得更高层次的情感体验。

（三）审美理解

审美理解是人们对感受到的事物的审美特性进行理性分析，从而掌握其深刻内涵、体验其美感的内在心理过程。审美理解往往和一个人的知识水平、理论修养和生活境遇等密切相关，审美理解是具有无限多样性的。通过审美教育，可以进一步减少人们在审美理解中的偏见，在自然审美、艺术审美和生活审美中，唤起客观理性的美感体验，感受到轻松与愉悦。

三、提高审美能力

审美能力是从事审美活动时内心活动的能力，是以情感感受与表现为核心和内容的能力内涵。没有审美能力就不可能使审美对象在大脑的意识中呈现，不可能有审美感受和审美表现，也就无法促进审美活动持续开展。

（一）审美鉴赏力

审美鉴赏力是在个体感官感受的基础上，对美的辨别、理解和评价能力。审美的关键在于辨别能力的高低，如果美丑不分、善恶不辨、真假不明，就会走向美育的反面，失去美育应有的价值。理解能力是审美的重要心理因素，理解越深，鉴赏力越强。评价能力是以上各种能力的综合，是审美能力的进一步升华。面对一件艺术品，辨别是帮助我们欣赏美的眼睛，理解是一步步把握美的内核，而评价是用美的理论阐释作品的美感。

（二）审美想象力

审美想象力是大脑对记忆中的表象进行加工，创造美感的能力。人之所以需要想象，是因为现实是不完美的，现实不能满足人们某些生存和发展的需要。在审美过程中，想象力是一种意识超越能力，是发挥情感凝结智慧的能力。例如孟浩然的《春晓》，风格行云流水，平易自然，并无夸张的描绘，而我们在吟诵时却可以凭借想象看到一夜风雨后的春天画面，感受到景色的灵动和神韵。由此可见，审美想象力的根本作用在于创造一种合乎审美需要的心理时空，使心灵达到自由旷达的境界。

（三）审美创造力

审美创造力是指人在实践活动中按照美的客观规律，通过已有认知积累创造美的能力。随着社会发展，艺术美、现实美也应与时俱进，需要持续的创造提供源源不竭的动力。创造美是审美活动的最高成果，也是美的复归和美育的最高境界。提升审美创造力，首先要培养崇高的审美理想，用审美理想来指导审美活动，以此激发创造的动力；其次要提高审美心理素质，用心灵真切感受不同形式的美；最后要不断激励创造个性，把美的感受用奇思妙想表达出来。创造一个美的世界，离不开全人类的共同奋斗。美人之美，美美与共。在创造美的过程中，每个人也将不断完善自己，丰富自己，最终实现人生价值，成就自己。

第三节　美育思想

人类产生了审美需求，随之便产生了审美活动，而美育思想也随着审美实践逐步形成和发展起来。

（一）中国古代美育思想

中华民族有着悠久的历史传统，美育思想也源远流长。产生于原始社会的中国美育思想，随着社会变革与发展，种类日渐繁多，内容日益丰富，从而形成了蔚为大观的中国古代美育思想。

1. "文质彬彬"的乐教美

中国先秦时期非常重视人格教育。以孔子为代表的儒家学派历来关注的核心问题就是如何通过礼乐教化来培养文质彬彬的君子。孔子注意到美育具有深入人心、快速化人的教育功能。所以，他既明确了礼、乐、射、御、书、数等"六艺"为人格教育必备的学科，作为自己因材施教的目的，又亲自整理《诗》《书》《礼》《易》《乐》《春秋》，用作人格教育的教科书。孔子在教育方式和手段上，完成了大量奠基工作。他特别重视诗教与乐教在人格培养中的重要意义，进一步明确了人格教育源于诗教、成于乐教，是一个有始有终的成长过程，强调了诗、乐对于美育的启迪作用和对君子人格养成的引导作用。诗教是人格教育的基础，乐教则是人格臻于最高境界的重要手段。对于"文质彬彬"的理解，孔子强调君子要内外兼修，不仅要有外在的修饰，更重要的是要修心，修自身的道德品质，要求君子内在要有性情，外在要有礼仪，但性情不可直率地表达，礼仪不可太过恭敬，内外兼修，才可以称得上真正的君子。其后的孟子、荀子也都继承了孔子的诗教、乐教思想，仍然把诗与乐看成是养成人格、培养君子的重要手段。

2. "天人合一"的自然美

古代中国，是长期以农业为主的社会，农业生产是否顺利、收获是否丰硕，关系到大量普通人民的生存和国家政权的安定。因此，天人相和、风调雨顺、五谷丰登、国泰民安成为中国古代美学的核心内容。《诗经》收录了大量描述自然风光、自然事物的诗歌，表现了当时真实、生动的自然景象，既反映了其中人物的思想活动和情绪变化，也反映了当时人们对自然美的热爱。这种热爱自然的情感，也自然成为美育的重要内容。

3. "中庸之道"的适度美

中庸在古代被儒家认为是一种伟大的人生智慧，儒家也把中庸作为待人接物、处理问题的准则。他们认为中庸不仅可以用来区分君子和小人，还可以用来辨别是非善恶，更能用来衡量是否合乎社会道德。因此，中庸之道深刻地影响了中国古代的审美思想。同时，中庸之道作为美育思想的重要组成部分，长久地影响着人们对美丑善恶的客观评价。

4. "道不可言"的虚静美

老庄的理论核心是"道"，"道"不是一种直接的具体的自然存在物，而是相对抽象虚无的存在；也不是认知的对象，其更多地被理解为一种心灵的境界。因此，如何达到这一境界，如何进入这一境界，既成为老庄哲学的主旨所在，也成为老庄审美的重要思想。在此基础上形成的道家美育观，强调返璞归真、进入虚静的状态，保持内心的虚静澄明，敞开心扉，融入万物之中，实现人与自然和谐统一。

（二）中国近现代美育思想

辛亥革命推翻了腐朽、落后的封建君主专制制度，揭开了我国近现代美育发展的新篇章，涌现了一大批著名的美学及美育理论专家学者。

1. 王国维美育思想

王国维把整个教育分为心育和体育，心育又可分为智育、德育和美育，并且通过与智育、德育的比较来确定美育的性质。他指出，美育就是用美来陶冶人的情感，正确的美育应该能促进德育和智育的发展，成为德育和智育的有效手段。王国维既强调了美育作为情感教育的独特性质，又没有忽视美育与德育、智育的联系，在进一步明确美育、德育、智育三者相得益彰关系的同时，更加旗帜鲜明地维护了美育在三者中的独立地位，比较全面地认识了美育在心育、在整个教育中的功能和价值。

2. 蔡元培美育思想

蔡元培非常重视美育，在思想上积极宣传、反复倡导，将美育、智育、体育放在了同等重要高度。他把美育称为"美感教育"，指出人的感情都有待于陶养，而美的对象可以作为陶养的工具，这种陶养的作用，就是美育。他还指出美具有普遍性和超脱性，两者形成一种相互规定、互为因果的内在关系。蔡元培所谓的"美感教育"，根本上仍是以道德感情的陶养为目的，即通过美育引导人们超脱现实中利己主义的营求，打破人我差别的界限，逐渐养成一种舍己为人、大公无私的高尚情操，超越一己之利的狭隘性和自私性，从而最终形成一种完美的人格精神。

3. 朱光潜美育思想

朱光潜认为，要矫正时弊，最重要的是救治人心，而救治人心最根本的途径就是提倡美。他提出了"美感教育是一种情感教育"的观点，认为美感教育的功能就在于怡情养性，美育应是德育的基础。朱光潜不仅极力推崇艺术的美感教育作用，他还把艺术是否发达、美育是否兴盛与民族生命力的强弱联系起来，进一步强调了美育的现实意义。

（三）国外美育思想

古希腊是西方文化和文明的发源地，也是西方美育思想的最早开端。从古希腊开始一直到近现代，西方美学史上一大批美学家或教育家的美育思想和理论共同推进了西方美育的探索和发展。

1. 古希腊美育思想

在西方美学史上，最早对美育问题进行系统的理论总结和思考，并做出了突出贡献的人是柏拉图。他提出了"教育就是培养人的德行和习惯，而艺术拥有独特的教育作用"的美育思想。他希望从音乐、舞蹈、绘画、游戏等方面对人们开展全面系统的美育，借此达到砥砺品行、健全人格、提升素养的目的。稍后的亚里士多德进一步指出，艺术既能给人们提供正确的认识，又能给人们以积极的美感。这种把艺术的审美功能与净化心灵的教育功能有机地统一起来的思想，达到了古希腊美育思想的高峰。

2. 康德美育思想

康德在美学领域提出了"自然美"和"崇高美"两个重要概念。在康德看来，"自然美"是人们感官能感受到的，是感性的、直接的。瓦蓝瓦蓝的天空颜色是眼睛能看到的，芬芳馥郁的花草香味是鼻子能嗅到的，虫鸣鸟唱的韵律声音是耳朵能听到的，这些来自大自然的体验都源于感官的直接感受，无须思考，只需沉浸体验。而"崇高美"是来自人的理性思考，是需要经历思考的过程的，是审美达到理性的自由驰骋的状态。康德指出，"崇高美"是可以被"自然美"激发出来的，通过感官感受的"自然美"，经由个体思考以后，可以具备"崇高美"的特性，上升为"崇高美"。同时，人们在欣赏"崇高美"的过程中也可以培养自身的意志品质和文化修养，能够有效地认识二者的区别和联系，这也是康德美育思想独特和新颖的地方。

3. 席勒美育思想

席勒于1795年出版了《美育书简》，不仅在西方美学史上第一次明确提出了"审美教育"概念，而且对审美教育的性质、特征和作用也做了较为全面系统地论述。《美育书简》的出版，正式标志着美育作为一门独立学科登上人类文化史的舞台，并开始产生更加积极深远的影响。书中，席勒所谓的美育实际上就是艺术教育或美的艺术教育，是一种人性教育、人格教育，是改造社会的一种手段和工具。

4. 苏霍姆林斯基美育思想

苏霍姆林斯基认为美育最重要的任务是教会孩子从大自然、艺术、人们关系的美中看到精神的高尚、善良和真挚，并以此为基础确立自身的美。同时，苏霍姆林斯基把共产主义理想教育作为美育的有机组成部分，通过杰出的共产主义战士的鲜明形象和榜样力量来教育、引导和鼓舞青少年，点燃他们对神圣、崇高的事业的坚定信仰。苏霍姆林斯基还较为全面地论述了美育在全面和谐发展的教育体系中的地位和作用。他指出学校教育的理想是培养全面和谐发展的人，要实现这一理想，就必须使智育、体育、德育、劳动教育和审美教育能够深入地相互渗透和相互交织，学科之间达到高度融合，形成更加完备的学校教育过程。

二、马克思主义美育思想

（一）马克思恩格斯论美育

1. 实现人的自由全面发展

马克思主义认为，物质生活资料是人类社会存在和发展的基础。只有人的劳动才能创造丰富的生活资料，所以要实现人的全面发展必须先促进人的劳动能力的提升。在这一意义上，教育的重要性就凸显出来了。教育虽不是实现人的全面发展的唯一途径，但却是不可忽视的重要途径。教育中的美育也是实现人的全面发展的重要助推器，忽视教育、忽视教育中的美育必定会影响甚至制约劳动能力和生产力发展。

2. 对美育虚无理论的批判

恩格斯在批驳杜林否认艺术发展连续性的错误论断时指出，共产主义社会的教育是一种全面而自由的教育，包括智育、德育、体育、劳动、科学技术以及美育等各个方面内容。人类对于美的需要，是脱离粗陋状态的精神需要，是区别于动物性的，高于物质和生理要求的精神需要，会随着时代和人类精神文明的进步而不断提高。教育是全面包容的，其中美育尤其需要继承和发展历史上遗留下来的优秀文化宝藏。同时，马克思主义关于美育的理论不同于空想社会主义美育思想，马克思主义关于美育的理论是站在历史唯物主义和辩证唯物主义的立场上，把美育作为共产主义教育的一部分，真正使美育的完整实施从空想变成了现实，由假设变成了科学。

3. 实践是马克思主义美育思想的直接构成要素

马克思主义美育思想来源于人类创造性的实践活动，即人类形而上的精神实践活动。同时，它在根本上又是以人类一切的物质与精神的实践活动为基础。马克思主义美育思想从一般实践活动和特有的精神实践活动两个方面展开论述，认为美育一方面是通过对自然的变革而实现的，另一方面是通过对自身的精神实践而实现的。美育的变革性实现了美的本质的复归，而美的实践性将自身凝聚在了一定的精神生产与社会交往中，从而使人具有了审美、欣赏、批判、创造等能力，并最终为达成人类自身的解放提供了一个有效途径。

因此，马克思主义美育思想认为，在人类社会实践活动中，美育必然成为其中一个重要内容，也正是因为人的能动性和社会实践能力，使美育产生、发展并成为促进人类文明进步的主要手段。

（二）中国共产党人关于美育的探索

中国共产党人在革命、建设、改革的各个历史时期，积极开展美育理论阐述，努力开创美育实践探索，不断推进马克思主义美育思想中国化、民族化、大众化进程。

毛泽东继承和发展马克思关于人的自由全面发展的学说，强调美育的民族特点和美育的大众化，强调文艺要为人民大众服务。他主张美育和劳动实践相结合，希望知识分子通过劳动改造，从思想深处形成对劳动的尊重，在劳动改造中发现劳动之美，创作出更贴近人民生活的作品。对于青少年，也要培养他们热爱劳动、尊重劳动人民的情感，在劳动中强化美育，同时促进智育的发展。坚持把共产主义理想教育与美育相结合，树立英雄模范人物，用他们强大的精神力量感染人、鼓舞人，为青少年树立光辉的榜样，使青少年通过美育提升更高层次的道德修养。毛泽东主张用诗词之美来感染熏陶人，他自己也通过大量的诗词创作，积极践行这一美育传统。

邓小平根据改革开放的新特点、新任务、新要求，继承并创造性地发展了毛泽东的美育思想。他提倡文艺工作者多创作"能够振奋人民和青年的革命精神，推动他们勇敢献身于祖国各个领域的建设和斗争，具有强大鼓舞力量的作品"[①]。"要通过有血有肉、生动感人的艺术形象，真实地反映丰富的社会生活，反映人们在各种社会关系中的本质，表现时代前进的要求和历史发展的趋势，并且努力用社会主义思想教育人民，给他们以积极进取、奋发图强的精神。"[②]强调通过文艺的方式，用生动丰满的艺术形象作为开展美育的重要手段和途径，进一步明确美育应该贴近时代、贴近现实、贴近群众，用真实的经历、真实的人物来感染和打动人民，把美育和思想教育相结合，提

---

① 邓小平文选：第三卷［M］. 北京：人民出版社，1993：42.
② 邓小平文选：第二卷［M］. 北京：人民出版社，1993：210.

振精神力量。他希望文艺作品"要塑造四个现代化建设的创业者,表现他们那种有革命理想和科学态度、有崇高情操和创造能力、有宽阔眼界和求实精神的崭新面貌。要通过这些新人的形象,来激发广大群众的社会主义积极性,推动他们从事四个现代化建设的历史性创造活动"①。邓小平关于美育的论述,强调了美育的人民性,坚定走具有中国特色社会主义的美育道路。

江泽民站在世纪之交,从不断推进中国特色社会主义伟大实践出发,对美育工作提出了更高的要求,做出了一系列重要论述。江泽民在党的十六大报告中指出,"面对世界范围各种思想文化的相互激荡,必须把弘扬和培育民族精神作为文化建设极为重要的任务,纳入国民教育全过程,纳入精神文明建设全过程,使全体人民始终保持昂扬向上的精神状态"。他把弘扬和培育民族精神纳入国民教育和精神文明建设全过程,进一步丰富了美育的时代内涵,强化了美育的现实功能。江泽民提出发展先进文化的"三个面向",完整清晰地阐述了先进文化的时代内涵,明确了先进文化的强大精神力量,同时,把发展先进文化作为美育的重要内容,赋予了美育新的使命,也为推进新时代美育工作指明了前行方向。

胡锦涛紧紧围绕"培养什么人,怎么培养人"的核心问题,更加注重美育在丰富精神生活、培养创新素质、提高思想境界、健全人格修养等方面的独特作用,引导广大干部群众特别是青少年明是非、辨善恶、识美丑,在新的历史起点上把美育推向新的阶段。2004年,胡锦涛在北京市考察教育工作期间,同和平里第四小学美术教师讨论起学校的美育问题,进一步阐释了新世纪加强美育的重要性。2010年,中共中央、国务院颁布《国家中长期教育改革和发展规划纲要(2010—2020年)》,并召开新世纪第一次全国教育工作会议。胡锦涛在会上强调,要"全面加强和改进德育、智育、体育、美育,坚持文化知识学习和思想品德修养的统一、理论学习和社会实践的统一、全面发展和个性发展的统一,不断促进人的全面发展"②。

三、习近平关于美育的重要论述

美育体系的创新与完善既要从中华优秀传统文化中不断吸收养分,又要结合社会发展、时代特征,充分彰显时代精神。党的十八大以来,习近平关于美育的重要论述立足中国现实,既有对前人美育理论思想的继承,也有对中国美育在新时代发展的思考,又有对中外优秀美育思想的借鉴,为我国美育体系的构建以及美育内容的创新注入了新内容,极大地拓展了中国特色社会主义美育理论内涵,进一步夯实了研究基础,开拓了我国美育理论研究新视野。

(一)高度重视青年的美育问题

青年群体是民族进步、国家发展的不竭动力,同时也是美育教育的关键群体。习近平非常重视青年群体的美育问题,他明确指出:"任何一个思想观念,要在全社会树立起来并长期发挥作用,就要从少年儿童抓起。"③在他看来,广泛深入地开展审美教

---

① 邓小平文选:第二卷[M].北京:人民出版社,1993:210.
② 胡锦涛.在全国教育工作会议上的讲话[N].人民日报,2010-09-09(02).
③ 习近平谈治国理政:第一卷[M].北京:外文出版社,2018:181.

育，也应该从青年抓起。习近平还谈到，各级学校是开展审美教育，提升青年审美与人文素养的主阵地，学校美育工作要坚持"建立促进学生身心健康、全面发展的长效机制"①，不断改进和完善学校美育工作质量，将社会主义核心价值观与课堂教学充分融合，利用好各种美育课程阵地，重视课上理论与课下实践相结合，校内校外相结合，构建符合时代发展需求、学生喜爱的课程体系，帮助青年进一步提升审美能力，促进全面成长，引导广大青年搭建好人生的第一座桥梁，坚定实现中华民族伟大复兴"中国梦"的信心和决心。

（二）健全全方位育人的美育格局

美育作为一种人格培养的方式，在人生的每个阶段都能给予人们不同的精神内容，给人以审美教育和审美情感上的体验，进而从本质上提升人们的道德修养。美育的宗旨在于立德树人。习近平指出："健全家庭、学校、政府、社会协同育人机制，形成全员育人、全程育人、全方位育人的格局。"② 在全方位育人的格局中，美育格局是其中重要的组成部分。健全全方位育人的美育格局，就要充分发挥审美心理和审美素养在道德素养培育中的纽带作用，将各类美育课程与思政课程紧密结合，不断挖掘美育课程中的思政元素，先"修德"，再"审美"，全面提升审美教育的育人功能，这样才有利于实现情感互通，使受教育者在情感上得到共鸣、实现共情，促使其道德立场和观念朝着正确的方面转化，进一步提高受教育者的道德境界。

（三）传承中华优秀美育理念

中华优秀传统文化是中华民族赖以生存和发展的力量源泉，是在国际竞争中立于中流砥柱位置的重要精神支撑。习近平强调，我们要将优秀传统文化和现实相结合，辩证地发展和继承。"优秀传统文化是一个国家、一个民族传承和发展的根本，如果丢掉了，就割断了精神命脉。"③ 在辩证地发展和继承优秀传统文化过程中，更要注意与美育的结合，聚焦新时代美育的任务和目的，坚持和发展我国优秀美育理念，使传统美育文化在新时期焕发出生机勃勃的活力，使传统美育思想与中国特色社会主义美育文化完美融合，构建更加符合时代特点、顺应时代发展的美育体系。在世界文化交流日益频繁的今天，形形色色的文化思潮借助各种形式的载体涌入我国，充斥在各个领域，影响着人们的思想和生活，其中不乏一些错误的价值观。我们在强化思想认识的同时，必须通过有效的美育手段不断增强广大群众的文化认同感和归属感，进一步增强文化自信，全面提升中华优秀传统文化的国际影响力和传播力。

🛜 **思** 考题 ……………………………………………………………●

1. 请联系社会生活，举出两三个例子说明美反映人类精神生活。
2. 北京冬奥会开幕式惊艳世界，请列举分析其中美的表现。
3. 请结合习近平关于美育的重要论述以及自身成长经历，谈一谈大学生如何提升审美修养。

① 习近平谈治国理政：第三卷［M］. 北京：外文出版社，2020：347.
② 教育部课题组. 深入学习习近平关于教育的重要论述［M］. 北京：人民出版社，2019：4.
③ 习近平谈治国理政：第二卷［M］. 北京：外文出版社，2017：313.

何为美育

 习目标

1. 理解审美教育
2. 理解情操教育
3. 理解心灵教育

学 习重点

1. 培育超越的精神
2. 美育对思想的净化
3. 对真、善、美的感受和追求

生活中到处都有美，到处都有美的创造，而人自身的美化，要通过美育来实现。那么，什么才是美育呢？美育作为一种特殊的教育方式，其独有的内涵和性质，不是由人的主观去设定的，而是审美主体通过不断丰富的审美体验，逐步树立起良好的审美观，构建完善的审美心理结构的养成教育过程。它犹如水滴石穿、铁杵磨针般浸润人的心灵，慢慢地塑造着人的个性。不同的个性追寻着不同的美的形式，得到不同的审美体验，在体验中人性得到升华，从而造就了完整意义上的人。

第一节 审美教育

审美教育，是通过培养人们认识美、体验美、感受美、欣赏美和创造美的能力，从而使人们具有美的理想、美的情操、美的品格和美的素养。美育的渊源最早可以追溯到旧石器时代。随着社会发展和人类文明程度的提高，自觉的美育活动逐渐成为培养人全面发展的教育活动中的重要组成部分。

一、培育超越的精神

美育思想史上，每一种美育思想都有其哲学基础。因此，哲学的超越精神，或多或少影响着美育思想。哲学总是在超越特殊趋向普遍，超越常变把握不变，超越现在憧憬未来，超越有限通达无限，超越生死面向永恒，超越必然寻求自由，超越现象发现本质……那么，如何理解以哲学为基础的美育思想的超越精神呢？人的本质在于具有超越精神，哲学的超越精神源于人的超越本性。人既是现实的存在，也是超越性的存在。人的生命虽然有限，但是有限的生命总是在梦想的指引下，在不断的突破和超越中，迸发出勃勃生机，焕发出精彩亮色。事物都有向上生长的特性，每个人都有向上的内驱原动力，这种原动力也会持续推动我们在美育中获得超越后的更深刻、更纯粹的美，同时这样的美会感动和影响我们的成长历程。

因此，正是人类的超越本性，催生了哲学的超越精神，那么以哲学为基础的美育思想，也必定要把培养人的超越精神，作为审美教育的重要内容。

日常生活中，很多人置身于忙碌的学习、工作中，常会觉得劳累不堪。尽管如此，人之所以为人，在精神上往往都具有超越性。富有超越精神的人们，依旧能够诗意地栖居，执着地追求着自己的精神家园。渴望诗意地栖居，非文人墨客的专利，只要有审美的心态和超越的精神，普通人同样可以拥有一片充满诗情画意的精神家园。

二、构建审美的心态

人的审美活动，是一种特殊的心理活动，审美过程不可避免地遵循一般心理活动规律，这就要求我们在审美教育中不断加强良好审美心态的培养。在审美心态培养中，如何理解、感知、想象和领悟是其中重要的内容。

人们的审美活动，离不开具体的审美对象。面对一个审美对象，欣赏者的首要任务，就是通过多种审美感官去接触对象、感知对象，也就是说，凭着感知，去获得关于这个对象的比较完整的第一印象。如果把人对美的整个欣赏过程看作一次长途旅行的话，那么，感知就是这次旅行中所达到的第一个站点。

审美活动是一种复杂心理活动，审美心态培养也是一个复杂的过程。大凡审美对象都具有一种从感情上感染人的力量，而欣赏者也正是凭借良好的审美心态去感受对象。明朝绿天馆主人曾在《古今小说叙》中说过："试令说话人当场描写，可喜可愕，可悲可涕，可歌可舞；再欲捉刀，再欲下拜，再欲决脰，再欲捐金；怯者勇，淫者贞，薄者敦，顽钝者汗下。虽小诵《孝经》《论语》，其感人未必如是之捷且深也。"[1] 他区别了人们听说话人说书和阅读《孝经》《论语》时的不同感受，这是非常符合实际的。鉴于审美对象的意蕴总是模糊的、朦胧的，其中许多"不确定点"和"空白"都有待于欣赏者进行"重建"和"具体化"。这样，人们在审美理解过程中，必然会伴随着丰富的想象活动，他们的思绪会像脱缰之马一样，在古往今来的时空中驰骋。面对浩瀚的

---

[1] 冯梦龙. 古今小说：上册 [M]. 北京：人民文学出版社，1958：1-2.

洞庭，诗人杜甫会想到北国的动乱；面对缤纷的落英，林黛玉会想到自己的身世。由于想象的参与，才会出现"一千个读者眼中就有一千个哈姆雷特"的局面。又由于任何审美对象总是具体的，审美活动也总是在形象的直观中进行的。因此，在审美过程中，审美主体的头脑中必然会出现一个个情景交融的画面。

培养审美心态需要对生活状态本身有更加理性的认识。就个体生活状态而言，可以分为物质和审美两大类。物质的生活态度是纯粹功利性的，只从物质利益出发。而审美的人生态度是一种自然而然的自由状态，不会为外物所累。当然，审美的心态并不排斥功利，但功利绝不能成为人生的主导。追求精神超越，渴望诗意栖居的人们，其生活态度是绝不会物质化的。他们在生活中的物质追求，往往也可以是审美的，显示着一种超越的精神和生机。如陶渊明选择了弃官归隐，过着躬耕自给的贫苦生活，但其精神境界却是符合审美的，试看他的《归园田居·其三》："种豆南山下，草盛豆苗稀。晨兴理荒秽，带月荷锄归。道狭草木长，夕露沾我衣。衣沾不足惜，但使愿无违。"读陶渊明的诗，我们所感受到的不正是荷尔德林的"人充满劳绩，但还诗意地栖居在这块大地之上"这种审美的状态吗？

陶渊明式的"身劳心闲"，正是中国传统文人的一种生活境界和精神追求。即使他们的物质生活并不富裕，但他们对于美的感悟和追求，并不会因为生活的困顿而降低。如杜甫一生蹉跎贫困，漂泊不定，诗集中却不乏"吴楚东南坼，乾坤日夜浮"这种大气磅礴，对壮美自然、对广袤宇宙的赞颂；也不乏像"细雨鱼儿出，微风燕子斜"这种自然闲适，对自然的静雅、灵动的细致刻画，体现出其对自然生命的深挚之爱和喜悦之情。可以说，超越苦难的审美的人生态度与杜甫形影相伴。再如苏轼数遭贬谪，甚至流放到蛮荒的岭南、海南儋州等地，然而当我们读到像"日啖荔枝三百颗，不辞长作岭南人"这样化苦难为洒脱的诗句，敬佩之情便会油然而生。这样的人生境界，这种审美的人生态度，不正是现代人所追求的"诗意地栖居"的精神超越和审美理想吗？

用这种审美的心态去观照生活的辛劳，则辛劳的生活也会开满芬芳的花朵，处处美不胜收，时时收获感动。心态决定一切，只有具备审美的心态，人类才能虽然"充满劳绩"，但依然"诗意地栖居在这块大地之上"。

三、拥有发现的眼睛

我们身处的客观世界是丰富多彩的，也是瞬息万变的。具有超越的精神和审美的心态，我们重新审视身处的自以为熟悉的世界，一定会满怀惊喜地发现，原本以为平淡无奇的世俗生活和司空见惯的周遭风物、生活场景，原来如此绚丽多彩。这时，我们就要用这双能发现美的眼睛，去尽情地捕捉生活中的美。

清晨，校园的花花草草上沾满了晶莹的露珠，虽然我们只是匆匆走过，但其反射的太阳光辉在我们的心头涂抹出一道绚丽的彩虹；寻觅食物的小鸟在草地上跳跃，那一声声悦耳的啼叫既是生命的韵律，也是浸彻心脾的天籁之音；树下、长凳上正在聚精会神朗读的同学们，向我们展示着大好的青春年华正是读书的美好时光。图书馆的书香、操场上的律动、广播里的音乐、寝室的温馨、熄灯后的卧谈、考试前的复习、携手出游的快乐、生日聚会的感动、树立新目标时的严肃、化解矛盾后的轻松等，这些校园生活的点点滴滴，只要以审美的心态去观察，则我们的大学生活绝不仅仅是几点一线的单调和枯燥，而是那么多姿多彩，回味无穷！

清代文学家沈复在他的《浮生六记·闲情记趣》中写过这样的内容："夏蚊成雷，私拟作群鹤舞于空中，心之所向，则或千或百，果然鹤也；昂首观之，项为之强。又留蚊于素帐中，徐喷以烟，使之冲烟而飞鸣，作青云白鹤观，果如鹤唳云端，为之怡然称快。"[①] 孩提时代的沈复是一个多么可爱的小孩呀！夏天蚊子的飞鸣声像雷一样，他就把它们比作群鹤在空中飞舞。"夏蚊成雷"，找到了蚊群嗡嗡与闷雷之间的声似；以鹤喻蚊，找准了二者体形的形似。夏天的蚊子虽谈不上美，甚至令人生厌，但沈复却能在蚊帐中想象出群鹤飞舞的壮观景象，这能生成"夏雷"的蚊子，似乎也没那么讨厌了。

总之，拥有一双发现美的眼睛，我们便能在匆匆忙忙的人生旅途中领略到更多沿途风光，从纷繁复杂的生活海洋中找到最美丽珍珠，在茫茫人海中收获更多真挚情感。人生之美是没有止境的开放状态，让我们以超越的精神、审美的心态、发现的眼睛，去面对生活中的酸甜苦辣，感悟人生的无穷魅力，不断向着完美的人生境界共同努力吧！

第二节　情操教育

情操教育是指有目的地培养以一定观念为中心的各种相互联系的高级情感及相应行为方式的教育，与人们世界观、人生观、价值观的培养紧密相关，影响着道德、理智、艺术等方面的价值生成。

一、细腻的情感体验

人类生活之美关键在于一个"情"字。不论亲情、友情、还是爱情，有真情存在的地方，都会使人感到美好。感情虽然存在于人的内心，但可以通过自然观照、艺术欣赏和文学赏析表现出来。也就是说，在自然审美和艺术欣赏活动中，人们能够获得一定的情感体验，感受到人生的美好。

（一）自然观照

在自然界，有很多事物被人们赋予了思想内涵，用来象征人类感情的美好。例如：双栖的鸳鸯、成对的蝴蝶和并蒂莲花象征着美好的爱情；羊羔跪乳、乌鸦反哺和善竹同根象征着亲情；藤树相依能够使人感受到友情。

---

① 沈复. 浮生六记 [M]. 北京：人民文学出版社，1980：16.

大自然神奇、美丽，是一切生命的摇篮，是一切美的根源。人具有社会性，但依然是自然界的一部分，人的物质生活和精神生活都与大自然息息相关。人在观察、研究和融入大自然过程中，都能真切地感受到大自然的纯粹质朴、清丽和谐。红梅傲霜雪，空山抚人心，明月寄相思，碧波展胸襟，等等。在春夏秋冬四季的更迭，从早到晚规律的习性，山水林田湖草沙冰自然景观的变换中，人们的精神世界总能得到不同层次、不同维度的满足，收获丰富多彩的思想之美和情感之美。

在自然界，具有情感观照性的事物和景象很多。在面对这类事物或景象时，只要善于联想，就能从中获得情感体验。

（二）艺术欣赏

艺术是以触动人的情感神经、引起人的情感反应为基本手段，对人进行熏陶和感染的一种社会意识形态，通过美化人的心灵、完善人的道德、振奋人的精神，促使人更加快乐、更加高尚、更加充实和更加有为地生活。因此，艺术欣赏活动总是和情感紧密联系在一起的。例如：人们观赏影视剧，常常为剧中人物的命运伤感落泪；欣赏声乐作品，经常被歌词内容带进想象和联想之中。这些都是情感体验的结果。

如电视剧《觉醒年代》以1915年《青年杂志》问世到1921年《新青年》成为中国共产党机关刊物为背景，既展现了五四运动到中国共产党成立这段波澜壮阔的历史画卷，又讲述了觉醒年代中的波谲云诡、市井风貌和百态人生。其中给广大观众留下深刻印象，产生深刻情感共鸣的，是以毛泽东、周恩来、陈延年、陈乔年、邓中夏、赵世炎等为代表的老一辈革命家追求真理的坎坷经历和敢于牺牲、燃烧理想的澎湃岁月。当电视剧演完陈延年、陈乔年英勇就义的情节后，安徽合肥的很多市民自发地前往当地为纪念他们二人而命名的"延乔路"，敬献鲜花，寄托哀思，感受革命英烈的伟大精神力量。

（三）文学赏析

除了自然观照和艺术欣赏外，在各类文学作品中表现感情的例子俯拾皆是。特别是古典诗词，以抒情为创作目的的占绝大多数。晚唐诗人李商隐有一首脍炙人口的七言绝句《夜雨寄北》："君问归期未有期，巴山夜雨涨秋池。何当共剪西窗烛，却话巴山夜雨时。""君问归期未有期"，一开始就摆出了不可化解的矛盾，归期的希望和未有期的失望，两相对立，悲怆沉痛，笼罩全篇。然后诗中出现巴山、秋天、深夜、夜雨等意象，读来都是令人伤感的。诗的最后一句与"西窗剪烛"，组成一幅温情脉脉的画面，表现了诗人对归家之期的向往，和对远方之"君"的深情。表面上为诗歌增添了欢乐的氛围，但这种欢乐其实无所期待，不过是徒增了心中的悲伤。

文学赏析中的情感体验

二、坚定的精神操守

不论是自然界，还是人类社会，都存在着一些从表面上看很普通、很平常的事物和现象，但只要对这些事物或现象加以审美分析就会发现，它们具有一种令人感奋的精神之美。

（一）自然界的精神美

蝴蝶在花丛中结伴飞行，是一种人们能够经常看到、似乎十分普通的情景。一般人看到这一情景，最直接的判断就是蝴蝶很美丽。其中，有的人也会联想到梁山伯和祝英台的凄美爱情故事，从而获得一定的情感体验。但很少有人对这一景象进行深层次的审美分析，错失其精神之美给人的激励和鼓舞。这一情景的精神之美如何体现呢？很多蝴蝶的生命是短暂的。但不论是一个月，还是短短几天，蝴蝶都会快乐地飞舞，不仅展示自己的美丽，还享受生命的美好。在蝴蝶身上，我们能够看到一种乐观向上的精神，从中受到激励和鼓舞。

蜜蜂群里的工蜂寿命一般是 30 ~ 60 天。在有限的生命里，蜜蜂辛勤劳作，从不懈怠，直到生命的最后一刻。在蜜蜂身上，不仅展示了勤劳的美德，而且书写着无私奉献的精神。从蜜蜂身上，人们不仅会深受道德的感染，而且能得到精神的鼓励。

蚂蚁是渺小的，其貌不扬，无足轻重，常常被人忽视。虽然他们个体力量很单薄，但是为了创造美好的生活，它们不怕困难，不辞辛劳，拼尽全力也要把重量大于自己体重数倍的食物搬回去，不仅为了自己，更是为了伙伴。我们能从蚂蚁身上，真切地感受到它们坚忍顽强的拼搏精神、协调一致的团队精神和敢于牺牲的奉献精神。

黄葛树具有顽强的生命力。它根深干壮、枝繁叶茂、生长快、寿命长、忍高温、耐潮湿、抗污染，即使置身于悬崖峭壁，也迎风昂首，茁壮成长。炎炎夏日，我们可以看看枝繁叶茂的黄葛树，感受它自强不息、顽强拼搏、乐观生长的毅力品格。

蝴蝶的乐观、蜜蜂的勤劳、蚂蚁的顽强、黄葛树的坚韧，都是我们能从自然界中获得的精神动力，是一股股催人奋进的力量。

在自然界中，具有精神美的事物和景象随处可见，只要善于展开联想和分析，都能从中获得激励和鼓舞。

（二）文艺作品的精神美

在各类艺术样式中，表现精神美的作品也很多。相对于自然事物和景象中所具有的精神美而言，艺术作品所表现的精神美更加典型和突出，能够给人的激励和鼓舞更为强烈、更为直接。

清代郑板桥善画竹，在他众多的以竹为主体的画作中有一幅《竹石图》。这幅画中竹子扎根于岩石中，坚韧不拔地生长。画上还有题诗一首："咬定青山不放松，立根原在破岩中。千磨万击还坚劲，任尔东西南北风。"不论是画中的岩石和墨竹，还是画上题诗，共同表现的都是竹的气节和精神。竹虽扎根贫瘠，生长环境恶劣，依然不失向上奋斗之志，历经风雨，毅然坚守脚下的土地。

李清照是我国古代文学史上著名的女词人。在她的人生中，她品尝了婚姻生活的甜蜜，也经历了国破家亡的悲痛。她有一首《夏日绝句》是这样写的："生当作人杰，死亦为鬼雄。至今思项羽，不肯过江东。"这首五言绝句既表现了项羽这个英雄人物的精神之美，又表达了李清照自己坚守气节的高尚情怀。在垓下被围后，项羽凭借勇武杀出重围，带着残兵来到乌江边上。这时，乌江亭长划船准备接项羽渡江，但项羽却以无脸见江东父老为由拒绝渡江，自刎于乌江边。结合这段史实，再来品读李清照的诗作，就更容易品鉴其中的精神之美。

三、深度的思想净化

情操教育是要培养现代大学生判断美丑善恶和分辨是非的能力。这种能力既是做人的基本能力，也是做事的重要基础。培养途径和方法很多，思想分析是其中最为有效的一种。因为自然事物和景象之美一般凭直觉就能做出判断，并且容易从中获得情感体验，所以，我们讲的思想分析主要针对人的行为、社会现象和以文化样式出现的各种事物而言。

（一）人的行为

一个人能否赢得他人的尊重、拥护和爱戴，关键在于人格。人格最直观的表现就是行为。那么什么样的行为是美的？什么样的行为是丑的？是否有明确的标准？

赢得尊重的
行为之美

在任何一种文化背景下，人们行为的美与丑、是与非都有一些基本的评价标准。这些标准首先表现为本民族的道德规范，其次表现为人类最基本的文明观念，最后表现为同一文化背景下人们的审美观和价值观等。

特别要注意的是，虽然人的很多行为不能完全依据道德规范对其做出是非美丑的准确评判，但在旁观者的心中无疑会有一个基本的看法。例如，你穿着大腿部位有破洞的裤子，虽然不违法，也不受道德谴责，但在旁人的眼中，你不会被认为行为端庄和气质高雅。在天津南开中学的入门处的镜子上的"镜箴"："面必净，发必理。衣必整，钮必结。头容正，肩容平。胸容宽，背容直。气象：勿傲、勿暴、勿怠，颜色：宜和、宜静、宜庄。"短短几十个字却深刻影响了年轻时的周恩来，从而铸就了他的不凡风范与高雅气质。

能够分辨行为的美丑，并自觉约束自己的行为，使自己的每一个行为都合乎社会道德规范，你就能够赢得他人的尊重。别人尊重你，才会拥戴你、帮助你，你的事业才可能辉煌，人生才会精彩。

（二）社会现象

人在社会上生活，不可能不受社会环境影响。关键是在面对各种社会现象时，能够分辨是非美丑，择善而从。面对那些不良社会现象，一定做到思想不受其影响，行为不受其干扰，坚守人生正道，活出自己的精彩与辉煌。

有的人盲目追星，结果使人生观和价值观出现偏差，进取意识被弱化；还有人的人生理想严重脱离了自身实际，他们荒废学业、无心工作、疏远朋友……这些情况最终导致的后果都是令人惋惜的。

有的人大学毕业后，总想找一份自己理想中的工作，一旦理想与现实发生冲突，干脆待在家里"啃老"。造成这种现象的原因是多方面的，其中一个主要原因是一些大学生的思想不够成熟，缺乏脚踏实地的精神。任何一份职业只要踏踏实实去干，干一行、爱一行、钻一行，开创属于自己的一片天地，都能使自己的人生变得辉煌。

那些充满正能量的社会现象，一幕幕暖心的社会画面，会让我们的心灵受到震撼，激励我们向上向善。当新冠疫情汹涌来袭，威胁着亿万人民的生命安全和身体健康之时，各地医务工作者白衣执甲，逆行出征，核酸采集、样本检测、守护方舱……哪里最危险，他们就奋战在哪里，凭借精湛的医术、高尚的医德，用血肉之躯筑起守护人民生命的钢铁长城。他们是值得我们每一个人学习的职业榜样。除了医疗战线上这些可爱的"大白"，在奋进新时代的征程中，各行各业都涌现了一大批践行劳模精神、劳动精神、工匠精神的大国工匠、能工巧匠。劳动创造幸福，实干成就伟业。每每看到他们的事迹，我们的心中也都会油然而生崇高的敬意。

（三）类文化事物

在自然界中有两种现象：一种是杂草，虽然不能成为审美主体，不能使人赏心悦目，但与人无害，有时候还能多少增添一点意趣；另一种是毒草，常常被人误食，致人中毒，直接危害人的健康。在文化生长的社会土壤里，也有着与这两种现象极其相似的情况，貌似文化的东西有一部分是对人无大益但也无害的非文化，还有一部分是对人直接有害的反文化。不论是非文化，还是反文化，凡是以貌似文化的形式出现的，我们统称为类文化事物。类文化事物只有文化的表现形式，没有文化的基本内涵。

反文化对人们的影响是消极的，其消极性可以从各个方面表现出来：一是玷污或腐蚀人们的思想，使人们的人生观、价值观和审美观等出现倾斜；二是腐化人的精神，动摇人的信念，削弱人的进取心，消磨人的意志等；三是侵蚀人的心灵，使人丧失仁爱心、同情心、宽容心等；四是刺激人的负面欲望，使人的行为失控……总之，反文化的作用不论从哪个方面表现出来，都会对人们和社会造成危害。因此，要善于识别和自觉抵御反文化的事物和现象，切实保护好自身的身心健康。

第三节　心灵教育

心灵教育是一种教育理念，更是一种教育思想，兼具育美和育德双重功能。在美育中只有触动学生心灵深处的点，去拨动学生心灵的弦，才能打开学生的心灵之门，才能真正引导学生获得对真、善、美的深刻而正确的认识。

一、对真的追求

真就是事物的规律性，真是美的基础。马克思在《1844年经济学哲学手稿》中曾提出"动物只是按照它所属的那个种的尺度和需要来建造，而人却懂得按照任何一个种的尺度来进行生产，并且懂得怎样处处都把内在的尺度运用到对象上去；因此，人也按照美的规律来建造"①。人的真实而确定的实践活动就是美的规律的实践基础。

美的欣赏和美的创造都是存在规律性的。红、黄、蓝这三种颜色按照一定的比例调配，就会配制出我们所需要的任何颜色，即只要掌握了其中的规律，我们就会创造出一个五彩缤纷、绚烂多姿的世界。

既然美是有规律性的，那么对真的追求就是创造美好人生的要务。我们的一生，应该锲而不舍地追求真理，探索自然、社会和人生的奥秘。不思进取，浑浑噩噩，甚至走向真理的反面，违背自然和社会规律，我们不认为其有什么人生美可谈。

2020 年 9 月，正在湖南考察的习近平来到千年学府岳麓书院，望着讲堂檐上"实事求是"的匾额，久久凝思。习近平讲道："实事求是就来源于这里。共产党怎么能成功呢？当年在石库门，在南湖上那么一条船，那么十几个人，到今天这一步。这里面的道路一定要搞清楚，一定要把真理本土化。""一定要把真理本土化"，这深刻阐明了我们党"始终把马克思主义这一科学理论作为自己的行动指南，并坚持在实践中不断丰富和发展马克思主义"的理论品格，深刻揭示了我们党"能够完成近代以来各种政治力量不可能完成的艰巨任务"的深层原因。百年来，正因为始终坚持解放思想、实事求是、与时俱进、求真务实，坚持马克思主义基本原理同中国具体实际相结合，我们党团结带领全国各族人民才创造出改天换地、翻天覆地的伟大奇迹。

对于个人而言，我们还应该加强个人修养，培育自己的至真品性，做一个率真坦荡、光明磊落的人，与虚伪奸诈、招摇撞骗等思想和行为作斗争，坚决捍卫"美丽之真"。

二、对善的缔造

善就是事物的合目的性，善是美的前提。所谓的合目的性，即事物对人类来说，是有价值的，有用的。

人生之美不仅表现在对于真的探寻，也体现在经过不懈的努力，实现自我价值，并为社会发展和人类文明进步做出自己的贡献，即对社会有用，这样的人生才是美的。

奥斯特洛夫斯基说："人最宝贵的是生命。生命每个人只有一次。人的一生应该这样度过：当回忆往事的时候，他不会因为虚度年华而悔恨，也不会因为碌碌无为而羞愧；在临死的时候，他能够说：'我的整个生命和全部精力，都已经献给了世界上最壮丽的事业——为人类的解放而斗争。'"② 这段影响了我们几代人的广为熟知的名言，向我们诠释了这种追求真善美的人生是何其壮丽。

---

① 马克思恩格斯全集：第四十二卷［M］. 北京：人民出版社，1979：97.
② 奥斯特洛夫斯基. 钢铁是怎样炼成的［M］. 袁崇章，译. 长沙：湖南文艺出版社，2022：272.

三、对美的感受

生命是一个过程，作为个体的人，我们的开端与结局并无不同，所不同的在于每个人所历经的过程。世界上几乎没有两个人的人生是完全一样的。我们追求的人生之美，也就在我们的生命过程之中。

据说，苏格拉底和拉克苏相约分头到一座遥远的名山去游览。多年以后他们在中途相遇了，并且发现，那座山实在是遥不可及，即使走一辈子，也没有希望到达。拉克苏失望地说："我竭尽全力向那座山奔跑，结果什么都没有看到，真是太叫人失望了！"而苏格拉底却说："路上不是有很多美丽的风景吗？为什么不顺便欣赏一番？"拉克苏却回答说："我心中只想着目标，哪有心思去欣赏路上的风景呢。""遗憾极了，"苏格拉底说，"当我们追求一个目标时，切莫忘记在追求目标的旅途中，也是处处有美景的！"

目标的到达或者完成，往往只在瞬间。如若我们只关注目标而忽略了过程，无异于缩短了我们的人生。考大学、考研究生无疑是当下很多年轻人的目标，而在实现目标的过程中，我们所学到的知识，感受到的辛劳，克服困难的毅力，与同学老师交流沟通时获得的体悟等，这些必经的过程带给我们的收获，也是人生的宝贵财富。

深谙过程之美的中国古人，甚至有时只重过程，而不在乎结果。《世说新语》中记载了这样一则故事："王子猷居山阴。夜大雪，眠觉，开室，命酌酒。四望皎然，因起彷徨，咏左思《招隐》诗。忽忆戴安道，时戴在剡，即便夜乘小船就之。经宿方至，造门不前而返。人问其故，王曰：'吾本乘兴而行，兴尽而返，何必见戴！'"[1] 王子猷雪夜访戴，至门而返，所重视的是"乘兴而行"这一过程，当兴致已尽，便欣然返回，可谓深谙过程之美者也。"人生如逆旅，我亦是行人。"身为旅人的我们，应该切记：人生的美好不在终点，而在途中。追求理想，追求美好事物的过程本身就是一种美丽的境界。

人类勇于探索自然、社会和自身奥秘的这种精神，是永无止境，永不满足的。美作为一种开放的未完成状态，只要人类社会存在，就不会有终结，始终是人们探索和追求的对象。

 考题

1. 请仔细观察，看看还能从自然界的哪些生物身上获得精神力量。

2. 查阅资料，了解英雄人物的主要事迹，体会他们的品质之美。

3. 选一组表现某个季节的艺术作品，如诗歌、散文、摄影、绘画、雕塑、视频等，结合自己的审美感受，写一篇鉴赏短文。

---

① 张万起，刘尚慈. 世说新语译注［M］. 北京：中华书局，1998：753.

模块二

劳动美——职业之美

第三章   CHAPTER 3

劳动孕育精神美

习目标 ....

1. 理解劳模精神、劳动精神和工匠精神的内涵及蕴含美
2. 树立正确的劳动意识，发现价值美
3. 践行劳模精神、劳动精神和工匠精神，以及发现精神美

学习重点 ....

1. 劳动者热爱劳动、诚实劳动的精神美
2. 工匠执着专注、精益求精的精神美

　　劳动是人类的本质活动，是推动人类社会进步的根本力量。马克思指出："任何一个民族，如果停止劳动，不用说一年，就是几个星期，也要灭亡。"① 伟大精神来自伟大人民，人民在长期劳动实践中，逐步形成了劳模精神、劳动精神和工匠精神，这些精神成为中国共产党人精神谱系的重要组成部分。

第一节　劳模精神美

　　劳模是广大劳动者的优秀代表，是劳动者学习的榜样。劳模不分行业、不分职业、不分岗位，他们日复一日、年复一年地坚守，在平凡岗位上做出不平凡业绩，展现出了爱岗敬业、争创一流，艰苦奋斗、勇于创新，淡泊名利、甘于奉献的精神，这就是劳模精神。

---

① 马克思恩格斯文集：第十卷［M］．北京：人民出版社，2009：289.

中华民族历来有"敬业乐群""忠于职守"的传统，爱岗敬业、争创一流是劳模的劳动态度，是劳模的基本素养，是劳模精神的根基。爱岗敬业是劳模立身之本，争创一流是劳动目标，这些都体现了积极向上、奋发有为的精神面貌。

（一）爱岗敬业的态度

1. 爱岗敬业，就要恪尽职守

安身立命是劳动最基本的目的，视职业为谋生手段的人，只能被动接受工作，日复一日，年复一年，技术、技能和技艺都很难得到提升。只有把劳动当成追求人生价值，才能体会到劳动带给人生的幸福和快乐。当你早上还在睡觉时，清洁工早已把街道打扫得干干净净，为了给市民提供舒适的生活和工作环境，他们风雨无阻，无怨无悔。当你在舒适的校园里学习时，建筑工人可能还在建筑工地顶着烈日，汗流浃背地辛勤劳动着。面对劳动任务，劳动者们不是讨价还价、能推就推，不是遇到困难就半途而废，而是坚守岗位、攻坚克难、尽职尽责完成。

2. 爱岗敬业，就要脚踏实地

俗话说"干一行，爱一行"，行业是劳动的职业领域，岗位是劳动的具体分工，是展现个人才能和实现人生价值的平台。因此，爱岗敬业就要热爱行业，热爱岗位。在职业活动领域、工作岗位上，应树立主人翁责任感、事业心，追求崇高的职业理想；摆脱单纯追求个人利益的狭隘眼界，具有积极向上的劳动态度和艰苦奋斗精神；保持高昂的工作热情和务实苦干精神，把对社会的奉献和付出看作无上光荣；自觉抵制腐朽思想的侵蚀，以正确的人生观和价值观指导职业行为。任何人都有追求荣誉的权利和目标，都希望最大限度地实现人生价值，永无止境地追求自我完善。有句话说得好："思想有多远，我们就能走多远。"我们既要天马行空地想，又要扎实苦干，克服心浮气躁的心态和急功近利的作风，脚踏实地做好每一件事。

3. 爱岗敬业，就要快乐工作

当我们将爱岗敬业作为人生追求时，我们就会倍加珍惜自己的工作，并抱着努力、感恩、享受的态度，将高度的责任感投入工作中，把工作做得尽善尽美，对得起自己的良心，赢得别人的尊重和赞赏，自己才能在工作中体验到快乐，才能快乐工作。

现代大学生，是社会主义核心价值观的践行者，要时刻告诫自己：这个世界充满正能量，工作少一分计较，多一分奉献；少一分埋怨，多一分责任；少一分拆台，多一分补台；少一分慵懒，多一分热情。应将"小我"融入国家发展的潮流中，做对社会有用的人，做实现自身价值的人。

（二）争创一流的品质

1. 争创一流，就要立高标准

争创一流是劳动的目标，是劳动成效终极标准，是提高工作绩效的基本前提和条件。只有工作标准定得有高度，通过努力才能实现，工作过程中才有攻坚克难的经历，才能不

爱岗敬业
职业态度美

断积累工作经验，才能不断打造劳动的一流品质、一流技术、一流工艺和一流服务，企业才有竞争力。例如华为正是有引领世界的标准，5G技术才能引领全球，路由器、服务器等网络设备产品物美价廉，才能在全球范围内碾压竞争对手，企业才能在一轮一轮的围追堵截下，越战越勇，生命力越来越旺盛。如给自己设定的标准过低，轻松完成任务，随之导致因循守旧，思想滞后，行动落后，进而逐渐"躺平"。

2. 争创一流，就要苦练技能

技能是锻炼出来的，要达到一流，就要苦练技能，不断总结，不断优化路径，不断提升绩效。如大型国有企业内部组织职业工种技能比武，动员职工刻苦学习、钻研技术、苦练技能，"绝活"不断涌现，凝聚力显著增强，为企业创造更大价值，形成比学赶超、争先创优的优质文化，为劳动者营造良好的劳动环境。

现代大学生，应学会学习、学会思考，不甘于现状，思想始终保鲜，行动始终保先，久久为功，练就一流的技能、一流的技术、一流的技艺，攻破一流的工艺，革新一流的工艺，引领一流的水平，创造一流的质量。

 展阅读

"百年先锋"马万水：永争先进的"矿山铁人"

马万水是新中国第一批全国劳动模范，也是"100位新中国成立以来感动中国人物"和60位"时代领跑者——新中国成立以来最具影响的劳动模范"之一。他早期在龙烟铁矿担任掘进五组组长时，在缺少机器设备和工具，大部分长、短工出身的矿工技术水平低，工作效率低的情况下，提出"分班比赛"的构想，并很快组建起全矿第一个分班干活儿的小组和第一个开展爱国红旗劳动竞赛的小组，工作效率大幅提高。同时，他凭借自己当矿工时就的本领，耐心给工友们传授技巧。那时，马万水常常白天上班，晚上做"老师"，亲自给工友们把钎、扶锤、讲窍门。在他的带领下，全组掀起了学习和竞赛的热潮。1950年6月，五组创造了全手工操作、独头掘进月进23.7米的黑色金属矿山掘进全国新纪录。为此，该组被命名为"马万水小组"。

在十几年的工作中，"马万水小组"通过不断实践，创造了"打撞楔法""深坑作业法""超前支架密集棚子开口法"等一个又一个开凿工艺史上的奇迹。他肯于吃苦、不怕困难，同他的英雄集体用铁锤和钢钎多次改写矿山掘进的新纪录；他善于钻研、积极探索，推出一整套矿山快速掘进经验，为新中国冶金矿山建设事业做出了卓越贡献。

（资料来源：党建网，2021-04-21，有删减。）

二、劳模作风美

艰苦奋斗
职业行为美

艰苦奋斗是新时代中国劳模精神的本色，勇于创新是劳模精神的核心。劳模始终保持艰苦奋斗的优良工作作风，在工作中求真务实，不畏艰难险阻，克服重重困难，锐意进取，勇于创新，奋发有为，使命担当，把平凡事做得不平凡，破解了一个个难题，攻克了一个个难关，创造了一个个奇迹。

（一）艰苦奋斗的恒心

1. 艰苦奋斗，就要敢于吃苦

奋斗是艰辛的，"艰难困苦，玉汝于成"，无奋斗不艰辛。曹雪芹晚年贫病交困，在北京西山时，"蓬牖茅椽，绳床瓦灶"，"举家食粥酒常赊"。困境中，他仍然勤奋写作《红楼梦》，披阅 10 载，增删 5 次，真是"字字看来皆是血，十年辛苦不寻常"。《红楼梦》是我国古典文学的光辉巨著，也是世界文化艺术的瑰宝。不同历史条件，有不同的苦。革命战争年代推翻"三座大山"，吃的是物质极端匮乏、生活极度艰辛、斗争极为惨烈之苦。今天，物质富裕了，生活现代化了，但仍要传承和弘扬艰苦奋斗精神，仍然要提倡甘于吃苦、勇于受累，并不是要求回到过去的苦日子，而是要永葆艰苦奋斗本色，不丢勤俭节约的传统美德。

2. 艰苦奋斗，就要锐意进取

艰苦奋斗，再苦再累也不停止锐意进取。锐意进取是典型的时代精神，就是秉持"天行健，君子以自强不息"的精神，以不懈奋进的姿态变革图强，创造灿烂的中华文明。在革命、建设、改革等不同时期，中国人民勇于直面困难局面，锐意创新，找到符合中国实际的前进道路，并在新的道路上开辟未来。在新发展阶段，锐意进取，就是要着眼于全面建设社会主义现代化国家，努力探索和拓展国家由大向强发展的出路，做历史会眷顾的坚定者、奋进者、搏击者。当前科技"卡脖子"制约了我国发展，相信在全国科研院所共同努力，联合攻关，锐意进取，一项项难题将被攻克，从而打破市场垄断，为世界贡献中国智慧。现代大学生，光有坚定的意志力和追求进步的态度，却没有真正取得进步，称不上锐意进取。或许你超越了别人一定距离，如果你进步小了，别人进步大了，别人很快会超越；或许你落后了别人一定距离，如果你进步小了，别人一直在进步，你可能永远落后。古人云"少而好学，如日出之阳；壮而好学，如日中之光；老而好学，如炳烛之明"，我们应跟上时代潮流，树立终生学习理念，坚持学习，学以致用，应对时代挑战。

3. 艰苦奋斗，就要顽强拼搏

历史告诉我们，实现崇高理想和奋斗目标的征途从来不会一帆风顺，必须斗志昂扬，顽强拼搏。井冈山斗争中，党领导人民不畏强敌的反复进攻和严密封锁，克服重重艰难，开辟了第一个农村革命根据地，这是顽强拼搏。抗美援朝战争中，志愿军将士一度在药品、粮食及油料等物资十分短缺的情况下就投身天寒地冻的战场，在白雪皑皑的崇山峻岭中纵横驰骋、前仆后继，以劣势装备进行殊死搏斗，这是顽强拼搏。"两弹一星"是新中国伟大成就的象征，是中华民族的骄傲，在当时国家经济、技术基础薄弱和工作条件十分艰苦的情况下，自力更生，发奋图强，依靠自己的力量，用较少的投入和较短的时间，突破了核弹、导弹和人造卫星等尖端技术，取得了举世瞩目的辉煌成就，这是顽强拼搏。

现代大学生，面对中华民族伟大复兴进程中的风风雨雨，应坚持和发扬新时代艰苦奋斗精神，以社会主义核心价值观为引领，发扬主人翁精神，强化事业心和责任感，在学习和工作中，要发扬吃苦耐劳的精神，要以"踏平坎坷成大道，斗罢艰险又出发"

的坚定意志，矢志不渝地奋斗，善于在艰苦环境中练就本领，成长成才，应对每一场重大风险挑战，为社会主义现代化建设添砖加瓦。

（二）勇于创新的决心

1. 勇于创新，就要坚定自信

当今世界，科技创新成为国际战略博弈的主要战场，围绕科技制高点的竞争空前激烈。坚定创新自信是迎接巨大挑战的原动力。只有坚定不移走中国特色自主创新道路，进一步增强创新自信，坚定敢为天下先的志向，在独创独有上下功夫，勇于挑战最前沿的科学问题，着力攻克关键核心技术，加快实现科技自立自强，才能创造出一大批人类科技发展史上所没有的原创性科技成果，为人类文明进步贡献中国智慧，让中华文明焕发出新的光彩。

2. 勇于创新，就要善于钻研

劳模始终有战胜一切的决心，不断钻研科学技术，不断增强善于创造的能力，创新推动了技术更新，推动了社会进步，为中国特色社会主义现代化建设做出了卓越贡献。劳模科学家袁隆平是杂交水稻研究领域的开创者和带头人，致力于杂交水稻技术的研究、应用与推广，发明了"三系法"籼型杂交水稻，成功研究出"两系法"杂交水稻，创建了超级杂交稻技术体系，为解决世界吃饭问题做出了举世瞩目的成就。

3. 勇于创新，就要勇于创造

纵观人类历史发展，创新始终是推动一个国家、一个民族向前发展的重要力量，是一个国家兴旺发达的不竭动力。而今，国家之间的竞争很大程度上是科技的竞争，谁掌握先进科技，谁才掌握主动权。当前，芯片危机席卷全球，汽车因缺芯而停产、手机因缺芯而停滞……不仅仅是芯片，航空发动机、新材料、高端数控机床、工业软件等领域也存在"卡脖子"问题，一些关键零部件、关键装备依赖国外，严重影响我国经济稳定发展。实践反复告诫我们，关键核心技术是拿不来、买不到的，必须树立科技突破的决心，牵住科技创新"牛鼻子"，把关键核心技术掌握在自己手中。

现代大学生应充分认识到，生活中、工作中处处都有创新，一个工作流程的优化是创新，一个技术标准优化是创新，甚至一个物件使用功能的优化都是创新。现代大学生应该树立创新意识，练就创新能力，落实创新行动，在学习、生活和工作中，时时想到创新，处处追求创新。天马行空地想不行，只有脚踏实地，抓住问题根源，分析关键因素，才能有效创新。

"当代愚公"毛相林：在绝壁上凿出致富路

毛相林是重庆市巫山县竹贤乡下庄村党支部书记，带着村民修通了一条绝壁上的致富路。过去，被困谷底的下庄人，唯一通往外界的"路"是陡峭的山体和108道"之字拐"，去趟县城，走小道要手脚并用，危险不说，一来一回得3天。难道要一直困在大山里穷下去吗？1997年，毛相林动了修路的念头。召集村民商议时，却受到了很多质疑。毛相林没有气馁，和村民们磨嘴皮、算细账："山凿一尺宽一尺，路修一丈长一丈""我们修不完还有儿子，总有能修完的一天"……终于说服了村民。

在绝壁上开山修路，艰辛危险超出想象。毛相林带着村民，用最原始的方法，寸土寸石向前掘进。腰系长绳吊在空中钻炮眼，用简单的工具农具开凿岩石……艰苦并没有动摇毛相林的决心，但意外的出现却让他因内疚而产生了犹豫。两个月内，接连有两位村民在修路过程中不幸遇难。还要不要继续？就在这时，一位遇难村民的父亲毅然站出来表态："继续修！我儿子死得光荣，咱只要下定决心一定能摆脱贫困！"

毛相林带着大家擦干眼泪，继续走向山上的工地。历时七载，下庄人用双手，硬是在绝壁上凿出了一条8千米长的路。路通了，与外界联通了，乡村旅游等乡村经济发展起来了。说起当年修路的事情，毛相林总是饱含深情。"不敢忘了身上的责任，绝壁上的路修好了，致富的路还得继续往前蹚！"

（资料来源：崔佳. "致富的路还得继续往前蹚！"［N］. 人民日报，2021-02-18（2）.）

三、劳模价值美

在这个世界上，除了名利之外，还有更高的境界和价值，就是淡泊名利、甘于奉献。淡泊名利是境界，甘于奉献是价值。

（一）淡泊名利的坚守

1. 淡泊名利，就要锚定目标、心无旁骛

淡泊名利就要经得住诱惑，耐得住寂寞，管得住小节，守得住清贫，肯下"数十年磨一剑"的苦功夫。在我国科学研究领域，为了解决"卡脖子"问题，国家重视基础研究，才有大学的数学实验班、物理实验班，旨在培养能潜心研究的基础学科人才，因为基础学科研究成果周期长，短期效果不明显，经济效益相对应用研究较低。正是这样，有一群志向远大的青年读书报国，才使国家的基础学科逐渐受青睐，才能为重大科技攻关贡献理论基础。

2. 淡泊名利，就要团队协作、不计得失

淡泊名利不是说让我们不追求名利、不担当、不作为，而是让我们在努力工作追求嘉奖和荣誉的同时，做到"功成不必在我，但功成必定有我"的精神。"功成不必在我"，是一种精神境界。建功立业并不是容易的事，不会仅靠个人的力量就能完成，需要大家的共同努力与进步。因此，聚集团队力量，取得了成功，赢得了荣誉，不要计较功劳没有在个人。"功成必定有我"，是一种担当。在团体为了荣誉而努力时，自己也应更加努力，只有个人迈出了进步的一小步，集体才能聚力往前走。

现代大学生，要有明确的职业生涯规划和奋斗目标，不受世俗影响，积极融入团队中，在团队中承担自己的角色，传递正能量，脚踏实地做好每件事。

（二）甘于奉献的本色

1. 甘于奉献，就要兢兢业业、诚诚恳恳

甘于奉献不是要干轰轰烈烈的大事，而是在平凡的工作岗位上兢兢业业工作，诚诚恳恳待人，做善对单位、善对同事、善对客户和善对自己的人，这也是奉献。甘于奉献是中华民族的传统美德，也是新时代的强烈呼唤。扶贫干部黄文秀，研究生毕业后放弃了城里的舒适工作，毅然回到家乡，在脱贫攻坚第一线倾情投入，甘于奉献、敢于奉献、乐于奉献，用美好青春诠释了共产党人的初心使命，是我们学习的榜样。

2. 甘于奉献，就要坚守初心、远离名利

无论贫富贵贱、穷达逆顺，都要始终保持定力、坚守初心，克服急功近利的浮躁，远离追名逐利的彷徨，不谋一己之得失，而忧事业之兴衰。无论从事什么工作，都要脚踏实地干出一番事业，成就有价值的人生。

现代大学生，要做负重前行的奉献者，应当树立正确的名利观、群众观、权力观，要坚守初心，珍惜工作中的经验和教训，不计较个人得失，积极奉献。

 展阅读

扎根大山办教育

张桂梅扎根滇西贫困地区40多年，立志用教育扶贫斩断贫困代际传递，帮助1 600多名贫困山区女学生圆梦大学，在教育助力脱贫攻坚中做出重要贡献。她把全部身心投入边疆民族地区教育事业和儿童福利事业，创办了全国第一所全免费女子高中，是华坪儿童之家130多个孤儿的"妈妈"。

她坚持用红色文化引领教育，培养学生不畏艰辛、吃苦耐劳的品格，引导学生铭记党恩、回报社会。她坚持每周开展1次理论学习、重温1次入党誓词的组织生活，发挥党员在学校各项工作中的先锋模范作用。

她常年坚持家访，行程11万多千米，覆盖学生1 300多名，为学校留住了学生，为学生留住了用知识改变命运的机会。她吃穿用非常简朴，对自己近乎"抠门"，却把工资、奖金捐出来，用在教学和学生身上。她以坚韧执着的拼搏和无私奉献的大爱，诠释了共产党员的初心使命。

（资料来源：央视新闻网，2020-12-04，有删减。）

第二节　劳动精神美

劳动是生存之本，劳动创造了美好生活和丰富多彩的大千世界，劳动使整个世界充满了希望。我们可以从劳动中学习知识，从劳动中创造价值，从劳动中产生快乐，从劳动中获得幸福。劳动是我们发挥主观能动性，去创造人生、改造世界的过程。崇尚劳动、热爱劳动、辛勤劳动和诚实劳动是中华民族的传统美德，也是对劳动精神的最好诠释。

一、崇尚劳动美

每位劳动者，无论在哪个行业、哪个岗位，都是社会主义建设者，都有独特的价值。我们要崇尚劳动，树立正确的劳动价值观，尊重劳动者，敬畏劳动岗位，珍惜劳动者成果。

（一）树立正确的劳动价值观

"必须牢固树立劳动最光荣、劳动最崇高、劳动最伟大、劳动最美丽的观念，让全体人民进一步焕发劳动热情、释放创造潜能，通过劳动创造更加美好的生活。"[1] 习近平总书记的这句话诠释了社会主义以劳动为荣、以劳动为乐、以劳动为美的价值观。劳动最光荣，是对劳动者的价值创造过程的充分肯定和赞扬，是社会主义文化建设的任务之一；劳动最崇高，是对劳动的提倡和崇尚，是对劳动价值的高度认可，激励人们坚定劳动信念；劳动最伟大，是对劳动精神的升华，是劳动的精神追求；劳动最美丽，劳动不仅创造美，还能使人在劳动中感受美、发现美，激励人们为建设美丽中国添砖加瓦，贡献出自己的力量。

（二）充分尊重劳动和劳动者

劳动无高低之分，劳动者无贵贱之分。李大钊曾在《现代青年活动的方向》中说："我觉得人生求乐的方法，最好莫过于尊重劳动。"[2] 在社会主义制度下，所有劳动只有分工不同，不同劳动者不过是脑力和体力上存在差异，农民、工人、干部、科学家只是社会分工不同，所有劳动者都应该具有平等的地位和人格。习近平说："在我们社会主义国家，一切劳动，无论是体力劳动还是脑力劳动，都值得尊重和鼓励。"[3] 农民辛勤劳动保障了我们赖以生存的粮食供应，工人劳动丰富了生产资料和生活需求，干部劳动维护了社会和谐，科学家劳动提高了生活品质和精神追求，各行各业的劳动者都承担了重要角色，应享有平等的社会地位和对劳动成果的尊重。

现代大学生，应树立正确的劳动价值观，要尊重每一位劳动者、每一份劳动以及劳动成果。

二、热爱劳动美

热爱劳动是劳动者对行业的认可、对职业的尊重和对岗位的喜爱，反映了劳动者对劳动的情感。我们要热爱劳动，养成良好的劳动习惯，乐于

热爱劳动美

① 习近平. 在同全国劳动模范代表座谈时的讲话［N］. 人民日报，2013-04-29（2）.
② 李大钊全集：第三卷［M］. 朱文通，整理. 河北：河北教育出版社，1999：196.
③ 习近平. 在庆祝"五一"国际劳动节暨表彰全国劳动模范和先进工作者大会上的讲话［N］. 光明日报，2015-04-29（2）.

承担劳动任务，积极对待劳动任务，提高劳动效率和质量，创造美好未来。

（一）养成良好劳动习惯

习近平多次提出要通过各种措施和方式，教育引导广大青少年牢固树立热爱劳动的思想、牢固养成热爱劳动的习惯。李大钊这样表达热爱劳动："我觉得人生求乐的方法，最好莫过于劳动。一切乐境，都可由劳动得来，一切苦境，都可由劳动解脱。"[1]千里之行，始于足下，今后事业有成，需靠今天一点一滴的积累。劳动亦如此，从简单劳动做起，养成良好的劳动习惯，形成优秀劳动品质，为成功奠定坚实基础。现代大学生，应积极参加生活劳动，积极参加社会实践，积极参加课程实践，在劳动创造过程中领略审美愉悦，创造出美的作品和美的生活，激发追求美的欲望、美的理想，陶冶出美的心灵，使劳动成为一种习惯。

（二）乐于承担劳动任务

当单位领导给你安排任务时，你是欣然接受，还是一口拒绝，抑或是婉言推辞？往往出现这样状况："以前我们没干过""我能力有限""某某更适合"等。试想，任何一项新劳动任务都没干过，那就不干了吗？显然，这是消极对待劳动的态度，更是不热爱劳动的表现。只有真心热爱劳动，才能乐于承担劳动任务，才有工作激情，才能发挥主观能动性，真正做到为人民而劳动，为社会而劳动，为国家而劳动，实现自我价值与社会价值的有机统一。

（三）积极对待劳动任务

在学习、生活、工作中，我们难免会存在一些"老大难""苦行僧""职责外"的劳动任务。对于"老大难"任务，需要"啃硬骨头"时，我们应不计较、不抱怨，主动接受，痛下决心，不折不扣完成，营造和谐的工作氛围，给单位、给同事带来幸福感。对于"苦行僧"任务，我们应积极请愿，当成考验、锻炼、成长的机会，提高自己处理复杂问题的能力。有些"职责外"任务，尽管不属于自己分内工作，但是与工作有一定关联。如果单位之间、部门之间、部门内部存在"扯皮"现象，工作推诿，工作协助不力，则是因为把工作职责看得太清，说到底是格局不够。我们应该有系统思维、整体思维和大局意识，在完成分内工作任务的同时，只要"职责外"任务有助于整体任务的顺利完成，就应积极去做，且尽全力去做。

无论是被动接受还是主动接受的劳动任务，都应该尽心尽力落实任务、不折不扣完成任务。首先明确劳动任务的目标、标准和要求，根据劳动任务的工作量和主要特点，科学绘制任务"施工图"，列出时间表，合理分解劳动任务，脚踏实地实施劳动，仔细观察、分析和解决劳动过程中的问题，提高劳动效率和劳动质量。劳动过程中，还要对劳动满腔热忱，全身心投入劳动中，尽自己最大努力，不断追求卓越，把平凡的劳动干得不平凡。

---

① 李大钊全集：第二卷［M］．北京：人民出版社，2006：161.

现代大学生，要以实际行动践行劳动，养成良好的劳动习惯，无论劳动任务繁重还是轻松，困难还是简单，都应积极承担任务，并主动克服畏难情绪，克服懒惰情绪，积极应对遇到的问题和困难，高效开展劳动，保质保量完成任务。

新中国第一代巾帼劳模——梁军

梁军是新中国第一位女拖拉机手，也是新中国第一批全国劳动模范。她驾驶拖拉机的英姿被印在 1962 年发行的第三套人民币一元纸币上。

1948 年，中央决定从苏联进口拖拉机在北大荒垦地种田，并在黑龙江北安农垦举办拖拉机手培训班，18 岁的梁军突破重重阻力第一个报名，她也成为当时 70 多名学员中唯一的女性。梁军对教导员说，苏联女孩子能干的，她也能干。在冰天雪地的北大荒学习两个多月后，梁军和她的同学将三台苏式纳齐拖拉机开了回来。从此，在北大荒广阔的原野里，梁军开始实现自己为祖国拓荒的梦想。

梁军说，那不是她一个人的荣誉，她只是开发建设北大荒的一名普通劳动者，她是那个火红的年代中全国劳动人民的代表，是新中国妇女形象的代表。梁军的一生见证了新中国的变迁与发展，她说，她的青春无怨无悔，如果有来生，她还要做一名拖拉机手，为祖国耕耘拓荒。

（资料来源：微信公众号"安徽省妇联"，2022-05-03，有删减。）

三、辛勤劳动美

习近平指出"人世间的一切幸福都需要靠辛勤的劳动来创造"[1]。勤劳，是中华民族的传统美德。中国人民的勤奋是为世人所公认和称道的，这是中国人的基因里所传承下来的一种宝贵品质，也是我们全民族所倡导的一种精神和力量。

（一）创造物质财富

古往今来，人类社会的一切物质财富都是通过辛勤劳动创造出来的。农民一年四季都在田地间辛勤劳作，生产出人类赖以生存的粮食，维护了国家粮食安全；电力工人坚持线路巡检、故障抢修，保障了工厂生产、人民正常生活，创造了物质财富和精神财富；工人在工厂努力干活儿，创造出工作、生活的必需品；广大科学家刻苦钻研，创造出人类文明，"天宫""蛟龙""悟空""墨子"、C919 等重大科技成果才能相继问世。按劳分配制度有力保障了劳动者创造物质财富的分配，如建筑工人按工作量分配绩效，产线工人计件分配财富等。如果一个单位，总有一些人"躺平"，只说不做，对别人工作指指点点，从而实现了"少劳多得"，就会降低整个单位的劳动热情和工作效率。因此，任何轻视劳动、蔑视劳动、贪图享受、不尊重辛勤劳动的人，终究会"没市场"，甚至被淘汰。

---

① 中共中央文献研究室. 十八大以来重要文献选编：上［M］. 北京：人民出版社，2014：70.

（二）创造精神财富

在满足基本的生存需要之后，还需要通过脑力劳动创造文学、艺术、宗教、法律等一系列精神财富。"随着劳动的社会性的发展，以及由此而来的劳动之成为财富和文化的源泉"[①]，人类在劳动创造物质财富的同时也增加了自身的精神财富。在劳动过程中，人类不断地探索和积累丰富的知识和经验，创造了宝贵的科学技术和文化成果，当精神财富的生产从物质财富的生产中独立出来，就出现了专门的思想家、科学家、艺术家等。人类在不断劳动创造的过程中，不仅获得了自身生存的物质资料，同时也充实了自己的精神生活、提升了自己的精神境界。因此，无论是物质财富还是精神财富，都必须靠人类的辛勤劳动来创造。

（三）勤俭相得益彰

勤劳好比人的右手，俭朴好比人的左手，二者不能分割。勤俭是中华民族传统美德，古人云："俭，德之共也；侈，恶之大也。"勤俭是千百年以来人们公认的家庭优良品德，同时也是一种生活态度，它决定着能否立业、守业、乐业、成大业。历史上无数名人志士留下了珍贵的诗词名句，来歌颂勤俭节约的道德精神。《尚书·虞书·大禹谟》中写道："克勤于邦，克俭于家。"能为国家大事不辞辛劳，居家生活俭朴，是多么伟大的家国情怀。诸葛亮在他的《诫子书》中写道："静以修身，俭以养德"，一语道破了勤俭是一种美德的深刻道理，被世人所信奉。勤俭是中华民族宝贵的精神财富，也是成就卓越人生的有效途径。勤俭是一种行为，一种观念，更展现一种道德精神力量；是一种民族精神品格，是现代文明的标志，也是践行社会主义核心价值观的生动体现。

现代大学生所面对的新时代正是奋斗者的时代。我们是新时代的见证者、开拓者、建设者，要深刻领悟"幸福是奋斗出来的"，要树立远大理想，确立自己人生的奋斗目标，要有做成事业的志气、勇气、骨气和底气，闯出属于自己的一片天，实现人生价值。

 展阅读 ....•

上海东飞环境工程服务有限公司浦东机场项目部施瑞煜班组

2011 年 11 月，以"上海世博会先进个人"施瑞煜命名的青年管理团队——施瑞煜班组，在城投资产集团东飞公司虹桥机场项目部挂牌成立。2019 年 1 月，施瑞煜班组根据城投"三化"班组建设要求，在浦东机场项目部进行重新整合。班组内现有成员 12 名，平均年龄 30 岁，主要负责浦东机场场区、停机坪以及卫星厅等共计 400 万平方米的垃圾收运、空港疑似疫情垃圾转运等管理工作。班组蝉联五届上海市青年文明号，先后获得城投集团青年文明号、城投集团先进青年集体等荣誉。2022 年 3 月 17 日，收到闭环管理紧急通知后，施瑞煜带领班组成员第一时间调整人员排班和工作安排，制定闭环管理所需的各项保障措施，并组建了 9 人的"红色领航"应急突击队，保障各项业务有序开展。在得知停机坪保洁班组全体隔离后，他主动请缨，与突击队

---

① 马克思恩格斯选集：第三卷［M］．北京：人民出版社，2012：359．

成员一同接下了兄弟班组的任务，有效保障机场国内航班停机坪保洁作业的正常开展。他还牵头组建了一支26人的国际、国内航班货运物资消杀作业团队，采取24小时轮换工作制，有效降低货物携带病毒导致疫情传播的风险。截至2022年5月，施瑞煜班组已集中处置涉及疫情航班1 125架次，有效处理涉疫垃圾22 811包、约302吨，为筑牢严防境外疫情输入的"空中防线"贡献坚实力量。正是普通的劳动者团队，一心为人民辛勤劳动，干出了不普通的事。

（资料来源：王海雯. 让榜样更有力量［N］. 劳动报，2021-01-15（7）.）

四、诚实劳动美

习近平指出，"提倡通过诚实劳动来实现人生的梦想、改变自己的命运，反对一切不劳而获、投机取巧、贪图享乐的思想"[①]。诚实劳动是马克思主义劳动观的重要组成部分，是劳动者的道德表现。每个人都必须立足本职岗位，树立正确的价值观，践行诚信品质，托起中国伟大复兴中国梦，脚踏实地劳动，只有这样才能实现美好梦想、铸就生命辉煌。

（一）体现价值取向

诚实劳动是中国传统义利观和社会主义市场经济规则对劳动者的道德要求，是劳动者的正确价值取向。从"宁愿一人脏，换来万家净"的淘粪工人时传祥，到摘取数学皇冠上明珠的陈景润；从港口装卸自动化的创新者包起帆，到做着"禾下乘凉梦"充实天下粮仓的袁隆平。实践证明，唯有诚实劳动，才能赢得人民群众点赞；唯有诚实劳动，才能干出无愧于时代的业绩；唯有诚实劳动，才能真正挑起时代重任，在各自岗位发挥作用、贡献正能量。荷兰著名画家凡·高有一幅《吃土豆的人》的油画，描绘了一个农家晚上在昏暗的灯光下吃土豆的景象。画家自己说："我想传达的观点是，借着一个油灯的光线，吃土豆的人用他们同一双在土地上工作的手从盘子里抓起土豆，他们诚实地自食其力。"这是对劳动最淳朴最直观的赞美。就如"人世间的美好梦想，只有通过诚实劳动才能实现；发展中的各种难题，只有通过诚实劳动才能破解；生命里的一切辉煌，只有通过诚实劳动才能铸就"[②]。

（二）践行诚信品质

诚信是为人之道，是立身处事之本，是人与人相互信任的基础，也是优秀品质。从道德范畴来讲，诚信即待人处事真诚、讲信誉，言必行、行必果。在《说文解字》中的解释是："诚，信也"，"信，诚也"。诚信的本义就是要诚实、诚恳、守信、有信，反对隐瞒欺诈、反对伪劣假冒、反对弄虚作假，从劳动角度讲，就是要诚实劳动。在现代社会，经济的市场化和国际化、政治的民主化和法治化，以及文化的多元化和交往方式的现代化，无不凸

诚信品质美

① 习近平. 在知识分子、劳动模范、青年代表座谈会上的讲话［N］. 人民日报，2016-04-30（2）.
② 光明网评论员. 彰显新征程中的劳动者风采［N］. 光明日报，2021-05-01（1）.

显着诚信的价值并要求践行诚信。国家讲诚信，才有友好国家交往。个人也如此，只有树立起真诚守信的道德品质，才能适应社会生活的要求，并实现自己的人生价值。诚信是一种人们在立身处世、待人接物和生活实践中必须而且应当具有的真诚无欺、实事求是的态度和信守然诺的行为品质。诚信是一种社会的道德原则和规范，它要求人们以求真务实的原则指导自己的行动，以知行合一的态度对待各项工作。

（三）人民心声所向

在西部大开发、脱贫攻坚、乡村振兴等国家战略中，党员干部争做诚实劳动的楷模和标杆，发扬艰苦奋斗的优良作风，坚持把"三严三实"精神贯穿于干事创业始终，把每件事情干好、干实，得到了党和国家的赞许，得到了老百姓的拥戴。例如在脱贫攻坚期间涌现了一批批最美第一书记、最美驻村干部、最美帮扶人、最美乡村扶贫干部、最美脱贫人，他们都有一个共同的特点，就是靠诚实劳动，打赢脱贫攻坚战。同时，他们敢于坚持原则，坚决向伪劳动者"开炮"，及时教育和引导劳动不诚不实的同志纠正错误、回归劳动本真，营造"真善美"的诚实劳动氛围，使世界更美好。

（四）民族复兴所需

伟大梦想不是等得来、喊得来的，绝不是轻轻松松、敲锣打鼓就能实现的，而是拼出来、干出来的。立足新发展阶段，贯彻新发展理念，构建新发展格局，推动高质量发展，在危机中育先机、于变局中开新局，必须紧紧依靠工人阶级和广大劳动群众开启新征程，扬帆再出发。说到底，实现中华民族伟大复兴的中国梦，要靠各行各业人们的诚实劳动。

青年兴则国家兴，青年强则国家强。现代大学生，要全面肩负起中华民族伟大复兴中国梦的历史重任，就要坚定不移地听党话，跟党走，感党恩。不忘初心、牢记使命，勇立时代潮头，牢固树立崇尚劳动、尊重劳动和劳动最美的思想观念。始终要热爱劳动、诚实劳动，将自己火热的青春投身于中国特色社会主义的宏图伟业中去，共同奏响"劳动最光荣"的奋斗之歌，让青春在奋斗和担当中绽放光彩。

技能"后浪"摘金的秘诀

2021 年，年仅 22 岁的胡兴盛获得第七届全国职工职业技能大赛"数控机床装调工"赛项全国冠军，成为中国航天科工二院二八三厂最年轻的全国技术能手。今年，他又被授予全国五一劳动奖章，并与其他 9 人一起被评为"最美职工"。

在校期间，胡兴盛努力提升技术锤炼自己，并多次参与各类技能大赛，取得多项优异成绩：2018 年 10 月，参加山西省技能大赛，获得三等奖；2019 年 6 月，代表山西省参加全国职业学校技能大赛，获得全国一等奖；2019 年 11 月，参加中国技能大赛，获得全国二等奖。

2020 年从山西机电职业技术学院毕业后，胡兴盛放弃高薪的私企，毅然选择了航天事业，就职于航天科工二院。那年5月，刚入职不久的他参加了航天科工集团数控机床装调维修工的比赛，但没有取得好成绩。2021年8月，经过一年的沉淀后，胡兴盛参加了第七届全国职工职业技能大赛"数控机床装调工"赛项。赛前和教练对每一个赛点详细分析、参考历届理论试题整理几千题的题库、定制训练计划利用好每一分钟……白天，在教练辅导下训练实操项目；晚上，他常常自我加压，学习理论知识到凌晨。两个月集训，历经成百上千次的练习，操作要领已经"长"进了胡兴盛的骨头里了。最终在大赛数控机床装调维修工实操试题第二部分，胡兴盛得到了裁判"全场最规范"的高度评价，一举夺冠。

（资料来源：赖志凯．技能"后浪"摘金的秘诀［N］．工人日报，2022-05-05（1）.）

第三节　工匠精神美

工匠精神之美，在于美的追求和享受，在于追求价值的善美，在于尊师重道的美德；体现在工匠的执着专注的匠技、精益求精的匠心、一丝不苟的匠品和追求卓越的匠魂。

一、执着专注的匠技美

放眼过去，着眼现在，能工巧匠、大国工匠无不是只专注于一项工作或一门手艺，将自己完全投入工作中，一辈子用心做好一件事，不受世俗影响，心无旁骛，坚持到底，终将自己的技能、技艺练就到了炉火纯青的地步，令人敬仰。

（一）勤学苦练

工作中，不时会有为了完成任务而做事、凭感觉做事。不用心做事肯定会出问题。工作成效反映出做事的态度。真正的工匠一定是"心到"，《尚书·虞书·大禹谟》云："人心惟危，道心惟微，惟精惟一，允执厥中。"只有沉得下心，才能真正做出匠心独运、经得起时间检验的作品。宋代是制瓷业全面发展时期，有了"汝、官、哥、钧、定"五大名窑。瓷器，代表中国日用制造的最高技术和工艺水平，是中国工匠智慧面向世界的最高级、最普遍的呈现。庖丁解牛的故事耳熟能详，从故事里不仅看出庖丁出神入化的高超技艺，更可贵的是故事告诉了我们一个道理：做任何事都要做到"心到"，如此才能达到"出神入化"的境界，才能做好工作。弘扬工匠精神，不只是产品外观和品质升级，更是营造一种不断改进、不断完善、精益求精的文化，倡导一种心神俱到、尽力做到最好、追求完美的境界。

勤学苦练
行动美

（二）心无旁骛

一辈子用心做好一件事，看似简单，但真正做到、做得好的人却寥寥无几。一个人在一辈子有限的时间和精力下，能把一件事做到极致很不容易，唯有把全部精力用在一件事上，方能做到极致。

当今社会，生活节奏加快，每个人多少都有点心浮气躁。优秀的工匠的精神和品质，就是克服内心浮躁，摆脱世俗干扰，将更大精力投入潜心研究技术、技能和技艺中，如此才能把工作中的每一件事情做好、做到位，做出成效。智能化时代给予了我们生活方便，工作精准快捷，感觉不"快"就要落伍，这就造成了心理暗示：现实与理想差距大，感到力不从心；现实生活消磨耐心，急于求成。进入思想"死循环"，自然不可能将工作做到最好、极致。

心无旁骛，心静下来，才华和潜能才能发挥出来。我们平时被种种情绪、思想和欲望所主宰，但是有些时候，我们依然要通过做一些小事来平复浮躁，可以和家人一起来一场乡村旅游，和朋友一起看一场电影，甚至和球友打一场球，你会发现自己内心深处的宁静和美好。经常做这些事，你就会感受到大千世界，美不胜收。

（三）持之以恒

一辈子做一件事，在于恒心，在于坚持，日复一日，不断精进，最终练就自己的"绝活儿"。这些"绝活儿"很难被超越，这些"绝活儿"也是靠工匠坚持和坚守锻炼出来的。每个人都想出类拔萃，拥有"绝活儿"，有一天成为金字塔顶端的人。有的人付出行动并坚守，有的人付出行动但半途而废，有的人则停留在"梦中"。无论是中途放弃，还是没行动的人，都不能找任何借口，始终要坚信练就"绝活儿"最重要的就在磨炼技能技艺的过程中坚持到底，靠的是钻研、领悟和学到极致的态度。

现实中，很多人在磨炼自己技能技艺过程中，仅仅入门就认为自己已经掌握了，进而不会对自己的技能技艺深入研究，最终停滞不前。其实不管多难的技能和多深的技艺，都是建立在基础技术之上的，只有通过常规磨炼，深入研究，领悟要领，通过无数次尝试和实践，最终才会形成"绝活儿"。

无论从事什么工作，我们都应有钻研岗位技能技艺的决心和毅力。现代大学生，对待工作、对待岗位，要不厌其烦地用心做事，以专注的态度追求极致，坚定信念，勇于面对，敢于挑战，持之以恒，稳步走在成长道路上。

二、精益求精的匠心美

精益求精是在追求美的基础上，做事定更高标准，付出全部心血，精雕细琢，不允许半点瑕疵，始终保持做事的新鲜度和激情，把事做得更加完美。

（一）以标为尺

精益求精
追求美

做任何事，首先有目标，围绕目标精准树立高质量标准，克服"差不多"心理，要有更高的要求、更加严苛的标准。《礼记·经解》："《易》曰：'君子慎始，差若豪氂，缪以千里。'"因为"差不多"的心态，工作漏洞百出，建筑工程倾覆，生产线生产出废品，药剂师配错一味药引发医疗事故。在工作中的一个细节上"差不多"也许并不会造成多大的影响和损失，然而当这些细节上"差不多"日积月累，就会带来灾难性后果。一个人在工作中抱着"差不多"的心理也许不会对全局产生多大影响，然而如果每个人都抱有一点"差不多"心理，整个企业就会被"差不多"一点点毁掉。这种"差不多"的工作态度，实际上是侥幸心理和懒惰心理的体现，是对工作不负责的表现，会直接导致工作标准降低，无论是对个人还是对企业发展都不利，还会影响社会进步。

（二）以精为要

一名优秀的工匠，应当对自己的作品付出全部心血，绝不允许有半点瑕疵，要求精益求精，精雕细琢，把自己的精力倾注在作品中，以美的视觉展现给世人。每一项职业、每一个岗位，都是一块璞玉，虽然看起来其貌不扬，但倘若我们能够精雕细琢，其就会以美玉的形态呈现。

现代大学生如何才能做到精雕细琢呢？首先要有"完美主义"心态，要有追求卓越、追求完美的态度。其次要克服经验主义，实践出真知，凡事通过反复实践，反复验证，从中查找问题和不足，不断弥补和完善。

（三）以情为本

工作没有激情，就没有活力，就没有动力，就不能坚持下去，就不能精雕细琢。在浮躁的社会里，很多刚入职的大学毕业生高不成低不就，还常常跳槽，抱怨自己的工作没有前途，得过且过。殊不知，一旦有了工作激情，就会为了工作不畏艰险，不怕失败，就会勇于争先，敢于创新。激情能促进不断学习，不断超越自我，追求极致，就会攻克一个个难关，取得一个个突破，形成良性循环，最终成为能工巧匠、大国工匠。

现代大学生，无论是做人还是做事，首先要设定标准，消除"差不多"工作态度，让自己对工作保持敬畏之心，要把工作当成自己一生最重要的事业，把坚守岗位责任当作自己必须肩负的使命，做任何事既要有卓越目标，也要尽最大努力去做。只有付出 100% 的努力，才能保证质量；只有长久坚持下去，才能做到始终如一。

三、一丝不苟的匠品美

一丝不苟是工作态度，是工匠的优秀品质。一丝不苟要从小事做起，从细微处着手，对待任何事都要严谨，才能把事做成功。

（一）做好身边小事

有些人好高骛远，总觉得做小事是大材小用。殊不知，只有把所谓的"小事"做好，从小事中抓小细节，积累大经验，才有机会和能力做大事。要知道，"不积跬步，无以至千里；不积小流，无以成江海"。工作中无小事，做好小事是成大事的基础。任何小事都不是孤立的，无数小事积累成大事，忽略小事，就难成大事。从小事开始，慢慢增长才干，赢得认可，赢得干大事的机会，日后才可能干大事。而那些一心想做大事的人要是不把"简单工作不值得去做"的浮躁心态改变了，是永远无法干成大事的。有句话说得对，"千里之行，始于足下"。

世界上没有任何一件事是小事，虽然每日做了琐碎事务，看似没技术含量，也不需要智慧，更看不出成果，但是要善于从小事中找到蕴含的机会和学问。我们只有实实在在地从小事做起，踏踏实实地从细节努力，认认真真为工作负责，才能有所收获。

（二）认真细致做事

认真，就是不马虎、不苟且，以严肃态度或心情对待事情。著名企业家张瑞敏曾说："把每一件简单的事做好就是不简单，把每一件平凡的事做好就是不平凡。"认真，是做好任何事情的前提。即使再小的事情，也决不可把其当成小事来看待，更不可粗心大意。认真是做人处事的应有态度，更是一种责任意识和思想境界。做事认真的人，往往会更注重过程、注重细节，尽力追求一流、追求完美。因为他们懂得，稍有疏忽、稍不用心，就可能给工作带来妨害，把事情办砸，甚至可能让人们的身心受到伤害。我国高铁技术全球领先，当你感受到乘坐高铁带来的便利时，殊不知，高铁线路维护工人为了高铁行驶安全，每天深夜，当天高铁停运后，立即到大型桥梁检修，维护高铁行驶安全，保障乘客生命安全。只有老老实实，全心尽责，事故才可免，挫折才可避，成功才可握。

认真是一个人在职场上立足、发展的基石，也是一个人成为合格工匠的基础，一个人如果在工作中坚定不移地奉行认真的原则，就一定会成为他所在行业佼佼者，成为一名出色的工匠。但现实生活中，有的人办事三分钟热度，没有耐性；有的人抓工作不深入细致，方法简单粗放，手段粗枝大叶；有的人工作责任心不强，马马虎虎，敷衍了事……这些行为背离了认真态度，也将在职场上越走越窄。

现代大学生只有认真对待工作中的每一个环节、每一个步骤，工作才能更加出色，才能趋于完美。要在工作中坚持以一种积极的心态去工作，工作时就会积极主动。也应该懂得，成功没有捷径，只要比别人多做一点，工作认真一点，用心诚恳一点，成功的可能就会离我们更近一点。

四、追求卓越的匠魂美

卓越是一种追求，更是一种境界，是做任何事发挥到极致的状态。既然选择，就埋头苦干，不计较个人得失，把做事当成事业，把事情做到极致，达到卓越，展现追求完美的精神美。

（一）埋头苦干

"付出就有回报"是铁的定律，只是付出与回报的比率不同而已，每一份回报的背后必定有不少付出，不付出肯定没回报。当辛辛苦苦付出全部，结果得不到应有的回报时，有多少人能够不计较，依旧保持对自己工作的那份坚持和激情呢？对大部分人而言，肯定会消极懈怠的，但就是有那么小部分人能够不计付出，始终埋头苦干，最终成就了自己的事业，成为优秀工匠。付出的价值永远不是回报可以衡量的，看看那些被万人敬仰的劳动模范、大国工匠，谁不是在平凡的岗位上不计较付出，始终埋头苦干呢？他们被铭记并不是因为通过埋头苦干而收获了巨大的物质财富，而是他们的付出创造了巨大的价值和宝贵的精神财富。

如果一个人总是对得失计较，总是与同岗位人相比较，就很难在工作中产生巨大的动力，更难以在工作中保持埋头苦干的精神。这样的人即使一时得利，也终究会被边缘化。一个人只有学会不计付出，才能始终保持工作动力，始终秉持工匠精神的信念，最终让自己在岗位上发挥出最大的本领，为单位、社会创造更大价值。

做到不计较得失，就要调整好自己的心态。不要抱着不公平的心态看待问题，切忌常与人比较，放平心态，朝着自己的理想和目标去奋斗。做到不计较得失，坚信自己的工作是有意义的，付出是有价值的。任何人都不会有动力去做一件毫无意义的事情，只有相信自己的付出有价值，才能心甘情愿付出而不过多计较。对自己而言，丰富经验就是最好的回报；对单位而言，贡献了价值是最好的回报；对社会而言，促进了社会文明和发展就是最好的回报。因此，我们就更加愿意不计较地付出，愿意在工作岗位上埋头苦干，从而不断提升自己。

（二）事业养生

如果只是把工作当作谋生的手段，工作过程就会是枯燥的、单调的，即使有一片森林，也不懂得欣赏。比尔·盖茨说："如果只把工作当作一件差事，或者只将目光停留在工作本身，那么即使从事喜欢的工作，你依然无法持久地保持对工作的激情。如果把工作当作一项事业来看待，情况就完全不同。"

把工作当事业来对待，首先要善于发现美，欣赏美。无论从事什么样的工作、什么样的岗位，日复一日，重复劳动，久而久之，可能就会枯燥无味。在重复的劳动中善于发现和欣赏美，只要有心，一根枯燥的树枝都是一件完美的作品，只要把生命融入工作中，始终保持工作新鲜度，心情舒畅，就有主动做事的意愿。那些获得世人赞赏和肯定的能工巧匠、大国工匠都普遍具有一个特质——无不是把工作当作自己的事业。

把工作当作事业来对待，要有研究精神。企业创新需要研究精神，个人发展更需要研究精神。同一项工作，有些人一成不变地完成，有些人做出不一样的成效，原因在于是否在工作中研究，是否用更少的付出得到更多的回报，也就是常常说的工作绩效。

（三）臻于完美

人无我有、人有我优、人优我精，劳动者素质的提升对一个国家、一个民族发展至关重要。劳动者提高技术技能水平，既要勤于业，踏踏实实干；又要精于业，把工作干得尽可能地臻于完美，干就干一流，争就争第一。用极致书写精密人生的陈行行；在金属疙瘩上玩出雕刻艺术的胡胜；一双"火眼金睛"，能看出钢水温度和碳含量的杨金安；在 0.05 毫米的空间里追求完美的宁允展……这些大国工匠无一不是坚持"择一事终一生"的执着专注，一步一个脚印，一点一滴努力，立足岗位成长成才的。

"心心在一艺，其艺必工；心心在一职，其职必举。"现代大学生生逢盛世，眼前是广阔的职业舞台，脚下是延展的事业道路，只有练就一身真本领，掌握一手好技术，在平凡岗位上干出不平凡的业绩，才能不负时代，不负韶华，让青春在技能成才、技能报国的火热实践中绽放绚丽之花。

或许我们毕业后在跑市场、跑工地，离能工巧匠、大国工匠距离还很长，但只要我们把工作当成自己的事业来做，我们就具备了工匠的心态和素养，践行初心使命，工作中善于创新，甘于付出，成功指日可待。

思考题

1. 劳模精神、劳动精神和工匠精神的内涵及精神美分别是什么？
2. 现代大学生如何践行劳模精神、劳动精神和工匠精神？

CHAPTER 4

第四章

劳动成就职业美

习目标

1. 理解职业技术创新、职业技能创造和职业技艺传承所蕴含的美
2. 学会在职业技术、技能、技艺中发现美，促进技术、技能和技艺提高

习重点

1. 技能成才、技能报国创造社会价值美
2. 职业技艺传承弘扬文化和赓续工匠精神

幸福是劳动中奋斗和创造出来的，劳动者在职业岗位上通过技术创新、技能创造、技艺传承，不断提高劳动质量，孕育劳动成果。

第一节　职业技术创新美

人类从诞生起至今，共经历了石器时代、青铜时代、铁器时代、蒸汽时代、电气时代、信息时代等多个劳动生产工具时代。每个时代都是技术创新推动发展。特别是前两次工业革命，新技术使劳动方式得到颠覆性转变。以新一代信息技术为核心的第四次工业革命标志着人类进入智能化、智慧化、创新性劳动时代。

一、职业技术创新促进产业升级

技术发展及其成果在生产的推广、应用上的新突破，直接影响并且引

职业技术
创新美

起产业结构发生量和质的变化，并且必将导致社会的产业结构改变。因为技术革命是产业革命的前奏，技术革命打破了原有的产业格局，必将开辟一些新的生产领域。新技术革命引起了传统工业的相对萎缩，但这绝不意味着传统工业的消亡。许多传统工业正在接受新技术的改造。另外，一些传统工业改为经营或兼营新兴工业，实行多元化生产和经营的战略，以适应瞬息万变的市场需求。

（一）推动产业新升级

1. 新技术改造传统产业

随着新一代信息技术发展，传统产业正在向数字化、智能化、网络化、绿色化升级，促进新质生产力发展和构建现代产业体系，使产业发展的含金量、含新量、含绿量提高。一方面，数字化与传统制造业融合，数字技术的利用不断提高制造业内部结构的科技含量，助力传统制造业升级，传统生产工厂升级为数字化工厂，提高生产效率。另一方面，数字化与传统服务业融合，推动传统服务业向现代服务业升级，重塑产业链并提升产业链水平，数字经济与服务业融合发展效果明显。数字技术的应用也使新兴服务业得到快速发展，促使服务业内部结构不断优化，为第三产业升级转型提供助推力。此外，通过构建大数据分析平台，将数字技术与传统零售深度融合，促进电子商务的快速发展，驱使各类生产要素在市场平台上自由流动，可大力提高资源的利用效率。

2. 新技术催生新产业

电子技术、生物工程、合成材料、新能源、海洋开发等一大批技术、知识密集型新兴产业如雨后春笋般崛起。人工智能、大数据、区块链、量子通信等新兴技术加快应用，培育了智能终端、远程医疗、在线教育等新产品、新业态。数字技术通过重组现有生产要素，催生新模式、新需求，如平台经济、共享经济等。节能环保、新兴信息产业、生物产业、新能源、新能源汽车、高端装备制造业和新材料等成为国家战略新兴产业，成为经济发展的重要增长极。

现代大学生是国家自主创新能力建设的生力军，应主动承担技术开发、技术咨询、技术培训、技术服务和成果转化、成果转移的创新驱动发展历史重任，攻破"卡脖子"问题，解决企业技术难题，推送产业升级发展。

（二）促进经济新增长

1. 提高技术进步率

技术创新的过程中将全新的技术形式转变为最终的产品设计，如开发新的生产材料、新的设备零部件、新的生产流程等，并将其有效地应用于生产实践当中，保证技术水平与经济增长同步发展。由此可见，当技术得到创新型发展时，必然会导致技术进步率的提高，增加产出增长率，从而促进经济增长。

2. 提高劳动生产率

技术创新带来的新技术、新生产工艺的运用将提高劳动生产率，劳动生产率的提高将促进不变资本、可变资本的投资增加，同时提高可变资本的剩余价值率，在此情况下剩余价值将增加，在保证稳定的资本积累率的情况下，资本积累量将增加，并实现扩大再生产，最终将促进经济的增长。

二、职业技术创新改善生产条件

随着技术的发展，人类劳动变得更加智慧化、便捷化、高效化，劳动人民获得感、幸福感、安全感更加充实、更有保障、更可持续。

（一）优化生产出行

优化生产出行，出行更加便捷，生活更加愉悦，工作更加高效。

新时代，对于往返工作单位、跨越城市交流洽谈等生产出行而言，无论是短途还是长途出行，方便、快捷、安全的出行体验能提升劳动效率。生态文明建设背景下，共享单车遍布城市各个角落，学校、工厂、公交车站、地铁站、长途车站、高铁站、居住小区……方便使用、方便停靠，共享单车逐渐成为年轻人休闲和劳动出行的首选。在"双碳"背景下，新能源汽车逐渐成为城市生活和工作的代步工具，绿色环保，使用成本低，是工薪阶层的理想选择。此外，大中型城市的城市交通体系发达，提供各类交通接驳，方便换乘，给人民出行提供便利。

国家高速路网发达。国家高速公路整体覆盖范围延伸到城区人口 10 万以上市县，为跨越城市出行提供便捷，城市之间交流距离不断缩短。国家高铁技术日新月异，从 200 km/h 到 350 km/h，从跟跑者到领跑者的转变，高铁已经成为人民工作生活中不可或缺的交通出行工具。航空技术有较大突破，国产大飞机 C919 问世，将推动我国航空业发展，使飞机成为跨越城市、跨越国家交流的主流工具。出行效率提高，节约了时间成本，间接提高了劳动效率。

（二）改进生产手段

改进生产手段，优化了生产工序，减少了人工劳动，降低了生产成本，提高了劳动效率，提升了产品质量。

第一次工业革命使机械代替了人力和畜力，结束了笨拙、艰苦的手工劳动时代。以物联网、云计算、大数据为核心的新一代信息技术，以数字化制造、3D 打印、工业机器人为核心的智能制造技术，两种技术结合，改进了生产手段，实现了工业互联，赋能了现代工业发展。在现代工业中，已出现了由计算机控制和机器人操作的自动生产线、自动车间甚至自动工厂，烦琐、费力、费时、又脏又险的重复性劳动由计算机和智能机器人承担。在自动化程度较高的企业，各生产环节的人员只要把生产任务编制成程序送到计算机控制中心，通过集中控制系统就可监视和管理生产。

近年来，世界各国都在工业部门大力推广和采用微电子技术和微电脑，实现智慧化生产，提高了劳动效率。例如我国现代化工厂基本实现了自动化，系统集成程度高，劳动力需求锐减。生产型企业利用信息技术与机械技术的结合，把机器人用于工业生产，如汽车行业大量使用机器人对汽车底盘及各种零部件进行焊接、装配、喷漆，并进行质量检测等。制造型企业开始采用"柔性生产"，使一条生产线能生产小批量、多品种产品，以适应市场变化快的要求。

总之，新技术在社会生产中的大量应用，极大改变了劳动的性质和方式，生产劳动日趋自动化和智能化。劳动条件也不断改善，使人类从昔日繁重的体力劳动中逐步解脱出来，日益拥有更多的自由和闲暇。

（三）改善生产环境

改善生产环境，保障劳动者健康，是单位可持续发展的首要任务。新技术、新材料、新工艺不断涌现，从源头上改善了劳动者的劳动环境，让劳动者在劳动时感受到尊严和体面。

绿色建筑技术优化了劳动空间。绿色建筑采用建筑围护结构节能技术、能源利用技术、环境与环保技术，遵循因地制宜的原则，综合考虑我国各地的气候特点、地理环境、自然资源等因素，采用适宜的外墙保温体系、遮阳系统、外窗保温隔热系统、自然通风系统、自然采光、太阳能与建筑物一体化、地源热泵空调、中水回用、绿色建材和智能控制等各项技术，经过筛选、优化、集成，形成具有地域特色的建筑节能技术体系，具有选址规划合理、资源利用高效循环、节能措施综合有效、建筑环境健康舒适、废物排放减量无害、建筑功能灵活适宜等特点。绿色建筑为人们提供健康、舒适、安全的居住、工作和活动的空间。

环境治理技术改善了劳动环境。无论是作业环境恶劣的老厂矿、老企业，还是现代化厂房，由于技术革新、工艺革新，作业环境更加人性化、健康化。特别是高新技术企业，不仅完善了新风系统，还倾力打造了积极、健康、向上的职业文化，使劳动者身心愉悦。因环保技术不断革新，高粉尘、高污染、有毒害的作业环境得到有效治理，提高了劳动者的身心健康。总之，在"双碳"背景下，环保技术赋能，企业环境治理加持，劳动者的劳动环境健康了、美好了，提升了劳动者的幸福指数，也促进了企业发展内生动力。

第二节　职业技能创造美

职业技能创造美

构建"国家重视技能、社会崇尚技能、人人学习技能、人人拥有技能"的技能型社会，弘扬"劳动光荣、技能宝贵、创造伟大"的时代风尚，营造人人皆可成才、人人尽展其才的良好环境，让每个劳动者通过技能创造幸福生活、创造社会价值。

一、职业技能创造幸福生活

劳动创造幸福生活，高质量劳动依靠技能。幸福生活不仅要满足物质需求，还要满足精神需求。我们要热爱钻研技能、追求提高技能，用技能点亮人生梦想。

（一）创造物质生活

人类生存首先要满足物质需求，可以通过劳动来生产和获取物质资料。随着社会进步，这更多体现在技能方面。在原始社会，人类在狩猎活动中，发明和使用石器等工具辅助劳动，并掌握狩猎技能，使狩猎劳动质量不断提升，促进了人类文明发展。劳动使手从行走、攀爬、采摘等简单运动功能中逐渐解放，从而去掌握其他新技能，如制造工具、耕种、养殖等。

现代社会中，随着社会分工不断细化，劳动者掌握了各种技能，依靠技能创造更加丰富的物质。铁匠、木匠、石匠等传统匠人掌握手工技能，提供生活必需的劳动工具和器具；职业农民掌握机械操作技能实施机械化种植，提供粮食和生活必需物资；制造业工人通过熟练的操作技能生产工业品，满足社会各领域再加工的物质需求；调饮师掌握酒水调制技能，调制更好的酒水等。因此，无论何种物质资料的获取都离不开技能，技能能创造更高质量的物质生活。

现代大学生，必须明白美好生活只能通过劳动创造的道理，明白高质量劳动只能靠技能。因此，要树立"劳动光荣、技能宝贵、创造伟大"劳动理念，积极参加技能竞赛，积极投入课程实践，积极参与创新实践等实践活动，不断锤炼技能，掌握一技之长，不断为自身成长和社会发展贡献力量。

（二）创造精神生活

精神生活是人类所特有的高级需求。在人类进化过程中，产生了有别于一般动物的情感和思维，促使人产生了建立在物质生活需求基础上的精神生活需求，如休闲娱乐需求、业余爱好需求、情感交流需求、审美需求等，这些需求的满足还是依靠劳动，依靠技能。

精神生活是人之所以为人的本质。在日常生活中，学习知识、思考问题、建立情感、欣赏艺术、参与业余爱好活动等，都属精神生活。没有精神生活，人就只是活着的躯干。我们利用业余时间阅读文学作品、欣赏影视作品、聆听音乐作品、品味艺术作品，给我们带来了更加广泛的审美和休闲娱乐，不断丰富阅历，不断修身养性，满足了自己的精神生活需求。未来我国将进一步健全公共文化服务体系和文化产业体系，丰富人民精神文化生活，提升中华文化影响力，增强中华民族凝聚力。

精神生活需求离不开劳动，离不开技能。在精神生活领域，劳动以脑力劳动为主，劳动方式主要呈现为思想创造和艺术创造，这样就必须掌握创造技能。当今的智能化时代，社交媒体、自媒体和短视频媒体等迎来了高速发展期，成为大众的创作舞台，我们都可以高度参与精神生活的创造，这不仅催生出了大量的优质文化作品，更填补和充实了人们的精神生活，满足了人们日益扩大的精神生活需求。

现代大学生应该把握好时代脉搏和技术浪潮，不断加深对世界和社会的观察思考，既充分享受人类精神文明成果，又扎实练好技能，创造出能够深刻影响他人与社会的精神生活成果，从而进一步繁荣和发展社会主义文化，更好地满足中国人民日益增长的美好精神文化生活需求。

二、职业技能创造社会价值

技能不仅能满足个人的物质需求和精神需求，而且能提升人民的幸福感，为中华民族谋复兴。

（一）技能成才，提升人民的幸福感

劳动者是社会发展进步的推动者。只有劳动者创新劳动和努力奋斗，社会才能良性运行，社会才能不断进步，人民才有幸福感。

社会良性运行是每个人得以生存和发展的基础，也是社会不断向前进步发展的基础。只有社会和谐稳定，社会中的人才能够拥有安全、舒适的环境，才能够充分利用和谐的社会氛围去创造人民幸福。如城市的"天网监控系统"，利用设置在大街小巷的大量摄像头组成了监控网络，是公安机关打击街头犯罪的一项法宝，是城市治安的坚强后盾。这背后是成千上万网络监控民警长期坚持，锲而不舍，充分运用信息化技能为人民安全环境保驾护航。各行各业都是如此，都是依靠技能大师、技术人才、能工巧匠、大国工匠等劳动者，利用技能、"绝技"，按照一定的要求各处其位，各得其所，社会的经济、政治、文化、生活的各个领域都紧密联系，互相协调，整个社会才能始终保持有序和稳定状态。

劳动者是促进社会进步的主要动力，技能是劳动者创造价值的重要"法宝"。在古代社会，我国劳动人民用辛勤劳动和聪明才智创造了以"四大发明"为代表的重要文明成果，有力推动了中国文明的繁荣发展。新中国成立后，中国经济百废待兴，勤劳的中国人，用智慧创造辉煌，"两弹"问世，卫星升空。跨入新时代，"蛟龙"入海、"嫦娥"探月、"天问"问天、"北斗"北上、"5G"引领，我国劳动者充分掌握技能，创造了一个又一个伟大奇迹，在国家建设和经济发展中做出了卓越功勋，推动中国走在时代前列，行在世界前沿，成为社会进步的栋梁。

现代大学生应充分认识技能创造社会价值的重要性，尊重劳动者、尊重劳动人民，崇尚技能，踏实苦干，练就真本事，掌握好生活和生产技能，立足岗位，在劳动中体现价值。

（二）技能报国，为中华民族谋复兴

实现中华民族伟大复兴是近代以来最伟大的梦想。"中国梦"凝聚了几代中国人的夙愿，体现了中华民族和中国人民的整体利益，是广大劳动者的共同的梦，是广大劳动者技能创造价值的体现。"中国梦"需要劳动者创造实现，核心靠技能实现。

进入新时代以来，我国工人阶级和广大劳动者在实现"中国梦"伟大进程中拼搏奋斗、争创一流、勇攀高峰，在决胜全面建成小康社会、决战脱贫攻坚中发挥了主力军作用，用智慧和汗水营造了劳动光荣、技能宝贵、创造伟大的社会风尚。在中国共产党的领导下，广大劳动者坚定不移走在全民族伟大奋斗的最前列，为国家富强、民族振兴、人民幸福不懈奋斗，与祖国同成长、与时代齐奋进，是全面建成小康社会、坚持和发展中国特色社会主义的主力军。实现"中国梦"，必须依靠一支高素质劳动者大军，依靠劳动者充分掌握劳动技能，踏实肯干、精益求精、追求卓越的劳动实践。

广大青年劳动者要在伟大实践中圆"中国梦"。中华民族伟大复兴终将在广大青年的接力奋斗中实现，青年承载着"中国梦"的历史、现实和未来。青年兴则国兴，青年强则国强，青年一代有理想、有本领、有担当，国家就有前途，民族就有希望。当今时代，中国比历史上任何时期都更接近中华民族伟大复兴的目标，比历史上任何时期都更有信心、有能力实现这个目标。每年毕业大学生上千万，他们为社会注入了新鲜血液，他们在基层实践中锤炼意志，在服务人民中增长才干，在担当时代使命中实现理想，为国家富强、民族振兴、人民幸福努力奋斗。

现代大学生，面对中华民族伟大复兴的"中国梦"，面对世界百年未有之大变局，应该有自己的选择和坚守，将个人理想融入国家建设发展伟业，在为人民服务中茁壮成长，在艰苦奋斗中砥砺意志，在实践中锻炼技能，做好社会主义事业的建设者和接班人。

第三节　职业技艺传承美

技艺是指工具和材料使用中的才智、技术或品质性手艺，富于技巧性、难以掌握的工艺。随着社会进步，技艺主要是指现代工匠的精湛生产工艺。

一、职业技艺传承弘扬中华文化

职业技艺
传承美

中国传统技艺文化立足时代、反映生活，在时代脉搏中发挥工匠技艺优势、把握文化意韵，创作出满足群众需要、符合时代旋律的好作品，通过一代代非遗传承人、工艺大师等工匠传承下来，发扬光大，成为大众文化。技艺传承文化的典型有剪纸、茶道、插花等。

（一）剪纸技艺

剪纸（见图4-1、图4-2）是中国最普及的民间传统装饰艺术之一，是用于装点生活或配合其他民俗活动的民间艺术，表达了广大民众的社会认知、道德观念、实践经验、生活理想和审美情趣，具有认知、教化、表意、抒情、娱乐、交往等多重社会价值，有着悠久的历史。因其材料易得、成本低廉、效果立见、适应面广，样式千姿百态，形象普遍生动而广受欢迎。大到国际交流，小到个人爱好，剪纸艺术无不发挥着弘扬中国传统文化的作用。剪纸创作是中国优秀传统文化作品，赠送国际友人，可以向国际传播中国文化；剪纸创作是弘扬社会主义核心价值观作品，可以向全国人民生动形象宣传，人民乐于接受；剪纸创作是中国传统喜庆文化作品，家中办红喜事时可以表达喜庆；还可以用剪纸创作装扮家庭、办公室及公共区域。这样不仅让我们享受剪纸技艺带来的美感，更能传承和弘扬中国传统文化，让中国人民充满幸福感、自豪感。

图4-1 "福"字剪纸窗花

图4-2 "新春"剪纸

全国各地都能见到剪纸，甚至形成了不同地方风格流派。如南方派系的自贡民间剪纸历史久远，始于明清，传承400多年，是老百姓祈求美好生活的一种精神文化形态。自贡剪纸的特点是质朴丰润，清新明快，拙中带巧，平里有奇，装饰味浓，现代感强。又如江浙派系的扬州剪纸，扬州是中国剪纸流行最早的地区之一，唐宋时期就有"剪纸报春"的习俗。扬州的剪纸艺人还根据需要创作绣品底样，有绣花必有纸样。扬州剪纸线条清秀流畅，构图精巧雅致，形象夸张简洁，技法变中求新，形成了特有的"剪味纸感"艺术魅力。

剪纸有独特的造型特点，不仅表现了群众的审美爱好，而且蕴含着民族的社会深层心理。民间剪纸历史悠久，风格独特，深受国内外人士所喜爱。其往往通过谐音、象征、寓意等手法提炼、概括自然形态，构成美丽的图案，在表现形式上有着全面、美化、吉祥的特征，同时民间剪纸用自己特定的表现语言，传达出传统文化的内涵和本质。民间剪纸艺术之所以能流传、沿革如此漫长的时间，主要是依靠"传承"来达到的，即上辈人通过言传手教，把一些民俗文化观念和剪纸中的艺术符号以及自己在剪纸创作中的创新和体验传给下一代，完全开放地一代又一代地不断向下传递，从而传承、整合、发展、沿革至今。

（二）茶道技艺

在中国，茶艺是一种文化，萌芽于唐代，形成于宋代，改革于明代，极盛于清代。茶艺的分类有绿茶茶艺、红茶茶艺、乌龙茶茶艺、普洱茶茶艺等。

茶艺包括茶叶品评技法、艺术操作手段的鉴赏以及品茗美好环境的领略等整个品茶过程的美好意境，观赏者和品茶者通过视觉、听觉、嗅觉等进行审美享受，其过程体现形式和精神的相互统一，是饮茶活动过程中形成的文化现象。茶艺起源久远、历史悠久，文化底蕴深厚。茶艺包括选茗、择水、烹茶技术、茶具艺术、环境的选择创造等一系列内容。茶艺背景是衬托主题思想的重要手段，它渲染茶性清纯、幽雅、质朴的气质，增强艺术感染力。不同风格的茶艺有不同的背景要求，只有选对了背景才能更好地领会茶的滋味。如红楼茶艺作品（见图4-3）表达了这样的意境：枫露茶味醉红楼，经典名著孕茶香。

茶艺在中华优秀传统文化的基础上又广泛吸收和借鉴了其他艺术形式，并扩展到文学、艺术等领域，形成了具有浓厚民族特色的中国茶文化。茶艺多姿多彩，充满生活情趣，丰富我们的生活，提高生活品位，是一种积极的大众生活艺术方式。茶艺也是一种舞台艺术，通过合理编排，借助于人物、道具、舞台、灯光、音响、字画、花草等的密切配合，展现茶艺的魅力，给饮茶人以高尚、美好的享受，给表演带来活力。如唐代茶艺作品（见图4-4）表达了这样的意境：弘华夏古韵，传千年茶香。

图4-3 茶香梦红楼

图4-4 盛唐茶韵

在此基础上，茶艺升华为更加系统的茶道，即茶艺、茶礼、茶境等，上升到精神层面，更加突出在"技"与"艺"的基础上使受众提高精神享受。在茶道中陶冶情操、修身养性、领悟道理，让人由茶而悟自然之美、淡泊之美、和谐之美、静谧之美，促进人与人、人与社会更加和谐。

在紧张繁忙的工作之余，泡出一壶好茶，细细品味，通过品茶进入内心的修养过程，可以感悟苦辣酸甜的人生，从而使心灵得到净化。

（三）插花技艺

美丽的花深受大家喜欢，在中国传统文化中，花语万千，寓意丰富，表达出各种美好的心灵寄托。朱自清的《荷塘月色》写"层层的叶子中间，零星地点缀着些白花，有袅娜地开着的，有羞涩地打着朵儿的"，以花拟人；在特殊日子，鲜花送给老师、长辈、英雄、劳模等，表达祝福之意，以花传情；龚翔麟的《菩萨蛮·题画》写"田田初出水，菡萏念娇蕊"，借花明志；王安石的《梅花》写"墙角数枝梅，凌寒独自开"，借花抒情。从古至今，花为生活增姿添彩，成为人们生活中不可或缺的部分。

插花，是将自然界具有观赏价值的枝、叶、花等花材，按照一定构思选材，并运用艺术造型原理及技法加工，表现其活力与自然美的一门造型艺术。插花源于自然又高于自然，是人工美和自然美的有机结合。我国是东方插花艺术的典范，插花历史源远流长，插花技艺是中国传统文化艺术中一颗璀璨的明珠。早在3 000年前，祖先们就创造了最原始的插花，广泛应用于生活中，如美化环境、装扮仪容、表达情感，甚

053

至用以传情明志，赋予了插花浓厚的文化内涵。到了唐代，插花开始盛行，特别是在宫廷流行。到了宋代，插花艺术已普及到民间，并且受到文人的喜爱，关于插花欣赏的诗词举不胜举。到了明代，我国插花艺术不仅广泛普及，已达鼎盛时期，在技艺上、理论上都相当成熟和完善，已形成插花著作，如张谦德著有《瓶花谱》；在风格上，强调自然的抒情，优美朴实的表现，淡雅明秀的色彩，简洁的造型。到了清代，插花逐步衰落，但民间插花技艺仍然传承下去。

今天，随着改革开放不断深入，国民经济快速增长，人民生活水平逐步提高，插花已成为生活中不可或缺的部分。人们传承和发扬光大了中国插花技艺，使插花艺术与中华民族传统文化相融合，与盆景、绘画等艺术融会贯通，钟自然山川之灵秀，寓世间万象之精华，绵延不绝，日新月异，不断满足追求高品质生活的新需求。

在家庭，客厅、餐厅、书房等家庭活动空间，插花随处可见，不仅美化了家庭环境，还营造了静谧、舒畅、和谐的家庭氛围。如"夏日透心凉"插花作品（见图4-5），描绘了水岸边植物，夏日的荷花是最美的季节风景，高低错落在水中，清新飘逸，犹如水中仙子，随风摇曳，姿态万千，为家庭空间平添高洁之美。在企业的接待、休闲、体验等公共活动空间，插花与文化融于一体，彰显了企业内涵和文化品位。如"与君相会"插花作品（见图4-6），将极具品格的竹子、兰花叶搭配来描绘淡雅脱俗之美。兰花为高洁、清雅的花中君子，竹子则有高风亮节傲雪霜的美称。二者结合于盘中各有姿态，寓意君子清雅而高风亮节、气度非凡而傲霜雪的气魄和心胸。机场、商场、医院等公共空间，插花给顾客带来赏心悦目感觉，促进身心愉悦。

图4-5　夏日透心凉　　　　　　　　图4-6　与君相会

插花讲究作品的意境，插花作品欣赏，不仅要欣赏花材构建的造型艺术美，还要欣赏花材本身的内涵美，更要欣赏作品蕴含的寓意美。

二、职业技艺传承赓续工匠精神

中国传统技艺全部靠手工完成，一代代工匠，采取师徒、家庭、作坊和企业等形式，薪火相传，生生不息，依靠的是执着专注、精益求精、一丝不苟、追求卓越的工匠精神。赓续工匠精神的典型技艺有陶瓷、刺绣和竹编等。

（一）陶瓷技艺

陶瓷是我国的一种工艺美术品，也是中华民族的伟大创造和文化瑰宝。陶瓷起源于满足炊器、饮食器、盛储器等日常生活用品和祭祀器物使用。随着政治、经济和文化繁荣，陶瓷技艺逐渐融入生活，被赋予丰富的生活内涵，逐渐成为人民追求高品质生活、呈现文化内涵的收藏、装饰。

我国陶瓷技艺主要经历了五个典型发展阶段，从陶器到瓷器，再到两者并驾齐驱发展。

1. 夏、商、周时期

陶瓷工艺处于萌芽阶段，出现了陶器（见图4-7），主要呈现为彩陶，并在陶器上烙印动物图案，陶器类型多样化和图案多样化成为这个时期的主要特点，奠定了陶瓷发展基础。

2. 汉朝至隋朝时期

这一时期，政治、经济和文化繁荣，民族之间相互交流互融，对外贸易十分发达，统治者关注陶瓷在本地化发展，陶瓷成为文化交流的代表。特别是丝绸之路打开后，中国与欧亚国家交流紧密、合作频繁，也推动了陶瓷技艺发展，特别是烧制技艺。汉代就出现了表面比较硬的釉陶，也是瓷器（见图4-8）的雏形。

图4-7　陶器示例

图4-8　瓷器示例

3. 唐宋时期

这一时期，经济空前繁荣，陶瓷技艺百花齐放，炉火纯青，与雕塑、建筑艺术等技艺不断融合。唐三彩，全名唐代三彩釉陶器，是唐代陶瓷工艺的珍品，是盛行于唐代的一种低温釉陶器，釉彩以黄、绿、白三色为主。唐三彩的技法十分成熟，釉色绚丽，造型丰富，展现了唐朝时期的审美风尚，其绚丽斑斓的艺术效果在雕塑精美、造型生动的俑上得到了淋漓尽致的发挥和展现。到了宋代，陶瓷技艺继续繁荣，陶瓷广泛出口。以汝窑、官窑、哥窑、钧窑、定窑为代表，全国各地出现了许多各具特色的名窑，其产品色彩也越来越丰富。

4. 元明清时期

在元代，枢府窑出现，景德镇开始成为中国陶瓷最大的生产地，享誉全世界。景德镇出产的白瓷与釉下青花装饰是两个特色。清代时，康乾盛世时代，陶瓷工艺更好，开发出更加漂亮的陶瓷产品，釉色和釉上颜色极为丰富。清代末期，战乱不断，民不聊生，中国陶瓷制造业止步不前，甚至衰落。

5. 近现代时期

民国时期，军阀混战，内外交困，生存是最大的需求，整个陶瓷工业也完全处于衰落的状态。新中国成立后，陶瓷工业逐渐恢复，陶瓷工艺继续优化，丰富了陶瓷雕塑新工艺、新表现的途径，陶瓷工业蓬勃发展，陶瓷手工业欣欣向荣。

我国陶瓷主要靠陶瓷工匠们全过程手工打造，技艺发展漫长，生命力旺盛，历代陶瓷技艺薪火相传，生生不息，创新发展，日益精进，作品珍奇至美。正是历代陶瓷工匠坚守初心、孜孜不倦、精益求精、追求卓越的工匠精神支撑着陶瓷技艺的发展。随着科学技术发展，陶瓷技艺逐渐数字化、产业化、工业化，陶瓷工匠们创造了用途广泛、色彩鲜艳、工艺精湛的传世佳作，不仅推动了人类文明进步，也向世界传播了中国陶瓷文化，这是传统技艺与现代技术融合的结果，更是陶瓷工匠们坚守工匠精神的结果。在千年瓷都景德镇，传统陶瓷手工艺仍然得以保留下来，甚至相当活跃。赓续工匠精神，陶瓷工匠们专心创作，推陈出新，各种传统技法、技艺争奇斗艳，以新姿态、新面貌走出国门、走向世界，实现了中华民族陶瓷艺术的伟大复兴。

（二）刺绣技艺

刺绣是中华民族优秀传统文化艺术，它是根据人的设计，通过制作用针，将丝线或其他纤维、纱线以一定图案和色彩在绣料上穿刺，以绣迹构成花纹的装饰织物，体现了文化与创意的融合、生活与自然的融合。刺绣最初基本是贵族用品，随着技艺进步，惠及大众。当今，刺绣品的用途也进一步扩大，从戏剧服装到日常生活中的头饰、寝具、台布、屏风、壁挂及生活服装等，特别是少数民族服饰上，刺绣运用得淋漓尽致。刺绣品还是中国传统的外贸产品，经济价值很高。

刺绣文化源远流长，据《宋书》载，远在4 000多年前的章服制度，就规定"衣画而裳绣"。至周代，有"绣缋共职"的记载。随着绘画艺术发展，刺绣技艺不断传承和创新，逐渐成为独具民族特色的优秀艺术文化。19世纪中叶，形成了苏绣、湘绣、粤绣和蜀绣等四大名绣，各具特色，各有千秋。

1. 苏绣

苏绣技艺精湛，题材主要有山水、亭台、花鸟、人物等，将刺绣与水墨画、书法融为一体，体现了江南风情，具有图案秀丽、构思巧妙、绣工细致、针法活泼、色彩清雅的独特风格。

2. 湘绣

湘绣精于丝绒线绣花，多以画家手稿为题材来源，形态生动逼真、风格丰富、手法多变、表现力极强，曾获得"绣花花生香，绣鸟能听声，绣虎能奔跑，绣人能传神"的美誉，具有较高的艺术审美情趣和收藏价值。

3. 粤绣

粤绣以金线为主，辅以彩线刺绣，多用于绣制裙褂、戏服和画幅。题材多为喜气的中国图案，如龙凤、福禄寿三星、八仙等，独具特色。用线多样、用色明快、讲求华丽效果，且多用金线作刺绣花纹的轮廓线，华丽而丰满。

4. 蜀绣

蜀绣（见图4-9）题材均以民间广泛认同的具有吉祥如意、红红火火等寓意的传统纹样为基本内容，动物、植物、山水和人物等题材是蜀绣的主要装饰纹样。蜀绣题材丰富、技艺独特，展现了蜀地独特的魅力和蜀地人民无限的创力，以其明丽清秀的色彩和精湛细腻的针法形成了独特韵味。

同时，民间传承的刺绣技艺也数不胜数，如苗族的苗绣（见图4-10）技艺、水族的马尾绣技艺等。此外，如维吾尔、彝、傣、布依、哈萨克、瑶、土家、景颇、侗、白、壮、蒙古、藏等民族也都有独具特色的民族刺绣。如今，刺绣呈现百花齐放、欣欣向荣的景象。

图4-9 蜀绣

图4-10 苗绣

传统的刺绣技艺的一针一线都是靠手工完成，主要靠师徒传承、家庭传承、行业传承。学徒学习技艺，需要一针一线反复琢磨构图及色彩，需要数年反复精雕细琢一件作品，需要摆得脱世俗，需要耐得住寂寞，愿意为技艺的传承和发展奉献和倾注毕生的心血。正是因为这些工匠精神，刺绣技艺才能传承下来。正如蜀绣国家级非遗传承人、中国工艺美术大师郝淑萍女士所说："我这辈子就只会蜀绣一件事，当然要一直绣到绣不动为止。"[1] 刺绣技艺的传承体现了工匠对学徒的培养和培训的无私奉献，也体现了每件刺绣传世佳品中无不凝聚着一代代刺绣工匠们对精进品质和精湛工艺的极致追求。

随着现代工业发展，数字化赋能刺绣技艺，规模化、标准化生产刺绣产品，提高了生产效率，降低了生产成本，是传统刺绣技艺传承与现代技术的融合。正是通过一代代非遗传承人、工艺大师的执着追求和锲而不舍，手工艺刺绣才得以保留了下来，并且长盛不衰。

（三）竹编技艺

竹编技艺是运用竹子作为原料，将竹子加工成篾片、篾丝，再编制出各类器具的过程和方法。竹子作为中国传统文化中"四君子"的代表，具有繁殖能力强、生长

---

① 吴晓玲. 蜀绣大师郝淑萍："我这辈子就只会蜀绣一件事"［N］. 四川日报，2022-03-01（12）.

第四章 劳动成就职业美

快、柔韧性好、天然环保的特点，深受人们青睐。从古到今，竹编以各种手工艺品（见图4-11）和生活用品（见图4-12）形式伴随在我们生活中。

图4-11　手工艺品竹编

图4-12　生活用品竹编

竹编的起源最早可追溯到新石器时代，距今已经有5 000余年历史。在原始社会，人们用竹子编成篮、筐、器具等农业用具，主要用于盛放食物和简单的农业生产，竹编的技法和纹理比较丰富，有人字、菱形格、梅花眼、十字等，编结工艺的基本传统和许多技法已初步形成。战国秦汉时期，竹编技艺达到相当高的水平，人们常用六角形空花、八角形空花或是盘缠编织法，技艺精湛，图案美观。唐代以来，日常生活用品的生产日趋发达和繁荣，竹编的生产规模、种类品质、工艺技术和艺术水平，空前发展，达到鼎盛时期。近现代，随着人们审美需求变化，竹编逐渐向工艺化转变，激活了竹编的装饰性，给竹编带来新的生命力。竹编成为我们生活中息息相关的备受青睐的生活用具和装饰品，如竹扇促进了中华民族传统文化名扬远播，竹包装赋予了商品的档次，竹家具给予了环保的生活空间。

随着新技术、新材料涌现，不锈钢、塑料等制品丰富了市场，但它们替代不了、更淘汰不了竹编。竹编技艺有别于其他技艺，机械化生产是替代不了的，这是因为竹子加工后的特性注定了不能使用机械化生产。竹编逐渐由家庭作坊生产向合作社、企业生产转变，逐渐由低附加值的生活用具向高端工艺品转变，逐渐由个人贩卖向新型营销转变，这些都激活了竹编发展。同时，竹编技艺作为国家非物质文化遗产，受到保护，延续着传统的手工艺。随着人们追求高品质生活、审美需求提高，竹编产品推陈出新，竹编类型更加广泛，竹编塑形更加精细，竹编颜色更加丰富。一个高质量的竹编作品需要多重复杂的工序，甚至需要长达几个月的创造，更需要精湛的技艺，这考验着工匠是否能够心无旁骛、能够坚持下去。欣慰的是，一代又一代竹编工匠始终保持了竹编技艺的原始性、自然性和本真性，始终保持着执着专注、精益求精、一丝不苟、追求卓越的工匠精神，推动了竹编技艺不断精进，推动了竹编文化繁衍生息，推动了竹编艺术走向世界。

 考题

1. 如何实现技能成才、技能报国，为社会创造价值？

2. 对于职业技艺传承文化和赓续工匠精神，我们能做什么？

劳动塑造生活美

美蕴藏于生活的点滴之中，在生活的每一个角落生根发芽、绚丽绽放。清晨迎着阳光奔跑的身姿，运动场上尽情挥洒的汗水，车间里工作人员凝神专注的眼神，这些看似平凡、普通的生活瞬间，镌刻出最美的生活画卷，装订成我们触手可及的生活美。于是，我们不禁追问，这些触手可及的生活美由何而来？答案就在劳动之中。劳动展示了生命运动美、产生了健康体魄美、创造了幸福生活美。

第一节 生命运动美

生命运动勾勒出最原始、最纯粹的美感，在生命世界里，运动呈现出五彩斑斓的艺术状态。细胞运动、组织运转、能量交换等生化运动在生命有机体中持续进行，奔跑、跳跃、攀爬等机械运动在生活中画出优雅的弧线，生命也因运动而发生，生命因运动而精彩。运动为生命提供充沛的活力与能量，又通过提升生命质量、扩展生命美质而延展生命。

一、生命在于运动

生命与运动之间存在天然的联系。生命始于运动，运动是生命产生、运转、可持续的科学前提。生命存于运动，生命不息，运动不止；运动停止，生命也将消亡。医学研究表明，影响生命质量的 5 项因素分别为心态、运动、环境、饮食、基因。其中，运动排在第二位，可见运动是影响生命活动的重要因素。从欧阳修的"劳其形者长年，安其乐者短命"到毛泽东的"发展体育运动，增强人民体质"，体现了不同历史时期，志士伟人对运动的认识和重视。

（一）生命始于运动

1.运动是生命的本质特征

从生物学的角度来看，生命是由核酸和蛋白质等物质组成的有机体系，一般来说，细胞是构成生命的基本单元。每个细胞都相对独立的存在，但又相互协调，构成统一的组织、器官、躯体。其中，单细胞生命能独立地完成生命活动，多细胞生命需要各个细胞协作分工才能完成复杂的生命活动。借助电子显微镜，我们可以清晰地看到，植物细胞内部类似一个庞大复杂的工作坊，包含着细胞膜、内质网、线粒体、叶绿体、高尔基体、核糖体、溶酶体、细胞核等。线粒体通过呼吸作用，将有机物氧化分解，为细胞运动供给能量。核糖体为蛋白质合成提供生产基地，中心体促进细胞有丝分裂等。可以说，细胞内的各种物质都在有规律地运动，承担着细胞最基本的新陈代谢，为细胞在生命体中发挥作用提供了不可或缺的物质条件和能量条件。一般情况下，生命体中还包含骨骼、肌肉、体液、酶等要素，这些生物要素通过有机运动、相互协调，推动完成生命体的复杂运转。我们通过研究可以发现，从微观来讲，运动驱动细胞新陈代谢和能量供给；从中观来讲，细胞组成骨骼、肌肉，在运动中为骨骼、肌肉赋能；从宏观来讲，骨骼、肌肉形成生命组织，进而组成生命体。因此，无论从哪个层面提问完成生命体存续所需要求，答案都是运动。运动贯穿于生命体的各个层面，是生命的本质特征。

2.生命因运动而产生

通常来讲，我们将自然界的物质分为有生物质和无生物质。有生物质包含人、动物、植物、细菌、病毒等，它们一般在自身机体内部发生生化运动，通过内部生化运动完成新陈代谢，同时，转化为外部的机械运动，如跑步、打球、游泳、爬山等。无生物质包含岩石、土壤、空气、水等，它们自身一般不发生运动，在外力的作用下，自身状态才可能发生变化，如岩石的风化、空气的流动、雨水的蒸发等。有生物质的生长、代谢、繁殖、应激、进化，都与运动存在直接关系，细胞内各物质发生生化运动、产生生化反应，推动新生生命的产生、成长、存续，是生命的点火器和引擎，是生命产生的前提条件。因此，我们可以看到，生命因运动而产生。

（二）生命存于运动

1. 生命因运动而外显

生命是自然界的独特现象，拥有生长、应激、进化等显著特征，这些代表生命的显著特征，在产生的过程中都伴随着运动而外显。生命在生长的过程中，外在的形状将发生改变，机体的组织由运动带来变化。在应激反应过程中，外界物质刺激机体激素、神经、电解质发生改变，机体组织通过运动进行平衡调节。在活动的过程中，细胞、组织、器官通过内部生化反应驱动有机体产生运动。于是，我们在生活中可以看到，小树苗成长为参天大树，梨树开花结果，动物在外部环境下会产生趋利避害的先天性条件反射，跑步运动员听到发令枪响后，通过生化反应作用于身体肌肉，进而产生强有力的运动爆发力。小树的成长、梨树的开花结果、动物趋利避害的反应、运动员在赛场上奔跑，这些都是动态的运动过程，是生命的外在表现形式。

2. 生命因运动而存续

生命不息，运动不止。机体的各项生化运动、机械运动是生命存续的前提和基础，生命不能以静止的状态持续存在，只能通过运动不断赋能的形式存续。细胞是构成一般生命的基本单元，从诞生至消亡，细胞内各物质一直有规律地产生各种生化运动。心脏是动物和人类血液循环的动力源，从诞生之日起，心脏一直有规律地跳动。运动为生命的延续提供所需要的能量，离开运动，生命将失去动力源，成了无源之水、无根之木。生命因运动而产生，也因运动而存续。

3. 生命因运动而精彩

生命起源于运动，存续于运动，发展于运动。生命与运动息息相关，因运动而更加精彩。生命因运动而展示活力，跑步、攀爬、跳跃、足球运动、篮球运动、乒乓球运动，这些运动打破国别边界，冲破语言障碍，成为世界人民热爱的体育运动，运动者通过运动向世人展示了澎湃的活力。有科学研究显示，人体在运动的过程中，身体会分泌一种叫内啡肽的物质，这种生理物质能使人在一定程度上保持愉悦的心理状态。生命因运动而更有价值，对于自身而言，运动让身体更加健康、心情更加舒展、心态更加平和、精神更加爽朗；对于他人而言，运动能给他人传递一种精神力量，奥运健儿在竞技场上砥砺青春、挥洒汗水，为无数人提供精神鼓舞、传递拼搏力量。运动为生命描绘出更多的可能性，展示出旺盛的活力和顽强的生命力，生命因运动而变得更加精彩。

 展阅读 ···

习近平在北京冬奥会、冬残奥会总结表彰大会上的讲话

"三亿人参与冰雪运动"成为现实，人民群众获得感显著增强。北京冬奥会、冬残奥会的筹办举办推动了我国冰雪运动跨越式发展，冰雪运动跨过山海关，走进全国各地，开启了中国乃至全球冰雪运动新时代。筹办以来，我们建设了一大批优质的冰雪场地设施，举办了一系列丰富多彩的群众性冰雪赛事活动，人民群众参与热情持续高涨，参与人数达到 3.46 亿，冰天雪地成为群众致富、乡村振兴的"金山银山"。冬奥筹办举

办全面促进了社会事业发展，残疾人人权得到更好保障，广大群众生活更加丰富多彩！

（资料来源：中国共产党新闻网，2022-04-08，节选。）

二、运动延展生命

运动贯穿生命的全过程。一方面，运动能提升生命质量，身体通过运动获得所需能量，变得更加健康，丰富生命样态。另一方面，运动还能扩展生命美质，通过运动，能改善人的精神状态、平衡身心和谐、展现生命美感。

（一）运动提升生命质量

1. 运动为生命提供物质能量

自然界中的生命有机体，一般需要生化运动获取生命所需能量。通常情况下，植物需要在叶绿素中进行光合作用生成有机物，需要通过根系吸收土壤中的水分和养分，在这个过程中，光合作用和根系吸收都是植物普通的生化运动。动物和人类不能直接将食物转化为身体所需的能量，而是需要饮食、消化、吸收等复杂的生化过程，整个过程也是食物在动物和人类体内发生生化运动的结果，因此从微观层面来讲，运动为生命提供了维持所需的物质能量。

2. 运动让身体更加健康

我国教育界曾提出"每天锻炼一小时，健康工作五十年，幸福生活一辈子"的体育锻炼口号。从这句口号我们可以明显看出国家对学生参加体育运动的重视程度，以及体育运动与身体健康之间存在的显著关系。从宏观上来看，适度的运动能提升身体各组织、器官的机能，增强自身的抵抗能力；能增强中枢神经系统对大脑皮层的神经刺激，提升大脑活力；能促进血液和呼吸系统循环，增强心肺功能；能助推骨骼和肌肉生长，促进生长发育。运动还能增加血液中的白细胞数量，提高机体免疫力。适度运动会让身体变得更加健康，常见的运动包含行走、做家务等日常运动，跑步、游泳、篮球、跳操等体育运动，以及太极拳、八段锦、五禽戏等武术运动。其中行走、跑步、篮球和太极拳是几种常见运动。行走能增强心脏的收缩能力、改善肺部功能，一定程度上降低身体的血脂水平，改善人体睡眠，是人们最常见的运动方式。跑步是一项有效的有氧运动锻炼方式，跑步的过程中，将迅速调动头、肩、臂、腰、腿、脚协同运动，能有效促进身体各项循环，增强身体免疫力。篮球运动是一项高强度的生命运动，人们既能在篮球运动中提升体力、耐力和免疫力，又能融入团队、收获友谊。太极拳是最常见的武术运动，是我国古代武术与哲学思想的集大成者。太极拳讲究意形合一，通过反复练习，可以达到强健身体、陶冶情操、修身养性的目的。

展阅读 ••

83 岁还一身肌肉！快收下钟南山的独家健身配方

一档电视节目曾记录了钟南山的健身场景，在家中的简易健身房里，跑步、拉力、双杠……对于钟南山来说不在话下，他展现出的一身肌肉，足以"秒杀"很多年轻人。

在节目中，钟南山透露了自己的健身配方："先是快走，然后是跑步，一共20到25分钟；然后做拉力和2到3组双杠，每次做15到20下；之后是仰卧起坐和单杠。"钟南山透露，他在2004年做过一次支架手术，之后就一直保持着每周做运动的习惯，一周一般做3次，争取做4次。

"我是一名医生，很了解一个人的身体健康状况，锻炼对身体健康起到很关键的作用，让人保持年轻的心态，它就像吃饭，是生活的一部分。"钟南山说道。此外，钟南山还主张年轻人参加竞技运动，他认为除了对身体好之外，也可以培养年轻人的意志以及坚持和团结方面的素质。

（资料来源：中国新闻网，2020-02-06，节选。）

3. 运动丰富生命样态

从宏观来看，运动还是一种特有的生活方式，能丰富生命的样态。日常生活中，不同年龄、不同性别的人，有不同的生活爱好和生活方式。有人喜欢热闹，有人喜欢宁静；有人喜欢群居，有人喜欢独处。有的喜欢阅读，有的喜欢钓鱼，有的喜欢唱歌，有的喜欢运动，运动和阅读、钓鱼、唱歌等一样，是人们选择的一种生活方式。同时，运动具有广泛性，运动作为一种生活方式，涉及范围广泛，包括室内运动、户外运动，有氧运动、体育运动、武术运动等，是一种覆盖面广、参与性强、体验感足的生活状态。另外，运动具有包容性，体现在参与的对象不限和运动的方式多样，符合人的社会属性和发展需要，是一种应该推广、值得推广的生命样态。

（二）运动扩展生命美质

1. 运动改善精神状态

运动可以在一定程度上调解内在情绪、改善精神状态。首先，运动为精神状态的改善提供能量支撑。在运动的过程中，人体将分泌使人兴奋、愉悦的内啡肽物质，能让焦躁、低落的心理得到舒缓。其次，运动为精神状态的改变提供机体保障。运动增大了肌肉关节的运动幅度，通过出汗的方式排出体内的毒素和湿气，让身体感觉更加灵活、轻松、舒畅。最后，运动为精神状态的改善积累动力源泉。运动本身就是一种精神力量，通过运动超越平凡、超越自我甚至超越极限，每一次突破即是一种体能跃升，更是一种精神激励，引领人们向往更高、更快、更强、更团结的运动目标，进而将这种运动目标内化为自己的精神储备，优化自身的情绪，达到改善精神状态的目的。

2. 运动促进身心和谐

运动可以维持身心平衡，促进身心和谐。有学者提出，针对性运动可以缓释心理压力、调解心理状态。例如：容易紧张的人可以尝试球类运动，性格胆怯的人可以尝试游泳运动，心胸狭窄的人可以尝试跳远运动，脾气暴躁的人可以尝试棋类运动，自卑心强的人可以尝试长跑运动。人们往往身处复杂多变的自然环境和社会环境中，时常面临人与人、人与社会、人与自然、人与自我之间的矛盾冲突，这些矛盾冲突通常会首先冲击人的心理或生理短板。当人的心理或生理短板面临内在或外在的冲击时，

身心容易失衡，运动就像天平的砝码，通过针对性的运动，调整身心短板的韧性和张力，使人在自然、社会、自我认识中保持一种动态平衡，收获心中的宁静与淡然。

3. 运动展现生命美感

运动展现的是一个绚丽多姿的艺术世界，具备丰富的美学价值，能使人们得到精神上的愉悦及美的享受。运动员在体育比赛中表现出的高超技术，是体育运动中美的体现，那些动作像一幅幅流动的画面，给人以美的享受。例如，人们在观看艺术体操运动（见图 5-1）时，运动员做波浪动作时所表现出的柔动连绵，做转体时表现出来的轻盈高飘，做平衡动作时表现出的高雅稳健，都给人以强烈的美的感染。在观看竞技体操运动时，运动员稳健、准确、高难、优美的动作弧线更展现出无穷的魅力。

图 5-1　艺术体操运动

在观看球类运动时，球场上快速多变的战术，紧张激烈地争夺，熟练默契地配合，更是高潮迭起、精彩纷呈。此外，还有跳高运动员腾空飞越横杆，帆船运动员搏击惊涛骇浪，击剑运动员敏捷灵活的雄姿，射击运动员的冷静，蹦极运动员的惊险，举重运动员的爆发，花样滑冰运动员的婀娜多姿，攀岩运动员的顽强，棋类运动员统率千军万马的气概等。这些精彩纷呈的运动画面，有时展示的是高山流水的淡雅，有时展示的是万马奔腾的豪迈，有时展示的是千钧一发的惊险，是生命中各种平凡瞬间美的立体呈现。

第二节　健康体魄美

健康的体格、阳光的心态是每个人追求的生活目标。人们追求体格健康、心态阳光，既是在追求一种身体和心理的最佳状态，也是在寻求健康体魄给自身和他人带来的美感。

一、体质强健

体质强健是人们生存、发展的基础追求，强健的体质能让人的身体处在最佳状态，支撑自身完成丰富多彩的自然活动和社会活动，更能有效塑造身体姿态，提高美的感受能力。

（一）形体健美

形体健美是人体结构外显的一种呈现形式，是一门和谐的、综合的、整体的艺术美学。形体健美具备丰富的美学内涵，呈现出优雅、协调、柔和、韵律等美学特点，表现出美的风度、美的体态、美的气质，能给人朝气蓬勃、乐观阳光、健康向上的美觉感受，主要表现为健美的体形、良好的姿态、高雅的气质等。

1. 健美的体形

健美的体形主要体现在肤色和肌肉等方面。在日常生活中，要保持健美的体形，就要有目的地约束自己的身体，适度增加肌肉，有序减少脂肪，让皮肤变得更加饱满有色泽。通常情况下，首先坚持从薄弱环节入手，通过一些健身器材辅助，增加身体局部肌肉的饱和度和身体的匀称度。其次，坚持有氧运动。通过有氧运动，科学燃烧脂肪，促进身体机能的整体性跃升。最后，坚持规律运动。规律运动能循序提升身体的健康水平，避免造成瞬时运动过载带来的损伤和停止运动后的报复性反弹。

2. 良好的姿态

随着经济社会的不断发展，人们的工作、生活方式变得越来越多样，久坐、久站，不良的站姿、坐姿、睡姿时有发生，一些人的身体在不良姿态的影响下甚至发生退行性改变。不良的身体姿态不但影响身心健康，同时也破坏了身体的美感。大学生中常见的不良姿态包括颈部前倾、圆肩、含胸、驼背、耸肩、八字脚等。要养成良好的姿态，首先要养成良好的站姿和坐姿，尽量避免久站、久坐的状态，采用正确的行走姿势，预防脊柱侧弯、关节变形等。其次，养成锻炼的习惯，规律性运动能舒缓肌肉、活动筋骨，增强肌肉的韧性、骨骼的灵活度，促进身体更加平衡协调。良好的身体姿态是身体强健的外在表示，能传递协调、匀称、统一的身体美感。

3. 高雅的气质

高雅的气质是一种个性特点和风格气度，是身躯、姿态、着装、性格、文化综合一体的外在呈现，是人类自然之美的集中展示。高雅的气质具有独特性，由于影响气质的变量较多，因此，两个不同的人，即使穿着同样的服饰，所传递的气质也不尽相同。气质还具有相对稳定性，更多由内而外进行传导，一般不会因为外在的因素变化而产生强烈变化，正所谓"腹有诗书气自华"。首先，形成高雅的气质，要涵养品行。古人崇尚气质的修养，重视道德对气质的影响。今天，大学生要通过高尚的品行塑造气质，就是要走出孤芳自赏的小我，成为融入社会的大我，牢记国之大者，把服务人民、奉献社会作为人生的奋斗目标，在日常生活中帮助困难群体、参加志愿者活动，做到与历史同向、与祖国同行、与人民同在。其次，形成高雅的气质，要勤奋学习。知识能拓宽人的心胸、延展人的视野。大学生既要向书本学习，也要向实践学习，还要向社会学习。

（二）合理膳食

民以食为天，食物既能供给人体的主要能量，更与人体健康紧密相连。科学合理的膳食习惯能有效改善人体的营养健康状况，提升健康素养，科学预防疾病。

1. 遵循科学的膳食结构

改革开放以来，我国综合国力显著提升，今天，我国社会的主要矛盾，已经转变为人民日益增长的美好生活需要和不平衡不充分的发展之间的矛盾。人们的餐桌上也发生着显著变化，从吃饱、吃好再到吃健康。随着餐桌的变化，人们的膳食结构和膳食健康也在变化。据国内健康监测机构监测显示，中国人的膳食结构已经发生了很大变化。改革开放之初，中国人的健康问题主要集中在蛋白质摄入不足和缺乏微量营养素，人群中，过于肥胖的人较少。而今，成人体重超标者超过50%，糖尿病、高血压等疾病越来越普遍，趋年轻化态势明显。与此同时，高含盐、高含糖食物摄入过多。国际知名医学杂志《柳叶刀》曾发文提到，中国慢性疾病增长和趋年轻化进程中，高含盐量食物的作用影响排在第一位。因此，要合理膳食，保持健康，就要遵循科学的膳食结构，拒绝高脂肪、高含糖、高含盐食品。

2. 养成健康的饮食习惯

健康的饮食习惯是维持生理平衡、保持身体健康的重要法宝。首先，要做到规律饮食。俗话说，"早餐要吃好、午餐要吃饱、晚餐要吃少"，强调既要按时用餐，还要规律饮食，要遵循人体消化系统的规律和作息规律，拒绝暴饮暴食。其次，要做到科学搭配、均衡营养。人体每天需要丰富的营养元素，有的营养元素无法在身体里储存，因此，人每天都要摄入多样化的食物，以满足身体营养供给的需要，根据"中国居民平衡膳食宝塔（2022）"，人体每天要摄入一定量的蔬菜、大豆、全谷、奶类、鱼、禽、油、水、蛋、肉等。

3. 推崇积极的膳食文化

几千年来，中华文明源远流长，积淀了厚重的膳食文化，集中体现为饮食方式、饮食观念、饮食内容、餐桌礼节、烹饪方式等。在饮食方式上，我们发明了筷子这一独特的饮食工具，展示了中国独特的文化内涵，今天，我们还提倡使用公筷，进一步保障饮食健康。在饮食观念上，我们强调色香味俱全，关注食物的烹饪过程、外在美感和营养价值。在饮食内容上，我们强调自然取材、合理取材，既重视食物的营养价值和综合美感，也关照食物的文化意向，比如端午节的粽子、中秋节的月饼等。在餐桌礼节上，我们提倡营造热闹、温馨的用餐氛围，讲究座次排序，体现中华道德文化，重视菜品搭配，规范进餐细节等。在烹饪方式上，我们积累炸、炒、炖、煮、涮、蒸等经典的烹饪方式，不同的烹饪方式辅之以不同佐料、不同的火候、不同的搭配。今天，我们要保持体质强健，就要合理膳食，推崇积极的膳食文化，践行科学的膳食理念，在美食中感受美味、探寻美感。

 展阅读 ·····

《中国居民膳食指南（2022）》提出的平衡膳食八准则

一、食物多样，合理搭配；

二、吃动平衡，健康体重；

三、多吃蔬果、奶类、全谷、大豆；

四、适量吃鱼、禽、蛋、瘦肉；

五、少盐少油，控糖限酒；

六、规律进餐，足量饮水；

七、会烹会选，会看标签；

八、公筷分餐，杜绝浪费。

（资料来源：《中国居民膳食指南（2022）》，节选。）

保持身心和谐，是塑造健康体魄的重要方式。要保持身心和谐，既要养成健康的生活习惯，也要保持心理健康，让积极、阳光、向上的身心状态为健康体魄的塑造注入能量。

（一）习惯健康

1. 作息规律

作息规律指人们的生命活动遵循生物钟的规律。有研究显示，人体的每一个器官都包含调节生物钟的细胞，精准地控制器官的活动，如胃部分泌胃液的时间、肝脏分泌胆汁的时间、胰腺分泌胰岛素的时间，规律的作息时间能让身体有效顺应各器官的运动规律。保持规律的作息，要做到顺应身体的需求，回应身体的呼应，简单来说，就是保持"饿了吃饭、渴了喝水、累了休息、困了睡觉"的生活标准，及时对身体释放的刺激信号做出积极回应，避免积劳成疾。保持规律的作息，还要满足身体客观要求，身体在生物钟的调剂下，以 24 小时为周期，形成了一定的运动规律，要实时顺应身体规律，做到按时吃饭、规律吃饭，按时休息、规律休息，养成健康生活的好习惯。

2. 锻炼身体

适度、规律的身体锻炼是一种健康的生活习惯，例如坚持晨跑（见图 5-2）。锻炼身体能提升心肺功能，加速新陈代谢，为身体提供旺盛的精力。同时，锻炼身体还有舒缓压力、调解情绪、缓解疲劳、促进睡眠等功效。另外，锻炼身体还能激发人的潜能意志，通过身体锻炼，能增强人们战胜困难的勇气、顽强拼搏的动力和迎接挑战的信心，这些勇气、动力和信心可以迁移至人们日常生活的其他方面。锻炼身体的方式有很多，人们应该根据自身的身体情况选择合适的锻炼方式，动态平衡地掌握锻炼效度，避免锻炼不足或过度锻炼的情况发生。

图 5-2　坚持晨跑

3. 自强自律

自强自律是指以内在要求、内心信念为支撑，驱动人们参与社会活动，达成实践目标。自强自律是一种更高层次、更高水准的习惯，通常表现为自强不息、严于律己、坚卓勤勉。自强就是要克服对外部环境的过度依赖，发挥自身的主动性、创造性，要敢闯敢干、开拓创新，勇于"摸着石头过河"，在实践中不断总结，再将总结的经验运用于实践。自律就是要控制自身过度的欲望，摒弃不良的习惯，不断增强自我管理、自我教育、自我服务的能力和本领，要养成整体思维，以全局谋划一域、以一域服从全局的格局指导当下实践。养成自强自律的良好习惯，就要从自省出发，古人云"吾日三省吾身""有则改之，无则加勉"，就是自省的典范，时刻对标检视自身存在的短板和不足，实时修正实践的方法和措施。同时，通过增强自我效能、自我鼓励的方式自我强化，不以物喜、不以己悲，尽量排除外界干扰，保持自强自律的良好习惯，为实现人生的精彩目标奠定基础。

（二）心理健康

1. 健全的自我意识

自我意识是人的意识的核心组成部分，简单来说，就是人对自身的客观认识，主要涵盖自我认知、自我控制和自我评价。自我意识通过观察、分析、判断人与自身所处的自然环境、社会环境和自身的互动来实现评估，是一种多维度、多层次、多频次的心理系统。自我意识对人的心理健康起着重要的作用，它能决定个体行为的持续性和目标性，能决定个体对经验的解释方式，还会在一定程度上影响个体对实践的客观期待。大学生要正确认识人的自我意识发展的规律特点，通过自我反思、自我规划、自我调适、自我取悦等方式健全自我意识，在丰富的社会活动中找到自己的人生定位。

2. 和谐的人际交往

人在生命历程中，不仅要维系自身的生存，还要进行生产、交往、创造。马克思提出："人的本质并不是单个人所固有的抽象物，实际上，它是一切社会关系的总和。"[1] 社会性是人的本质属性，人在参与社会活动的过程中，人际交往显得非常重要。和谐的人际关系让人更健康、更快乐、更舒适，如参加集体交流活动（见图5-3）。要保持和谐的人际交往，一是要克服交往过程中的不良心理，包括自负心理、恐惧心理、猜忌心理、嫉妒心理和羞怯心理。

图5-3　参加集体交流活动

二是要掌握一些人际交往的正确方法。适当的距离产生美，朋友之间也需要一定的距离。三是要保持一颗海纳百川的心，将生活中的不愉快和小摩擦"写在沙滩上"。四是要坚持诚以待人，做到言行一致、表里如一、信守承诺、坦诚相见。五是要塑造良好形象，在交往的过程中不断完善和发展自己，向朋友和身边的人展示一个不断进步的自己，传递正能量。六是要懂得一些沟通技巧，如换位思考、委婉拒绝、主动联系、热情帮助等。

3. 健康的人格塑造

人格是指人的个性，是人的精神面貌的集成反应，是人的心理特征的总和。总的

---

① 马克思恩格斯全集：第三卷［M］. 北京：人民出版社，1974：7.

来讲，人格具有稳定性、综合性、独特性、功能性的基本特征。人格的形成是一个复杂综合的作用结果，主要受家庭环境、遗传因素、社会环境等因素影响，健康的人格塑造是心理健康的重要指标和保障。塑造健康的人格，首先要树立正确的世界观、人生观、价值观，树立远大的理想，坚定目标信念，用科学的目标指引人生，用坚定的信念激励人生。当代大学生要自觉树立对马克思主义的信仰，对中国特色社会主义的信念和实现中华民族伟大复兴"中国梦"的信心。其次，要适度调适心理、参加社会实践，人只有在实践中才能立体感知世间百态，在实践中丰富认知、调适自我、健全人格。另外，要锤炼道德修为，道德是内心的法律，是人格的标尺，道德素质的提高能有效引领人格的健全，是塑造健康人格的重要措施。

4. 合理的情绪调适

日常生活中，情绪是人们心理状态的外在显现，人们有时哀伤幽怨，有时欣喜若狂。情绪具有信号功能、组织功能、健康功能和动机功能，会影响人的身心健康，影响人的专注能力，影响人的人际关系，影响人的潜能发挥。通常情况下，我们将情绪分为心境、激情、应激，健康的情绪会成就人生，不良的情绪会挫败人生。因此，学会合理调适个人情绪，才能赢得精彩的人生。要科学合理地调适情绪，就要学会优化个性，做到自信坚强、豁达宽容、勇于自我革命。要培养积极进取的人生态度，什么样的人生态度就会产生什么样的情绪，坚持做到发现快乐、享受快乐、充满希望、助人为乐、阳光开朗。要掌握不良情绪的消除方法，及时为释放不良情绪提供方式和空间，包括合理宣泄、情景转移、自我暗示、运动心理防御、自我放松等方法。

5. 正确的恋爱观念

恋爱是男女双方培养爱情的过程或在爱情基础上进行的相互交往活动，对人的个性特征和社会情感的发展有积极作用。大学时期是人生成长的关键时期，也是萌发爱情意识的活跃时期。恋爱是一种人际交往，交往时如果观念正确，将会收获幸福；如果观念错误，将会误入歧途。对于大学生来讲，树立正确的恋爱观，才能收获人生的幸福。应避免以下情况：一是不能混淆爱情和友情的概念；二是不能错置爱情的地位；三是不能功利化地看待恋爱；四是不能只重过程不顾后果；五是不能因恋爱而迷失人生的航向。要树立正确的恋爱观，就要正确认识恋爱的意义，发展健康的恋爱行为，在恋爱过程中要培养爱的能力和责任，还要自觉提高恋爱挫折的承受能力。

第三节　创造生活美

劳动是人类的本质活动。中华民族是一个崇尚劳动、勤于劳动的民族，"劳动最光荣、劳动最崇高、劳动最伟大、劳动最美丽"是中华民族对劳动创造的生动诠释。人通过辛勤劳动，不仅创造了社会生活的发展基础，还创造了社会价值，推动社会向前发展。同时，劳动本身也是一种美，一处处辛勤劳动的场景，就是一幅幅创造生活的美丽画卷。

一、劳动创造生活基础

实践证明，没有劳动就没有收获。今天，我们已经顺利实现第一个百年奋斗目标，在中华大地上全面建成了小康社会。归根究底，劳动创造了美好生活，是人类最终实现自由而全面发展的实践路径。

（一）劳动创造生活所需物质

劳动是人类获取物质生活资料的重要途径，是人类社会生活的基本条件。劳动使手从行走、攀爬、采摘、狩猎等功能中解放出来，从而可以去掌握其他新技能，如制造工具、耕种、纺纱、冶金、制陶等。自然界为劳动提供材料，劳动则通过加工材料来满足人类的物质生活所需。在现代社会中，人类通过各种各样的劳动方式满足物质生活需要，"不劳而获"从根本上说是不可持续的，只有劳动才能保证物质资料的可持续获取。如今，我们正以中国式现代化全面推进中华民族伟大复兴，党的重要任务之一，就是更加关注人民对美好生活的需要，逐步实现全体人民共同富裕。新时代的大学生必须明确劳动与物质生活需要之间的基本关系，不断为社会发展贡献力量。

（二）美好生活需要物质基础

美好生活是人类孜孜以求的梦想，体现了人们对更高品质生活的期待。党的十九大、二十大报告中，关于"美好生活"的相关话题被提及多次，同时，党把人民对美好生活的期待作为自身的奋斗目标，那么，我们不禁追问，何为美好生活？怎么样创造美好生活？何为美好生活，我们可以从马克思主义经典作家笔下寻找答案，马克思在《1844年经济学哲学手稿》中揭示了人类生活构成的基本要素，主要包括生产生活、肉体生活和精神生活。生产生活是满足人的生存的前提和基础，肉体生活是人类生活的物质基础，而精神生活是人生追求的最终指向。由此看来，"美好生活"就是人们通过生产生活，使肉体生活与精神生活达到一种相对理想的状态，最终保持物质生活与精神生活在某种程度上的统一。通过劳动，人类进化了灵活的双手和思维敏捷的大脑，制造了用于改造世界、创造生活的劳动工具；同时，人类还通过自身劳动完成衣、食、住、行，保障了肉体生活的基本需求；另外，人类通过劳动形成了各种文化，创造了歌舞、音乐、文学作品等一系列精神产品，满足人类自身精神生活需要。因此，我们可以看出，劳动是成就美好生活的基础，美好生活需要通过劳动去创造。

（三）劳动不断推进社会进步

恩格斯指出了劳动在社会领域中的重要角色，劳动本身在不断发展升级，不仅促进商业的繁荣，也催生了艺术科学，同时，经济基础和上层建筑逐步建立起来，人类生活变得更加丰富多彩。在劳动这一社会力量的干预下，人类更能正确认识自然规律，使生产生活在合乎自然规律的作用下进行，生产效率大幅提升，进而推动社会进步和变革。马克思指出："任何一个民族，如果停止劳动，不要说一年，就是几个星期，也要灭亡，这是每一个小孩子都知道的。"[①]一部人类历史，就是一部人类通过劳动改造世界的历史，因此，劳动不仅创造了人本身，而且还创造了人类历史。

人生价值是指人的生命及其实践活动对于个人和社会的意义和作用，而人生价值的创造则来源于劳动。今天，衡量一个人的人生价值，就是要看他通过劳动为国家和社会做的贡献程度。

（一）劳动是一种幸福

1. 劳动的幸福感来源于劳动的实践性

马克思指出："通过实践创造对象世界，改造无机界，人证明自己是有意识的类存在物。"[②]人类在认识世界、改造世界的过程中，将劳动视为敢于创造的奋斗样态，集中体现为一种革命性的实践活动。人们通过劳动，认识并改造世界，确证人类自身力量的客观存在。正如马克思所言："人只有凭借现实的、感性的对象才能表现自己的生命。"[③]因此，劳动本质上展示了人认识世界、改造世界的能力，是人区别于动物的显著特征。这种显著特征既能给人类自身创造物质财富，也能给人们带来幸福感（见图5－4）。

图5－4　大学生志愿者帮农民收橘子

2. 劳动的幸福感来源于劳动的创造性

"人民创造历史，劳动开创未来。"劳动不仅是一种实践性活动，更是一种创造性活动。劳动是人获取生产资料的主要途径，人们通过劳动发现自然规律，并将人自身的脑力和体力劳动融入自然之中，最终创造出色彩斑斓的人类文明，人们从中体会到劳动的宝贵、创造的伟大，从中收获幸福。人们在劳动过程中，通过实践劳动，产生量的积累，通过创新劳动，产生质的飞跃。人类通过实践性劳动产生创造性劳动，通过创造性劳动产生新的劳动成果，新的劳动成果为人类带来新的物质财富和精神财富，为人类带来新的认知，不仅满足人对物质生活和精神生活的追求，还拓展了人的认知视野，满足了人类更高阶段的需要。

（二）劳动满足审美需要

劳动之美体现在劳动的各个方面，包括劳动主体、劳动工具、劳动环境、劳动产品的美等。

①　马克思恩格斯文集：第十卷［M］. 北京：人民出版社，2009：289.
②　马克思. 1844年经济学哲学手稿［M］. 北京：人民出版社，2000：54.
③　马克思恩格斯文集：第一卷［M］. 北京：人民出版社，2009：210.

1. 劳动主体的美

参加生产实践的劳动者既是物质财富的生产者，也是美的创造者。劳动者健康的体质、朴素的生活、熟练的技艺、高尚的职业道德都可以使人产生美的感受。我们经常将"美"作为评判劳动者品德和劳动价值的重要维度，"最美劳动者""最美乡村教师""最美逆行者"等称号体现了不同工作领域劳动者的劳动素养和高尚品格。集体劳动中劳动者之间相互配合也能产生和谐的美感，富有节奏感的声音和画面会使劳动者更具美的感染力。劳动者的审美受到很多艺术家的推崇，艺术家们创作了很多歌颂劳动者的艺术作品，比如《纺织女》《雪中猎人》《播种者》《父亲》等。

2. 劳动工具的美

"工欲善其事，必先利其器。"劳动工具不仅标志着人类劳动技能的发展，而且彰显了人类神奇的创造能力。旧石器时代的人类制作了大量打制石器，从初期元谋人用石英石制作的粗糙刮削器，到中期大荔人制作的小型刮削器，到晚期北京周口店山顶洞人制作的精美骨针等，这些石器除了具备实用价值，也具备一定的形式美感，体现了某种装饰意图。在制作劳动工具的过程中，人类的造型能力和审美观念也得到培养和发展。

3. 劳动环境的美

生产劳动是在特定的环境中进行的，环境的美化有利于培养劳动者健康的审美趣味，提高劳动效率。光线、色彩和声音可以刺激或稳定人的神经系统和心理状态，从而提升工作效率。同时，人们的生活实践所依赖的环境既是人类活动开展的物质前提，也能成为审美的对象。哲学家阿诺德·伯林特认为"人与环境是统一体"[1]，环境之美能使人产生一种归属感。良好的自然环境和社会环境有助于提高生活质量、增强劳动的快乐、培养良好的个人气质和社会风尚，所以我们要努力创造和维护美的劳动环境，建设美好家园。

4. 劳动产品的美

劳动产品是劳动价值的结晶，产品之美也是实用价值与审美价值的统一。从产品的实用价值来看，材质优良、工艺科学、功能强大有助于发挥产品的功利效益。从产品的审美价值来看，产品的造型、色彩、外观、装饰等符合美的原则，能达到赏心悦目的审美效果。这就需要研究劳动产品的技术设计与艺术设计，满足人们的物质需要和审美需要。劳动产品要追求美感，需要将产品的目的要求与自然形式结合起来考察。《考工记》强调，制作工艺品必须"材美工巧"，只有优质的材料与精湛的工艺相结合才能创造出美的工艺品。美的劳动产品一方面要符合实用目的，满足人的需求，另一方面还要体现出人对形式法则的自觉运用，满足进一步的审美需要。手工业时代的手工艺术具有独特的工艺之美，如青铜器、金银器、瓷器等表现出错彩镂金、雕饰满目的美感，明式家具表现出清淡雅致、淳朴自然的美感等。

---

① 阿诺德·伯林特. 生活在景观中 [M]. 湖南：湖南科学技术出版社，2007：9.

（三）劳动使人生更有意义

1.劳动助力实现个人价值

个人价值指个人需要的满足程度，个人价值与幸福指数呈正相关，个人价值实现程度越高，幸福指数就越高。习近平总书记指出，"幸福都是奋斗出来的"①，同时也告诉我们，劳动创造幸福生活，劳动助力实现个人价值。一方面，劳动为个人价值的实现提供路径。马克思的墓志铭上这样写道："哲学家只是用不同的方式解释世界，而问题在于改变世界。"②劳动为奋斗插上行动的翅膀，劳动让人生理想由目标转换为现实。另一方面，劳动为实现个人价值提供平台。古人讲"登高而招，臂非加长也，而见者远；顺风而呼，声非加疾也，而闻者彰"，以此反映平台的重要性，个人价值要实现更大化，需平台作为支撑，越要实现个人价值，越要讲究积极地劳动、有效率地劳动、有创造性地劳动。

2.劳动助力实现社会价值

社会价值是个人对社会做的贡献大小和贡献程度的一种综合体现。每个人的生理状况、先天禀赋、生活环境不同，从事的职业不同，年龄阶段也不相同，很难用单一标准衡量一个人的社会价值的大小。如果仅用单一标准衡量一个人的社会价值，一方面会让一部分人的社会价值定位过高而无法实现，另一方面会让一部分人的社会价值定位偏低而失去动力。通过劳动助力实现社会价值，就是让劳动成为实现社会价值的不竭动力，在实践中既体现了贡献大小，又体现了尽力程度；既产生物质贡献，又产生精神贡献；既完善自身，又服务社会。最终，在劳动中体味人生的真谛和意义。

🛜 **思考题** ··· •

1.美是一种情感体验，如何看待生命运动产生美的价值意义？
2.新时代是奋斗者的时代，作为一名大学生，应如何看待劳动与美之间的辩证关系？

---

① 习近平. 二〇一八年新年贺词［N］. 人民日报，2018-01-01（1）.
② 马克思恩格斯选集：第一卷［M］. 北京：人民出版社，2012：140.

模块三

科技美——智慧之美

科技美化职业

习目标
1. 认识科技对职业发展的影响
2. 理解科技在学业、产业、职业中美的内涵

学习重点
1. 科技对学业的促进
2. 农业、工业和服务业中的科技美
3. 科技赋能职业的意义

现代科技飞速发展，特别是新一代信息技术，深刻影响着我们的生活、学习和工作，给我们带来学业上的轻松、产业上的高效和职业上的便捷。我们要适应社会发展，必须具备一定的科学素质，充分运用科学技术和使用科技产品，解决实际问题，为新时代新征程建设现代化国家而努力。

第一节　学业中的科技美

随着科技的飞速发展，特别是大数据技术、人工智能技术、云计算技术等前沿技术在教育教学中的广泛应用，学习环境更加智能化、仿生化，为学业提供了方便。提供便利的同时，也要求大学生在学业中不断积淀科学素质，更好地投身新时代现代化国家建设中。

科技在学业中发挥着重要作用，"人工智能＋"让学习载体更加丰富，学习方式更加便捷，学习效率更加高效，学习视野更加宽广。

科技赋能
学业美

（一）科技丰富学习载体

随着科技发展日新月异，学习载体突破传统纸质书本，逐渐变得更加丰富多彩。特别是信息技术的飞速发展，学习资源数字化、学习实践虚拟仿真化，学习载体不再局限于单调的文字，而是图文并茂、音像并举，特别是VR、AR效果让人身临其境。课程学习不再仅限于传统的课堂，还有学习云平台资源，丰富多彩的在线课程可满足个性化学习需求。实践学习不再是单一的设备操作，还可以通过虚拟仿真技术、信息化系统模拟实践，有效弥补了特殊环境或特种设备不能操作的缺憾。如数控机床仿真软件，学生可以通过软件学习安全操作，熟练掌握数控机床操作技能。

（二）科技改变学习方式

从课堂到校园，从校园到城市，从线下到线上，从互联网到数字化，一个智能化学习时代正在开启。在互联网浪潮下，"无论你身在何处，你都在网上"。TCP/IP协议的发明者罗伯特·卡恩深刻揭示了互联网技术对人类生产、生活和学习方式的改变。互联网海量资源可以提供关于学习和知识的信息，随着智能设备的小型化，现代大学生在备战考试和提升学业时，往往用一个智能平板电脑或者手机，就可以通过几十种学习App帮助他们获取更多学习资源。

（三）科技提升学习效率

大数据技术、人工智能技术使知识传递更加精准，智能搜索引擎不仅能够精准匹配学生学习所需要的资料，还能通过各类平台学习交流，甚至还会根据大学生搜索知识的内容智能推荐其他相关的知识资源，往往一次搜索就可以带来几十上百种知识的传递。对于VR技术，大学生可以借助VR设备进入沉浸式的学习环境，获得更优质的学习体验、更好的学习效果。可以通过星火大模型、文心一言等人工智能大模型，轻松获得论文、方案等写作支持。

（四）科技拓宽学习视野

越来越多的先进科技成果进入校园，大学生足不出校就可以拓宽学习视野，提升学业知识阅历，甚至还可以与全球的同学、老师交流学习，畅游世界各地的学术知识宝库。例如，通过建立高科技数字博物馆、文化馆就可以将全球各地博物馆、文化馆内丰富多样的展品及其展示内容"搬进"校园，通过十亿级像素图像探索文物细节，利用VR技术让文物"活"起来，栩栩如生地展现在同学们眼前；利用高精度的三维扫描建立模型，采用3D打印技术，就可将国宝托在手上鉴赏。现代科学技术的运用，可使同学们不出校园就可以丰富知识阅历，拓宽学业知识面的宽度与深度，提升学业水平。

二、培育科学素质

科学素质是指人们在获得和应用科学知识的过程中所表现出来的内在品质，是一个人科学知识、科学精神、科学方法和科学意识的综合表现。党的二十大报告中首次提出了"科教融汇"，为培养大学生科学素养提出了发展新方向，将培养大学生科学素养提升到新高度。

（一）科学素质体现

1. 科学知识

科学是可检验的解释和对客观事物的形式、组织等进行预测的有序知识系统，是已经系统化和公式化了的知识。掌握科学知识，将其运用到认知世界、社会实践和国家建设。教师把前人总结的科学知识传授给学生，从而培养了一代又一代国家栋梁；工程师运用工业机器人科学技术，创新创造智能产线，促进了经济高质量发展；建筑师运用建筑科学知识设计城市，营造了高品质生活环境。相反，不尊重科学知识，违背自然规律，就要承受惨痛代价。如大气温室效应、草原沙漠化都是人类不遵守自然规律、科学发展而造成的不良后果。

2. 科学精神

科学精神是使人摆脱愚昧盲目的有效武器，是推动社会进步的强大力量和基本价值。科学始于好奇，永无止境的好奇心是科学产生的不可缺少的心理因素，体现了探索精神；科学源于观察和实验，任何一项发明和创造都是通过千万次反复实验，经历屡屡失败，不断总结才能成功，体现了实证精神；科学发现的关键在于突破，科学总是在现实不再与现有的理论相符合的时候出现新的飞跃，体现了创新精神；先辈们在艰苦的生产生活实践中，努力探索自然规律，进而认识和利用自然，体现了求真精神。钱学森是新中国科学精神的杰出代表，他一生爱党、爱国、爱人民，将自己毕生才华和智慧都献给了国家，为后人留下了宝贵的精神财富。

3. 科学方法

科学方法是人们在认识和改造世界中遵循或运用的、符合科学一般原则的各种途径和手段，包括在理论研究、应用研究、开发推广等科学活动过程中采用的思路、程序、规则、技巧和模式。狭义的科学方法仅指自然科学方法论即研究自然科学中的一般方法，如观察法、实验法、数学方法等；广义的科学方法则指所有正确的方法论，即科学的方法论。20世纪，随着自然科学的发展出现了许多新方法，如控制论方法、信息论方法、系统论方法等。我们应在严谨治学、务实工作中，运用科学方法，为国家现代化建设添砖加瓦。

4. 科学意识

科学意识是在深刻认识科学的本质、功能、发展规律和机制的基础上形成的一种社会观念，能够促进人们投身科学事业或积极响应科学活动，并对参与科学活动的价值取向提供合理性指导。简单地说，科学意识就是从科学的角度理解问题、分析问题和解决问题的思想观念及其行为。在学习、工作中，我们要有科学意识，充分运用科学知识、选择科学方法，本着科学精神，在社会主义现代建设新征程中推进高质量发展和实现高品质生活。

（二）科学素质养成

1. 校园氛围营造

高校要从建设社会主义核心价值体系和构建和谐社会的高度重视大学生科学素质的培养，要将大学生科研活动作为一项长效机制来建设，鼓励和支持大学生课余开展科研活动，以增强他们的科学研究兴趣和科学研究能力。高校还应注重培养大学生的创新意识和创新精神，以及他们对专业知识的应用能力和实践能力。通过开展形式多样的科研活动，营造科学素养氛围，使大学生在浓郁的科学素养氛围中接受熏陶、培养和锻炼。

2. 学生自主学习

大学生要充分认识良好科学素养对于提升自身综合素质的重要意义，合理利用高校这一宽松的学习环境，自觉将科学素养的锻炼与提高纳入自己日常的学习、生活安排当中，不仅要在课堂上汲取科学知识，还要注重在专题网站、各类媒体宣传上获取科学知识，并在生活中注重锻炼和实践利用科学文化知识处理问题的能力。唯有如此，才能将学校教育活动中各种有利于自身科学素养提高的外部可能性因素通过自己的努力转变为自身科学素养水平的提升。

3. 开展创新活动

学校搭建科技创新平台，开展丰富多彩的科技创新活动，引导同学们坚定科技报国理想信念，培育高尚品格，练就过硬本领，勇于创新创造，矢志艰苦奋斗，努力提升学业知识，成长为崇尚科技、敬畏科技、向往科技的新时代青年。认真组织科技创新大赛，引导大学生关注与思考社会、行业热点问题，利用专业知识技能和自己的绝妙创想，提出解决方案。每年开展大学生科学技术文化节，搭建探求科技真知、领悟文化真谛的广阔舞台，让大学生在感悟和探求科技知识的文化氛围中，爱上学习科学技术知识，提升学业素养。

第二节 产业中的科技美

科技在农业、工业和服务业各领域中广泛应用，降低了生产成本，提高了生产效率和生产质量，促进了高质量发展和高品质生活。

一、农业中的科技美

科技赋能
产业美

从培育高素质农民，到建设高标准农田、培育高品质种子、生产高质量肥料、落实高效率生产，不断提高产量，农业科技发挥着重要作用，农业科技为世界粮食安全做出了卓越贡献。

（一）高素质农民

高素质农民是农业科学生产的前提。"锄禾日当午，汗滴禾下土"这句诗，反映了过去农民在农业生产中日晒雨淋、辛勤劳作，为粮食生产默默奉献。随着科技进步，农业生产标准化、绿色化、机械化、信息化，农民尽管不再靠苦力生产，但仍然保持崇尚劳动、热爱劳动、辛勤劳动、诚实劳动的劳动精神，主动参加培训，掌握作物科学知识，掌握先进生产技术和农作物管理能力，甚至成长为"土专家"，适应科学农业生产。

（二）高标准农田

高标准农田是作物生产的基础，能保障高效率生产和提高农作物产量。在智慧高标准农田（见图6-1）改革浪潮中，我国已经创造性地将5G物联网、大数据、人工智能等中国具有自主知识产权的农业科技应用到高标准农田建设中。农田里农业5G物联网设备，可以全天候实时监测农田图像、气象和土壤数据。为了减少病虫害，提高农作物产量，采用智能化的农药无人机精准定时定量杀虫（见图6-2），减少了农药过量使用风险，帮助我们守护住中国乡村天蓝水清、良田遍野的美丽景色。

图6-1　智慧高标准农田　　　　　图6-2　农药无人机

（三）高品质种子

高品质种子是农业科学生产的关键，不仅能增强适应性和提高产量、品质，还能保障人类生存安全。高品质种子是培育出来的，是科学家在实验基地里反复试验中研究出来的。中国"杂交水稻之父"袁隆平，培育出超级杂交水稻。在盐碱地也能种水稻，以前全世界都不敢想，中国实现了。中国杂交水稻技术在国际上有"绝对优势"，为维护全球粮食安全做出了卓越贡献。一代代科学家们开展种源"卡脖子"技术攻关，加大种业技术的研发和重大产品的研发，培育高产、优质、抗病虫、耐盐碱、适应性强的重大农作物新品种，提升粮食生产能力。

（四）高质量肥料

高质量的绿色生态肥料是作物品质的保障。践行树立绿色发展理念，推进农业转型升级和绿色高质量发展，许多农业基地都开展了各类绿色生态农业项目，如"绿色种养循环农业项目"，按照"畜禽粪污、固态粪肥、液态有机肥料"三位一体的技术路线，将以往臭气熏天、污染物横流的传统农家肥，经过高科技固肥加工厂的处理，成为液态无污染的有机肥料，在农田中变废为宝，改善了农田环境，也改善了民生，增加了绿色优质农产品供给，减少了水源污染，促进了农业绿色发展，保障了作物的品质。

（五）高效率生产

高效率生产是农业生产机械化打造现代化美丽农田的前提。在我国已经很少看见以往的大规模的手耕劳作。没有农业机械化，就提高不了劳动效率。当前我国农业生产已经进入机械化主导的新阶段，各主要粮食作物耕种收综合机械化率均超过80%，从在山区梯田穿梭自如的农业微耕机（见图6-3），到东北黑土地上的大型收割机（见图6-4），再到为农田管理控制中自动运行的"植物工厂"，新农机促进了农业生产效率提升。

图6-3　农业微耕机

图6-4　大型收割机

二、工业中的科技美

生产线上，一台台机械手敏捷地转身、轻巧地抓取，一辆辆智能小车穿梭往复、精准运送，接力完成流水线作业。大屏幕上，生产数据不停变化，各环节实时状态一目了然，工业科技逐步走向智慧化、高效化和集约化。

（一）工业智慧化

大数据、云计算、物联网、人工智能等新一代信息技术创新驱动工业转型升级，工业生产更加智慧化，催生了黑灯工厂（见图6-5）和数字车间（见图6-6）。工业生产由传统半手工半机械向人机协同迈进，主要体现为由智能机器和人类专家共同组成的人机一体化智能系统，它在生产过程中能进行智能活动，诸如分析、推理、判断、构思和决策等。通过人与智能机器的合作共事，去扩大、延伸和部分地取代人类专家在制造过程中的脑力劳动。

我国是制造大国，制造业规模世界领先，正向制造强国迈进，制造业由中低端走向中高端。《中国制造2025》是部署全面推进实施制造强国的战略文件，其核心就是实现制造业智能升级，提质增效，振兴制造业。

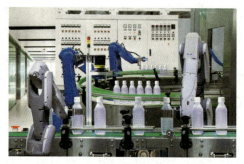

图 6-5　黑灯工厂

图 6-6　数字车间

（二）工业高效化

工业高效体现在规模化、标准化、系统化、智能化生产。随着生产技术水平快速提升，工业实现高效发展，人工智能技术更是促进生产效率稳定提升。工业机器人广泛应用，不仅可以代替人在特殊环境下生产，还能实现标准统一，大幅提高了产品优良率；"5G＋工业互联网"高效赋能，智能化设备加持，构建智能产线，生产各个环节协调联动，提高了生产效率；智慧仓储和智能物流，加速了工业品上下游流通，促进工业生产高效运转。工业生产从原材料到生产系统化，有效解决了用工难、成本高、效率低等核心问题，实现了稳定产能、降本增效、持续增长。

（三）工业集约化

工业生产的集约化体现在先进的科学技术和先进的管理方式高度融合，提高生产力各个要素的素质，改善生产力的组织，开发工业生产新方式，不断提升生产能力。它是与工业生产的粗放式经营相对而言的。换言之，集约化的生产发展不像粗放式的经营那样依靠设备数量的扩大和职工人数的增加，而是主要依靠提高设备的技术性能和效率，提高人的技术水平；不是单纯依靠产品数量增多，而是着重提高产品质量，生产具有更好性能的新产品。

提高工业生产集约化程度的途径主要有：对现有企业不断进行技术改造，开展群众性技术革新，大力发展科研事业；做好职工文化技术教育工作；大力发展专业化协作；努力开发技术密集型产业；等等。

三、服务业中的科技美

现代服务业是以现代科学技术，特别是人工智能技术为主要支撑，建立在新的商业模式、服务方式和管理方法基础上的服务产业，不仅美了生活，还旺了产业。

（一）服务高品质生活

现代服务业是相对于传统服务业而言的，适应现代人和现代城市发展需求，产生和发展起来的具有高技术含量和高文化含量的服务业，是高品质生活的重要保障。

在服务业科技创新的推动下，我们享受服务的体验已经发生了根本性变化。引进现代化技术设备能够助力人民在追求美好生活的享受中，提升多场景多层次的服务体验。到医院看病，直接用 App 提前挂号；到政府办理事项，直接在网络办事大厅在线办理；在城市能通过电子商务平台买到农村绿色生态农产品：这些都体现了服务的便捷。大学校园里的智慧食堂服务、智能物联网图书馆、人工智能运动场等，为在校师生营造了便利、人性化、智能化的就餐、读书、运动环境；在 AI 智能运动健身场内，AI 虚拟教练可以根据运动大数据提供专业性运动指导，让每一次训练成果都清晰可见；基于 VR 技术真实模拟沉浸式运动场景，带来有趣美好的运动体验，让运动之旅不再枯燥：这些都体现了服务的人性化。

（二）服务高质量发展

现代服务业是实现经济增长和可持续发展的主要动力。绿色发展重在加强生态建设和环境保护，而具备低污染、低能耗和高附加值等特点的现代服务业正走出一条资源消耗低、环境污染少、发展势头强劲的绿色发展道路。现代服务业有利于服务业整体升级和优化，提高国民经济的发展质量和效率，提升经济社会发展的可持续性。

数字技术和数字经济将不可贸易的服务产品变得可交易，实现了服务的跨地区购买与消费。服务业数字化转型升级可以扩大产业发展规模，推进服务业下沉，促进信息流动共享，扩展居民参与发展的渠道。数字经济与生活性服务业融合发展，可以催生出网络购物、在线教育、互联网医疗等数字消费新业态、新模式，产生大量高质岗位，实现就业岗位扩量提质。

第三节　职业中的科技美

科技进步给我们职业究竟带来了什么好处？在新时代科技革新浪潮之下，未来的职业环境会发生怎么改变？可以说，科技发展对职业生态、工作环境、新职业的出现有重要影响，职业随着人类科技进步而时刻变化。

一、科技重塑职业工种

信息技术的诞生，是蒸汽革命以来最富革命特征的科学事件，它使社会的产业结构发生了本质变化。过去的蒸汽革命和电力革命，都是用机器代替人的部分体力劳动。而信息技术的产生，计算机全面进入一切物质生产的经济部门和组织管理的社会部门，直至家庭生活领域，为人类历史上的再一次劳动转型创造了条件。信息控制和智能并入了生产过程，大大提高了机器的自控水平，从而代替了人在生产过程中的部分智力活动。以微处理器为核心的电子技术介入机器体系，不仅提高了经济效益，而且对于减少又脏又累和危险性

科技赋能
职业美

083

大的劳动工作，有着极大的可能。

传统的职业工种逐渐消失，被新的职业工种替代。过去以经验积累为基础的、要求长时间的实际操作或集中训练才能获得的熟练技能，大多可由机器代替，而人的技能被转移到分析能力和逻辑能力方面。这一方面降低了生产对人的体能的要求，另一方面对人的智力的要求却大大增强。据统计，2019 年人社部发布的 4 批 56 个技能人员新职业中，人工智能工程技术人员、物联网工程技术人员、大数据工程技术人员、建筑信息模型技术员等新职业工种大多数是信息化、智能化、智慧化催生的；二手车经纪人、食品安全管理师、调饮师等职业新工种是第三产业转型升级催生的。元宇宙整合了不同的新技术，未来会与更多技术交叉融合，将源源不断催生新职业工种。

二、科技改进职业环境

新时代，追求高质量发展的同时，还要重视员工健康，而职业环境直接影响员工的工作状态，还影响身体健康。因此，充分借助新科技，改善职业环境是每个单位面临的最大民生问题。营造良好的职业环境，可有效激发人的工作积极性和创造力。

空调、暖气、新风系统让办公室变得更加舒适，工业互联网技术、物联网技术让高粉尘车间、高危险矿井变得更加安全，新型材料让高噪声变得更加平和。随着人工智能、物联网、云计算和区块链等新一代信息技术发展，我们的工作环境更加智能、绿色，工作更加舒适。

三、科技助力职业发展

社会在发展，科技更新在加快，职业在可持续地发展，我们要主动更新思维、更新知识、更新技术，以便更好地适应社会。新技术层出不穷，科技产品不断涌现，赋能职业发展，促进工作变得更加和谐、更加高效。医生可以借助先进检测设备精准判断病因，并提供精准治疗方案；教师可以借助大数据技术，精准分析教学目标达成度，调整教学方法与手段；现场工程师可以借助先进设备，改进新技术，优化新工艺，设计新产品；快递小哥可以借助移动手持设备，精准无误地将包裹送到目的地；每个工作人员借助计算机，高效地处理日常工作。

人工智能实现机器自主学习，职业人与机器和谐共处，推进职业发展。人工智能有助于将平凡的日常任务自动化，可以节省员工的时间。人工智能自动化可以释放员工的时间，使工作中可以用于更多其他重要任务，丰富自己的职业发展预期。

思考题

1. 人工智能技术影响着方方面面，我们将面临哪些挑战？

2. 我们应当如何提高科学素质？

第七章

科技提升美质

1. 认识到科技对人们生活方式、思维理念的影响
2. 了解科技改进产品、提升生产效能的作用
3. 掌握帮助产品改进和提升生产效能的科技手段

1. 科技革新理念的内涵
2. 科技提升效能的方式

科技发展推动了社会前进和人类进步，提升了生产效率，改善了人们的物质和精神生活条件。科技本身就是美的，美好生活离不开科技进步。科技发展使生活更便捷、更优质，同时引导人们趋向更健康、更环保、更科学的生活轨道。

第一节 科技革新理念美

时代在发展、社会在进步、科技在革新，人们的思想、观念也要跟上时代的潮流。生活的态度、理念要转变，工作的思维方式、思维理念要转变，对于美要重新认识，才能适应社会快速发展的新形势。

一、科技改变生活理念

科技进步对人的影响深刻、普遍而全面，随着科学技术的发展，人们的生活方式

和生活理念也发生了改变。我们要坚持正确健康的生活理念，提升自己的生活水平和生活境界。

（一）和谐共生理念

科技与自然和谐共生

1. 科技与自然环境和谐共生

习近平总书记指出："人类进入工业文明时代以来，传统工业化迅猛发展，在创造巨大物质财富的同时也加速了对自然资源的攫取，打破了地球生态系统原有的循环和平衡，造成人与自然关系紧张。"[①] 自然是人类赖以生存发展的基本条件，人类应该尊重自然、顺应自然、保护自然，在和谐共生理念指引下从"工业文明"走向"生态文明"。

2. 科技与社会经济共同发展

科技发展与社会经济发展是相互促进的关系，随着社会经济的发展，科技研发的人力、物力、财力投入加大，从而促进科技不断发展。社会经济发展到一定阶段，需要科技推动突破发展瓶颈，实现社会经济从一个阶段迈向更高阶段，从而实现社会经济的飞跃。从蒸汽时代到19世纪70年代人类进入的电气时代，再到第三次科技革命后的信息化时代，乃至于到智能化时代，每一次社会经济的飞跃都离不开科技革命与发展，科技推进了社会经济的可持续发展。

3. 科技与人的发展相互促进

科技促进了人的身体素质和智力全面发展。科技发展提高了生产力水平，生产力的提高改善了人类的居住环境、饮食健康、医疗卫生、体育锻炼等条件，从而促进了人类身体素质的全面发展。随着网络技术和互联网技术的发展，知识、信息不断数字化，人类获取知识、信息的途径方式不断多样化，可获取知识、信息量不断增大，推动现代教育手段的信息化、智能化，教学方法不断改进，延伸了学校教育，使教育终身化，促进了人类智力的全面发展。从经济学的范畴而言，人是物质资料生产的最基本要素，人的身体素质和智力的全面发展，会促进科技的不断发展和进步。

（二）低碳环保理念

低碳环保理念是20世纪后期兴起的一种崭新的生活理念，正逐渐改变着人们的生活方式和思想观念。

科技为人类带来文明进步，但人类对自然资源的不当开发和不合理利用，导致资源面临耗竭、生态失衡等诸多问题。随着工业化、城市化的加速，资源紧缺程度和环境压力日益增大，对环境的不利影响逐渐显现，人类赖以生存的环境遭到破坏，如全球变暖、水污染、空气污染等问题日益加剧。稀缺资源的浪费、环境的恶化可以利用科学技术改善；利用科学技术合理开发稀缺资源，发现光伏、生物质能、地热能等新能源，增加可用资源，实现资源的多样化，同时利用科学技术提高资源的利用率，减少对自然资源的索取。例如将新能源技术应用到汽车研发中，不断提升燃油的利用率，

---

① 习近平谈治国理政：第三卷［M］. 北京：外文出版社，2020：360.

减少对石油资源的消耗量，降低汽车尾气排放造成的环境污染。同时，近年来我国实施了许多重要的生态环保工程，例如三北防护林、天然林保护、太行山绿化等，有效减少了土地沙漠化、降低了空气污染以及应对气候变化。同时，在植树绿化过程中，也创新研发了许多植树治沙新科技，例如沙漠土壤化技术。

利用科学技术减少人类对大自然的索取，利用科学技术去探索新资源，改善整个社会的需求所向，实现生态平衡，保护生态环境。同时，我们必须转变生活方式，倡导低碳环保生活理念，强化环境意识，在生活中时刻注意节约资源、保护环境，形成节约适度、绿色低碳、文明健康的生活方式和消费模式。

（三）崇尚科学理念

科学对当代人的生活影响深远，现代科技发展开阔了人们的视野、开化了人们的心智、改善了人们的生活水平、提高了人们的生活质量，崇尚科学已成为当代健康生活方式的基本要求。

崇尚科学精神，贯彻科学生活理念，对当代人们生活具有现实意义。一方面，当代社会生活的快节奏和强压力，导致我们忙于工作而忽视了生活方式的科学性，从而影响我们的身体和心理健康，危及健康生活。《2021年中国卫生健康统计年鉴》数据显示：2008—2018年，我国慢性病患者增长2.2倍，2018年全国居民慢性病患者为34.29%；2020年年龄别疾病别统计数据显示，高血压心脏病死亡率城市居民为14.95/10万，农村居民为21.60/10万。慢性病已经成为我国居民健康的头号杀手，冠心病、高血压、肥胖症、糖尿病等许多慢性病与不科学的生活方式有着密切关系。另一方面，当前是一个信息爆炸的时代，虽然方便了人们对科学知识的学习，但同时伪科学、非科学信息得以传播，增加了人们甄别信息真伪的难度。许多错误"养生"信息的传递，给人们的日常生活带来严重的误导。当代健康生活方式必须依赖科学知识的学习和科学精神的弘扬，这就要求我们要坚定科学精神，用科学的理论指导日常生活，要有求真务实的态度，抑制各种不科学的生活理念。

二、科技提升审美理念

随着高新科技的迅猛发展，尤其是信息技术和数字技术的应用，数字媒介迅速普及，催生新媒体文化艺术不断涌现。互联网快速发展，带来了文化艺术生产方式和传播方式的改变，对审美理念的转变产生了深刻的影响。

（一）科技的发展，催生新的审美形态

当前，全球处于信息技术时代，信息革命经历了从语言描述到文字记录、从手写到印刷、从印刷到新媒介三次变革。从信息技术的革命历程不难看出，每一次变革都带来了审美方式的改变，无论是审美介质还是审美形态都发生了巨大的改变。随着人工智能时代的降临，各种高新技术融入了我们的日常生活。人工智能、大数据、人脸识别、语音交互、智能家居等得到越来越广泛的应用，不仅改变着人们的生活方式，

也在不断改变人们的认知能力、审美能力以及审美感知形态。

数字化技术制造的审美新形态与传统审美形态相比，在产生、传递、接受等方面呈现出迥异的方式和崭新的状态。审美新形态与技术、商业以及娱乐交织在一起，形成了独特的创新性表达。审美视觉化随着新技术的融入不断延伸和加强，尤其是数字技术介入影视创作，场景数字化展现了亭台楼阁的鬼斧神工、战斗场面的壮阔宏大，为人们带来视觉冲击和视觉盛宴。VR（虚拟现实）技术、3D技术的运用，带来视听效果的奇妙感受，使人身临其境，感受现实与虚拟场景的融合，给人们带来沉浸式审美体验。

科技的巨大进步不仅是新媒介出现的物质基础，而且越来越成为人们审美活动的关注焦点。随着网络技术的发展和网络文化的兴起，尤其是智能手机的普及，抖音、快手等网络App软件的广泛应用，越来越多的人通过网络寻找自己的数字生活方式，在网络空间建立具有共同审美倾向的粉丝群、网游群、网文群等群体空间，从而形成一种族群化的新的审美形态。随着AR（增强现实）技术的广泛应用，虚拟空间与现实空间融合，给人们带来"超现实"的审美体验以及前所未有的惊奇感。

（二）科技的发展，促进审美去中心化

审美观念具有鲜明的地理性和民族性。因地域的不同、民族的不同，所以形成了不同的文化，文化对审美观念的形成有着重要的影响。中西方绘画的差异众所周知，中国水墨山水画与西方的油画相比，不仅体现在绘画工具的不同，而且更在于文化观念和审美观念的不同。伴随着电子复制、网络传播等科技手段演绎，当代审美观念不断呈现去中心化和多元化趋势。网络拉近了个体之间的交流距离，跨越了地域限制。在网络虚拟空间里，每个个体都是主体身份，相互交流不再受学识背景、种族、职业、性别、年龄的影响，个体可以自主进入网络群落，形成不同的文化群体，审美观念趋向于多元化发展。同时，主体身份不断游移于虚拟网络空间里，导致审美观念持续动态变化也成为必然趋势。

（三）文化的发展，促进科技审美融创

新时代人们对美好生活的需要日益增长，"美好生活"既有殷实富足的物质性内涵，更有日益增加的精神性内涵。殷实富足的物质需要人们共同去创造，无论是高质量的经济发展，还是绿色生态环境，都需要生产力的不断提高、技术的不断改进。同时，"美好生活"需要通过文化革新来实现对精神层面的追求。

高速发展的科学技术推动当代文化的发展。网络技术、数字技术、VR技术等高新技术在文化领域的广泛应用，不仅丰富了各类文化产品的表现力，而且对文化产品的内容和形态产生了深远的影响，大众传媒在内容、形式等各个方面都有了很大变革，人们的传统审美方式、审美对象以及相关的审美趣味、观念、理想等都受到了强烈冲击，呈现出全新的当代审美文化。

科技与审美融创发展是必然趋势。一方面，以新形式深入挖掘中华优秀传统文化蕴含的深厚内涵、人文精神、价值取向，需要借助新技术的应用，变革其表现形式和传播载体，通过创新性转化和精神领域的创造活动，以文化审美方式呈现一个国家、

一个地区、一个时代的人文精神和价值取向。另一方面，科技与文化的融合创造了新的审美产品，借助于 VR、AR、超高清视频以及裸眼 3D 视频等高科技与文化的融合，通过高科技助力文学创作、影视作品创作、游戏开发、文化景区开发等领域的内容创作，催生更多的审美文化新业态和文化消费新模式。这不仅对传统的审美形态提出了挑战，而且创造性地开拓了人们的审美类型与想象的可能。

三、科技更新思维理念

科技进步开阔了人类视野，使人类对自然、社会的认知更加具有科学理性。同时，在不同的时代，科技的创新引发新的思维理念。

（一）科技的进步，奠定思维理念变革基础

科技进步
奠定思维
理念变革
基础

科技的进步，使人们冲破了封建神学思维的束缚。我国自古就流传着女娲造人的传说，西方则认为世间万物是由神创造出来的。达尔文的《物种起源》让进化论取代神创论，成为生物学研究的基石，对于人类的产生有了全新的解释：人是由猿进化而来的。随着实验科学的兴起，人类认识物质世界经历了从宏观到微观的过程，人们的思维方式经历了从整体到局部再到辩证思维的过程。科技的每一次划时代进步，都会对传统的社会文化带来一次根本改变，从而也就使人类思维结构、思维方式、思维理念得到一次实质性进展。

技术实践为思维方式变革提供了证明工具。科技发展为人类提供手段、工具，人类借助于科技工具拓展思维空间、扩大视野、明辨事物真伪。伽利略通过折射式望远镜，发现了月球表面的高低不平，发现了土星光环，发现了太阳黑子等天体现象，开辟了依靠观测和实验了解天象、解释天体运动的新时代，为"日心说"取代"地心说"奠定了基础。由此可见，科技发展有力地证明了旧的思维方式存在伪善之面，还事实本来面目。

科技的进步，引发思维方式的变革。人们的思维理念受生存环境、语言文化、科学技术等因素的制约。随着社会生产力的发展和科学技术的不断进步，人类的生存环境不断发展改善，文字的表达形式从结绳记事到象形字演化至如今的汉字，其含义从形到意不断演进，形成当前的语言文化。其文化传播的形式，从人口相传时代到印刷时代乃至现代的新媒体传播，都离不开科技的革新。无论是语言文化的形成，还是文化传播形式的革新，都使人类思维方式不断进步。

（二）科技的发展，促进新旧思维理念迭代

中国的四大发明，是五千年文明古国早期科技积淀的凸显。指南针的发明，为远距离航海提供了有利条件，使远航者不再盲目，使狭小思维定式逐渐消失，远航探险者带着创造性思维想象新大陆的广袤。火药的威力之大是原来思维方式难以想象的，拓展了人类力量，提高了人类实践效能。造纸术成为传播思想的技术手段，对传播文化思想的作用不可估量。印刷术方便了思维主体对思维对象的认识，随之也提升了思维主体。

工业革命时代，牛顿的经典力学理论思维方式不仅影响了人们的思想，而且构建

了机械论思维方式，颠覆了陈旧的思想观念。电气化时代，电力的发明及广泛应用，使人们有了更先进的生产工具，思维方式趋向客观世界，拓展了思维方式的深度、广度，使机械思维方式向相对论和量子力学的思维方式过渡演变。信息化时代，原子能、电子计算机、生物技术等领域取得重大突破，促使人们的思维方式向宏观世界和微观世界、现实世界和虚拟世界演化，人们适应科技发展新要求，思维方式开始全方位拓展。

（三）信息化时代，催生数智思维理念

1. 互联网思维理念

随着互联网技术的兴起和应用，互联网思维走进人们的生活。互联网时代的思考方式，不局限于互联网产品、互联网企业，是对市场、用户、产品、企业价值链乃至整个商业生态进行重新审视的思考方式。互联网思维是人们立足于互联网去思考和解决问题的思维。未来是一个万物互联的时代，是基于物联网、大数据和云计算的智能化生活时代，实现了"每个个体、时刻联网、各取所需、实时互动"的状态，也是一个"以人为本"的跨界融合时代，人人事事都要有互联网的思维。随着互联网技术的广泛应用，人际交往、工作方式、商业模式、企业形态、文化传播、社会管理、国家治理都因互联网而发生巨大改变。未来互联网不再是单纯的技术，而是一种思维方式。互联网思维以互联网技术为思维基础，互联网是信息化科技革命的时代标志，具有开放、平等、互动、协作、共享的鲜明时代特征，互联网思维是客观需要的社会思维，不单单是个人思维，它是一种时代思维，而不是一种区域性思维。因此，对于生活在这个时代的每一个成员来说，互联网思维不是一种可有可无的思维，而是必备思维。没有互联网思维，难以适应互联网时代的生活，就会落后于时代。

2. 大数据思维理念

要有"样本＝总体"的思维方式。随着记录、存储和分析数据能力的提升，对大量数据的分析成为可能，人们对数据分析的方式开始从采样分析趋向分析与某事物相关的所有数据，其思维方式也随之变革，是利用所有的数据而非一小部分数据。要有"接受数据的混杂性"的思维方式。在大数据时代，数据纷繁多样，优劣掺杂，追求精确度难度极大，掌握大体的发展方向，适当忽略微观层面上的精确度可能会让我们在宏观层面拥有更好的洞察力。因此，我们要乐于接受数据的纷繁复杂。思维变革还要关注"数据的相关关系"。寻找因果关系是人类长久以来的习惯，在大数据时代，我们应该习惯于寻找事物之间的相关关系。相关关系也许不能准确地告知我们某件事情为何会发生，但是它会提醒我们这件事情正在发生。

第二节　科技改进产品美

随着科技的发展进步，产品不断迭代升级、更新换代，产品的功能更加科学，外观更加美观，内涵更加丰富。

一、科技创新产品形态

产品形态通过设计、制造来满足用户的需求。产品最终呈现在用户面前的形态，传递着产品的内涵、视觉效果和质感。科技在产品中的应用，在促进产品快速成型的同时，赋予产品新的内涵，提升了产品的视觉和触觉的感观。

（一）科技赋予产品内涵

随着生活水平的不断提高，人们对产品的要求越来越高。产品不仅要满足用户的功能需求，还要满足用户的审美、情感、文化需求。产品孕育的人文氛围需与用户精神认知相统一，让用户能与产品发生心理共鸣，给用户带来愉悦感。

1.科技赋予产品情感

信息社会，人们追求的是人机环境的和谐共存，产品需具备情感语言表达能力，满足用户的情感诉求。微信、QQ等信息化产品，拉近了人与人之间的距离，促进了人与人之间的沟通交流，直接传达了人与人之间的情感。智能家居语音技术的应用，使人们可以用自然语言与家电对话。随着一声"小度小度，请打开电视"，电视就会自动打开；一声"小度小度，请关闭窗帘"，窗帘就会自动关闭……人与家电之间的交流不再冷冰冰，而是具有了情感与生命的温度。人工智能技术赋予产品语言交互能力，满屋的家电仿佛具有了人的生命力，营造了人机和谐相处的温馨氛围。

智慧家居

2.产品传达文化理念

无论是产品的生产材料，还是产品的生产工艺，乃至于色彩，都传达着产品的文化理念。例如明代的家具富有民族文化特色，红木家具的结构美、造型美、材质美和装饰美，无不体现着高贵和奢华。随着科技的发展，原材料越来越丰富，产品的生产材料越来越多样化，产品也越来越丰富。但当前，人们崇尚的是低碳环保理念，产品的材质如果不环保，人们很可能会拒绝购买和消费。

（二）科技提升产品质感

产品质感是产品通过表面呈现、材料材质和几何尺寸传递给人的视觉和触觉的感观，体现着产品的质地和肌理。材料的创新与新发现丰富着产品的质感，如金属材质具有坚硬、光滑、理性、拘谨、现代、科技、冷漠等性格特点。随着新科技在产品设计中的不断应用，产品更具有科技感。

1.新材料催生高科技产品

柔性显示技术正在进步，柔性屏幕具有良好的柔韧性，可弯曲、可折叠、可卷曲，使产品体积更加轻薄、功耗更低，给人们带来更好的感官体验，更舒适的穿戴体验，更好的立体显示效果和手持感。同时，随着柔性屏幕的量产，不仅促进了新一代高端智能手机的发展，而且其因低功耗、可弯曲的特性对可穿戴设备也产生了深远的影响，未来柔性屏幕在智能终端应用将更加广泛。新材料已渗透人们生产、生活的各个方面，如表面技术与涂层和薄膜材料等可以增强产品表面质感，未来会有更多高科技产品给人们带来更好的体验。

2. 新技术提升产品科技感

随着科技的创新和新技术的应用，智能音响、智能眼镜、智能手环等高科技产品不断涌现。车载音箱大家司空见惯，而技术的发展赋予车载音箱新的活力，在有限空间和声学环境极其复杂的车厢内，通过数字技术调节、矫正每个扬声器的频率、混响以及相互之间的协调，使传达声音对象的定位更加精准，环绕声立体感、包围感更强，实现真正的音响"黑科技"。同时，新技术使产品展示更富有科技感，在科技展厅中，产品展示利用分光镜、射灯以及视频播放设备，通过干涉和衍射原理生成悬浮在空中的产品的三维光影图像，观众可以 360 度无死角地环绕观看其呈现的亦真亦幻的效果。

（三）科技提高成型速度

发展科技是提高生产效率直接而有效的手段，新材料、新工艺、新技术在生产中的普遍应用，缩短了产品设计、产品研发以及产品从样品到量产的周期，提升了产品生产、加工速度，使新产品快速成型。

3D 打印技术提高产品成型效率。3D 打印通过数字技术建模和材料打印机实现，最早主要用于模具制造、工业设计等领域制造模型，提升了模型的制造速度和制造能力。随着技术的发展和新材料的出现，3D 打印逐渐用于产品的直接制造，被广泛应用于汽车、航空航天、土木工程等领域。运用 3D 打印技术及设备后，工业产品研发、生产、维修等一体化水平得到了进一步提升，节省了大量的时间和成本。同时，借助 3D 打印技术具备的多种技术特点，可以根据实际需要，灵活改变产品的尺寸及形状，实现定制化产品，满足用户的个性化需求，提供更多具有创新性和实用性的优质产品。

在产品生产过程中，除上述的 3D 打印技术外，新一代信息技术工业互联网、自动化、数字化等技术也与制造工业深度融合，数字工厂、智慧车间等应用场景不断涌现，促进产品快速成型的同时也实现了产品快速量产。

二、科技提升产品功能

高新技术在产品中的不断应用，使产品自身功能不断增强，服务形式更加多样化，增强了产品的体验感，不断满足人们对高品质生活的要求。

（一）科技赋予产品新功能

随着移动互联技术的发展，新技术在产品中普遍应用，传统的电子产品开始增加联网功能、智能功能、控制功能，产品体验感不断提升，不但能够满足用户传统功能的需求，还能够满足人们日益增长的高品质生活需要。

例如，科技赋予手表智能功能。传统手表主要提供计时功能，同时也具有装饰、赏玩作用。随着高新技术的应用，手表更加智能化，除传统功能外，还具备了健康检测功能、娱乐功能、监管功能。例如：成人智能手表具有同步手机电话、收发短信、监测睡眠、监测心率、久坐提醒、跑步记步、远程拍照、音乐播放、录像、指南针等功能，满足了时尚潮流人士需要；老年智能手表具有超精准 GPS 定位、亲情通话、紧急呼救、心率监测、久坐提醒、吃药提醒等多项专为老年人定制的功能，为老人的出行提供了保护伞，防止老人走丢；儿童智能手表具有多重定位、双向通话、SOS 求救、远程监听、智能防丢、历史轨迹、计步器、爱心奖励等多项功能，保障孩子安全，给孩子一个健康安全的成长环境。

科技的进步，使产品的功能越来越强大、完善，产品越来越智能化。不断产生如智能穿戴设备、智能家电、工业机器人等智能产品，改善着人们的衣、食、住、行条件，使人类的生活、生产更加智能化，不断满足人们对高品质生活的追求。

（二）科技提供产品新服务

随着经济发展，人们的生活条件越来越好。人们对产品品质的要求，不仅仅局限于产品自身的功能，还体现在产品的附加功能和服务上。诸如产品的使用示范或指导、免费送货、质量保证、设备安装与维修、技术培训、售前售后服务等。而科技的进步，形成线上线下相结合的服务形态，使产品附加值体现得淋漓尽致，也使产品服务更加到位。

现代信息技术方便了产品服务。产品购买更加便捷，生产厂商将产品发布在电商平台上，人们通过网站就可以浏览、选择自己需要、喜欢的产品，利用网上交易、网上支付完成产品购买，购买后物流公司就会送货上门，预约的技术人员会上门安装，人们足不出户就可以甄选、购买自己心仪的产品。技术指导更加到位，对于需要自己安装的产品，生产厂商不仅提供了产品的纸质安装、使用说明书，还提供网络视频教程，方便了用户的安装与使用。技术咨询更加便利，咨询服务形式多样，通过电话专线咨询，一般技术或业务问题机器人会自动应答，疑难问题可转接人工服务，由专业技术人员或售后服务提供解答；同时网上也提供咨询业务，方便产品使用者线上咨询或留言。

随着新一代信息技术和人工智能的不断应用，服务形式会越来越丰富，不再限于网络服务，甚至产品自身都会提供自动应答、故障报修等服务，使产品越来越智能化，服务越来越多样化。

三、科技促进产品迭代

在新时代，人们的消费理念和消费需求逐渐发生着改变，这不断促使产品更新换代。科技的发展，高新技术的应用，提升了产品更新换代的速度。

（一）服务产品迭代升级

突如其来的新冠疫情，意外促进了产业升级和新产品的诞生。在疫情期间，为满足人们生活服务的需要，新一代信息技术助力升级传统的旅游、酒店等产业服务方式，产生了"云旅游""云祭祀""无人酒店"等新产品。

1. 数字化赋能旅游产品加速升级

疫情期间，线下演出、实地旅游等受到了限制，从而催生出线上演播、"云旅游"等新型旅游产品，备受消费群体青睐。数字化的旅游产品，突破了时空限制，在一定程度上满足了人们对特定场景下美好生活的实际需求，同时节约了消费者的出行时间，降低了旅游费用，也满足了没有时间或没有经济条件的群体的旅游需要。同时，以产品和服务数字化、智能化为导向，推动文旅产业转型升级、提质增效，满足客户多样化、个性化的消费需求，也有效避免突发公共卫生事件给产业带来的冲击。随着人们体验感需要的不断升级，以及 VR 技术、AR 技术、传感技术在人们生活中的广泛应用，旅游产品向"沉浸式"旅游发展。借助先进的科技，沉浸式体验改变了传统的时空关系，打破了白天和黑夜、当下和过去、室内和户外、真实和虚拟的界限，让游客身临其境，获得良好的体验感。

2. 数字化赋能"无接触服务"

疫情期间，保持距离成为一种礼貌，减少接触就是抑制疫情扩散。基于保持距离需要，"无接触服务"概念诞生，将服务机器人、智能快递柜等服务产品推向了使用高潮，催生了无接触配送、无人超市、无人咖啡机等业务，满足着人们的生活需求。新服务形式和新产品不单纯是某一时期的需要，而是时代的需要；在满足时下刚需的同时，节省了运营成本，给用户更好的体验感，还可通过分析线上数据产生新的价值。

（二）硬件产品迭代升级

网络技术、电子信息技术、人工智能技术的发展，加速了家电、手机、电脑、汽车等硬件产品的升级更新，使硬件产品沿着网络化、智能化、数字化方向发展。

1. 科技引领家电产品迭代更新

从邻里街坊围坐在一起看的黑白电视机，吱吱作响的台式电风扇、洗脱分离的半自动洗衣机，到如今的超清投影仪、自清洁的新风空调、智能洗烘一体机，生活中的电器从功能到形态发生着翻天覆地的变化。随着科技的进步，家电功能越来越完善，更新换代速度越来越快。未来，家电将是以科技为核心，围绕场景化、便捷化、智能化生活模式开发新产品，满足人们日益增长的消费新需求。

2. 科技促进电子产品迭代升级

网络技术的应用，实现了电子设备从单机到联网，随着 2G—3G—4G—5G 网络技术的迭代升级，网络传输速度呈几何倍数增长，赋予电子产品新的功能和用途。在新基建战略下，AI 成为一种新型"基础能源"，融入千行百业，为产业向数字化、智能化转型注入新动能。电子产品中的手机更新换代给人们感受最为明显，手机发展经历了从大哥大时代，到按键机时代，到半智能机时代，再到今天的智能机时代。其功能从接打电话、收发短信，到玩如贪吃蛇之类的小游戏，到照相、上网、影音娱乐，再到现在的指纹识别、人脸识别、语音识别，都依赖科学技术的进步。人工智能与电子产品的有机结合，给用户带来了良好的体验感，加速了电子产品的更新换代。

"科技是第一生产力"。石墨烯、超导材料等新材料的发现，移动通信、人工智能、纳米技术等高新技术进入人类的生活、生产中，生产效率和生产效能不断提升，这些加速了生产流通，推动着社会服务共享。

一、科技提升劳动效率

随着社会经济的发展，生产要素的内容日益丰富，现代科学、技术、管理、信息等生产要素不断涌现，进入生产过程。科学技术的进步，使人们的素质不断提高，发明发现了更多可用的新材料，改进了生产工具，提升了劳动效率。

（一）科技的进步，提高人们素质

1. 科技带动人们的思想进步

科技的进步，使人们对物质世界的认知范围不断扩大，人们的思想不断进步，于是人们的思维方式更加科学。天文望远镜的发明使人们的认识和思想跳出地球走向浩瀚宇宙，显微镜的发明使人们的认知走进了微观世界，从宏观到微观体现着人们的全局思维。科技的发展，不断拓展人们教

科技提高
人们素质

育的深度和广度，实现自然、社会、人文科学的相互交融，使人们摆脱愚昧，为全面发展奠定了基础。现代信息技术的广泛应用，加速了知识的传播速度，丰富了交流手段和娱乐活动，开拓了人们的视野，极大地丰富了人们的精神生活，使人们的精神素养得到了很大的提升。

2. 科技提高人们的身体素质

科技的发展促进农业的发展，使人们能够丰衣足食，为人们的生存提供了基本的生存保障，人们不会因为食物不足而营养不良。医疗技术的提升和医疗条件的改善，提高了疾病的治愈和疾病的预防能力，大大降低了疾病对人们的困扰，甚至能延长人们的生命。智能手环、智能手表等智能穿戴设备能对人们的身体健康进行全方位的适时检测，指引人们养成科学健康的生活方式和生活习惯，使人们的身体健康得到了保障，从而促进人们身心健康的全面发展。

3. 科技提升人们的技能水平

全国职业教育大会创造性提出了建设技能型社会的理念和战略，加快建设国家重视技能、社会崇尚技能、人人学习技能、人人拥有技能的技能型社会。如今，以"云""联""大""物""智"为代表的新技术不断赋能各行业的生产组织方式，生产设备、工艺流程不断改进，操作流程越来越规范，对工作精度的要求越来越高，需要科学的方法指导和科学的学习方法提升技能水平。同时，科学在发展，技术在不断进步，我们只有树立技能终身学习的观念，才能适应社会的发展，才能构建技能型社会。

（二）科技的进步，赋能产业发展

1. 科技赋能农业高质量发展

农业机械化水平的提高，改善了农业生产经营条件，提高了农业的生产技术水平、经济效益和生态效益，降低了劳动强度，提高了劳动生产率，提高了农业单位面积的产量。生物科学等新技术在农业中的广泛应用，逐步淘汰传统肥料、农药，改善土壤结构，维持土壤肥力，使农作物营养充分，有效防治杂草和病虫害，降低农业污染，促进农业"高品质"发展。网络技术和物联网技术在农业领域的大力推广，为农业生产提供精准化种植、可视化管理、智能化决策，逐步实现农业的精耕细作、食品的溯源防伪、休闲旅游的融合发展，实现农业"智慧化"。

2. 智能化赋能制造业提高生产效能

随着工业软件的普及和升级，感知元器件的更新换代，新传输技术以及高端数控机床、机器人等智能设备的使用，制造工厂被赋予感知能力。工业大数据、工业互联网、人工智能的运用，使大量工业数据不断连接、运算、迭代，趋向于形成自感知、自决策、自执行的高度协同制造模式。"软""硬"双管齐下，构建数字车间、智能工厂（见图 7 - 1），实现生产过程透明化运行，使生产流程数字化管理，提高流程控制能力，实现了降本增效。2022 年的统计数据显示，智能化改造后的企业，运营成本平均降低 15% 以上，生产效率提高 10% 以上，产品不良品率降低 10% 以上，能源利用率提高 8% 以上。

图 7 - 1　新能源汽车智能工厂

（三）科技的进步，产生新材料

材料是人类赖以生存发展的基础，随着科学技术，尤其是高新技术的飞速发展，石墨烯、超导材料、纳米粉体等前沿新材料悄然崛起，应用于我们的生产、生活中，并创造出惊人的奇迹，也给人带来美的体验。世界材料产业的产值以每年约 30% 的速度增长，材料创新已成为推动人类文明进步的重要动力之一，也促进了技术的发展和产业的升级。

1. 石墨烯材料的应用实现了手机快充

石墨烯具有优异的光学、电学、力学特性，在电池领域、传感器、功能涂料领域有着广泛的应用，被认为是一种未来革命性的材料。与传统导电炭黑相比，石墨烯具有较低的导电阈值，使用较少量即可极大降低电池的欧姆阻抗，提升电池的充电能力。石墨烯连续柔性的结构能提供连续导电，在循环放电中不会因活性物质的体积变化而逐渐丧失导电能力；同时，在大电流充电时，石墨烯良好的导电性可以避免因过热导致的寿命衰减，极大地助力了大功率电池循环寿命的提升。石墨烯的应用突破实现了锂离子电池技术的飞跃，同时也给我们的生活带来较大变化和美的感受。

2. 超导材料提升电力能效

超导材料最诱人的应用是发电、输电和储能。利用超导线圈磁体可以将发电机的磁场强度提高到 5 万～6 万高斯，并且几乎没有能量损失，超导发电机发电容量比常规发电机提高 5～10 倍，发电效率提高 50%。超导输电线路、超导变压器可以实现几乎无损耗地将电力输送给用户。据统计，铜或导线约有 15% 的电能损耗在输电线路上，中国每年的电力损失达到 1 000 多亿度，若改为超导输电，节约的电能相当于新建数十个大型发电厂。

二、科技加速生产流通

生产流通引导消费、促进生产、拉动经济的增长。在社会经济飞速发展的今天，交通是最直接有效的流通形式，是整个社会经济发展的基础设施，对整个经济建设和社会发展发挥着支撑和保障作用，是新时期实现经济发展的命脉。科学技术的发展提升了交通能效，加速了人员和货物的空间流动，以及经济信息、人文思想的传播和交换速度，加速了现代生产流通速度。

（一）科学技术创新，赋能交通运输

交通运输承载能力，取决于交通基础设施和交通载运装备。高新技术在交通运输中的广泛应用，加速了交通基础设施建设的步伐，提升了交通载运装备的性能，促进了交通运输的发展。

1. 路桥技术的创新，加速交通基础设施建设，提升地面运输力

随着经济发展，汽车、火车、高铁等数量急剧增加，行驶速度不断提升，对公路、轨道的承载能力和通行能力要求越来越高。路桥施工技术是保障工程质量的关键，提高工程使用寿命，可有效降低养路成本，路桥技术的创新，提升了交通基础设施的通行能力、安全性。例如，青岛胶州湾隧道处于火山岩及次火山群地带，覆盖层薄、断裂带密集，地质状况十分复杂。为避免上下列车行驶的互相干扰，在隧道中部加设中隔墙，其施工技术令世人瞩目。青岛地铁 1 号线胶州湾隧道是国内首条地铁海底隧道，施工过程中，全程移动信号跟进覆盖，采用世界最先进的成套隧道施工机械装备，机械化利用率达到 90% 以上，全作业视频监控和网络化智能化管理，形成了机械化、网络化、智能化的高效流水作业生产线，大大降低了劳动强度，提高了作业效率。路桥技术的创新与发展，加速了交通基础设施建设，提升了运输能力，为加速商品的流通提升了有力保障。

2. 航空技术的突破，提升民航空运能力

随着科技发展，高超音速冲压发动机得以实现；耐高温、耐氧化、结构强度高的先进航空材料的发现，助力改进飞机的气动外形和壳体工艺；制导、导航控制技术的发展，使"黑科技"难题不断被攻克；据悉，我国已在音爆高精度预测、低阻力低音爆设计等绿色超声速民用机核心关键技术上取得突破，在安全性、经济性、环保性等方面均达到了很高水平，突破了长距离航线快捷性、舒适性的瓶颈。航空技术的新飞

跃，使飞机效率不断提升，耗油降低，更加节能环保，载客、载货量不断增加，飞行时间不断缩短，成为全球经济而有效的运输工具。

（二）现代信息技术，创就现代物流

物联网、云计算、移动互联网等新一代信息的蓬勃发展，推动着智慧物流的变革。智慧物流促进着生产商、批发商、零售商三方物流相互协作与信息共享，使仓储、运输、配送更加智能高效，加速了商品的流通，降低了物流成本，促进了企业生产、采购和销售的智能融合发展。

物流信息化、自动化、智能化技术的广泛应用，推动了物流业的转型升级，重塑了物流生态。全球定位系统、RFID 电子标签等信息技术，时时跟踪货物流通的行踪，使物流可溯源，促进了产业链、供应链融合发展。智慧仓储、智能分拣，推动着物流服务业从劳动密集型向知识密集型、技术密集型转型升级。互联网与产业的深度融合，构建了功能多元、服务精细的多方协作平台，以阿里巴巴、京东、苏宁易购等为代表的消费领域电子商务平台，对行业转型升级发挥着推动作用。

同时，中远海运、顺丰速运、中铁快运等物流公司的快速发展，加速了商品的快速流通。据国家邮政局统计显示，2023 年全国快递业务累计超过 1320.7 亿件，"6·18"购物节期间快递日均业务量突破 4 亿件。快递处理工作量堪称"海量"，"昨晚下单，今早到货"，货物的运送能力惊人，物流的智能化功不可没。以智能分拣装备为核心的多类技术装备得到广泛应用，最新智能物流输送分拣系统，单套系统每小时平均包裹处理量达到 10 万件以上，节省人力超过 70%，大大提高了快递的分拣效率，解决了困扰多年的"爆仓"问题。

科技的支撑，让物流运输方式发生了巨大变化，创就了现代物流。现代物流缩短了资源配置的时空距离，实现整个产业供应链的互联互通，达到资源的最优配置、成本的最低控制，从而实现产业高效、经济高质量发展。

三、科技推动服务共享

社会发展和科技进步，为教育、医疗健康、养老、文化和旅游等社会领域提供多元化的服务，数据、信息开放共享，改善了社会生活方式，不断满足人民的多层多样化需求，不断改善民生福祉，提升了人们的幸福感和获得感。

（一）共享教育

共享教育

城乡二元结构、地区发展差异等原因，致使当前教育资源分配不平衡。利用优质的资源和先进的教育技术手段，可以共享名师、平台、资源，共享教育解决偏远地区面临的教育资源短缺问题，促进教育事业的平衡发展。

从终身教育到终生学习，需要共享教育理念。终身教育社会，政府为实施主体，终生学习是以个体为实施主体，教育主体的变化，使我们必须具有教育共享的理念。

学校教育只占人生约20%的时间，而80%的持续学习需要在家庭生活、实地工作、社会实践或是网络虚拟在线的学习环境中完成。人与人之间的经验交流，网络知识、信息的传播，乃至于科技馆、图书馆社会资源的提供，无不体现着教育的共享理念。

现代信息技术，促进共享教育发展。利用互联网技术和信息化手段，慕课网、知到、学堂在线等教育教学资源平台，提供了海量的公开课程和优质资源，使大家可以观看世界名校的公开课程，享用优质资源，实现名师共享、平台共享、资源共享。疫情期间，暂停线下教学，但利用腾讯会议、钉钉直播等网络工具开展线上教学，使知识传播者和学习者突破了时间、空间、环境制约，实现了"停课不停学"。

（二）共享医疗

共享医疗就是将共享经济这种商业模式引入医疗服务供给领域，对原有的医疗资源供给方式进行创新。以互联网平台为载体，整合海量的、分散的医生、护士、医疗设备等专业化医疗资源，以更为便捷和高效的方式满足老百姓多样化医疗服务需求。共享医疗是应对看病难，解决老百姓最棘手、最迫切的问题的便利方法。

依托互联网平台，提升医疗效率。优化医疗服务流程，实现网上挂号、缴费、查看检查报告，患者就医便利化程度大大提高。网上问诊，缓解医院就医负担，同时避免了患者无序就医。通过网络信息平台和网站发布医疗知识和技能，增加广大市民的医疗常识，医生为患者提供在线咨询服务，提高了医生资源的利用效率。实施远程医疗，建立医疗机构协作网络，实现患者在一般医院就能接受到高级医院的专家诊疗服务。

当前，共享医疗还处于初级阶段。随着智能穿戴设备、智能终端设备、医疗器械以及网络通信技术的发展，共享医疗正在向智慧化逐步演进。无论何时、身处何地，都可通过智能设备对人们的身体健康状况进行检测采集，利用网络传输数据，打破地域、空间、时间限制，实现患者和医生的零距离对接，对患者进行诊断，真正实现共享医疗和智慧医疗。

（三）共享交通

在共享经济大背景下，以互联网平台为依托，整合社会闲置交通工具、车内空间、交通固定设施、驾驶技术等交通资源，利用大数据平台高效匹配出行供给与需求，实现出行能力分享化和智慧化，出现了共享租车、共享驾乘、共享自行车、共享停车位等多种共享交通类型。通过共享交通出行模式，盘活了社会闲置的车资源、司机资源、停车位资源等，提升了交通资源的利用率。

共享单车绿色低碳，推进共享交通持续发展。地铁站口、大学校园、大街小巷……在城市中，共享单车随处可见。共享单车作为路面"触手可及"的短途交通工具，为全国多地提升了绿色出行分担率。同时，通过业务智能决策中枢实现智慧调度，摆脱了"车没人骑、人没车骑"的窘境，实现了共享单车的有机循环，用更少的单车服务更多的人。随着共享单车联网技术的发展，逐渐实现用户手机和车的车机互联，车辆和换电柜、电池等设备的互联，使"互联网＋交通"越来越便捷高效。

随着自动驾驶技术的发展，共享出行向智能共享出行发展。自动驾驶技术的不断完善，与智能道路交通基础设施、信息与通信基础设施进行高效协调，实现高等智能化载运工具的出行供给与交通出行需求的高效连接、实时匹配，这将会形成"出行即服务"的新型出行生态。

思考题 ....●

1. 科学技术的发展对人们美的观念有哪些影响？

2. 随着新一代信息技术的广泛应用，未来产品应该向哪些方向改进，从而提升美感？

3. 从科技的角度如何提升生产效率，给人带来美的体验？

模块四
道德美——修养之美

第八章 **CHAPTER 8**

道德美的职业内涵

 习目标 ....

1. 了解新时代道德建设的总体要求
2. 了解道德的内涵价值
3. 理解道德中美的表现

 习重点 ....

1. 政治品德、职业道德、社会公德、家庭美德的内涵价值
2. 政治品德、职业道德、社会公德、家庭美德中美的表现

　　道德水平体现着一个国家精神文明的状况。在新时代美育背景下，实施公民道德
建设工程是一项长期工作，不仅要推进政治品德、职业道德、社会公德、家庭美德建
设，还应推动德育与美育有效融合。德育能给美育以丰富充实的内容并保证其正确的
发展方向，而美育则能为德育提供有吸引力、感染力的手段并通过美来增强道德实践
的效果。德育与美育的最终目的是一致的，都是为了塑造全面发展的人才，创造美好
的生活与世界。

第一节 **政治品德美**

　　政治品德是社会道德体系的组成部分，它决定一个人的审美修养和道德发展方向，
影响整个社会的道德水准。政治品德美就是要将美引向政治生活，要求公民在政治生
活中自觉弘扬忠诚老实、实事求是、公道正派、清正廉洁等美好的价值观念，在实践
中创造真、善、美的伦理与政治生活。

一、政治品德的内涵价值

（一）基本内涵

政治品德是道德在政治领域的表现形式，它脱胎于道德，二者在内涵上既有相同之处，也有各自的特殊性。一般情况下，我们理解的政治品德可以简称"政德"，就是领导干部在政治生活、公共管理以及个人日常生活中应当遵守的道德准则和行为规范，是领导干部应当具备的职业精神和道德操守。① 政治品德是领导干部的政治素质、道德品行、思想作风在其从政德行上的综合反映，也可以理解为个人在与国家、他人的关系中所表现出来的品德，是个人政治立场、政治态度、政治观点的总和，这种品德是以公共利益为目的的公民品德，它要求人们把公共利益置于个人利益之上，并为整体利益做出自我牺牲。

（二）当代价值

1. 政治品德建设有利于涵养良好的政治生态

政治生态反映一个地方政治生活的总体面貌，是社会政治文明发展水平的重要标志。良好政治生态的涵养来自个人对政治品德的坚守。每个公民都是政治品德建设的主体，都能以不同方式、从不同方面为政治生态的净化做出贡献，尤其是作为"关键少数"的领导干部，他们是国家政策的执行者和实施者，其言行对全党全社会都具有风向标作用。领导干部的德行举止影响人民群众对党以及国家机构的认知，其言行与品德都有可能被其他社会成员效仿，因此领导干部应重视自身政治品德建设，身先士卒、以身作则，为社会营造良好的政治生态环境。

2. 政治品德建设关乎国家的前途与命运

政治品德是社会道德建设的风向标，也是社会主义精神文明建设的重要内容。政治品德的好坏不仅关系党的生命，而且关乎国家的前途与人民的福祉。领导干部德行出了问题，对社会的危害大、对政党的伤害大、对政治生态的毒害大。一些领导干部正是因为在"德"上出了问题，才最终走向腐化堕落的深渊，走向党和人民的对立面。而大学生作为社会主义事业的建设者和接班人，其政治品德素质直接关系到国家和民族的前途命运，对确保实现建设社会主义现代化强国的宏伟目标，进而实现中华民族伟大复兴，具有重大而深远的战略意义。

二、政治品德美的表现

（一）忠诚老实

1. 忠诚老实是政治品德的基本要求

忠诚老实是人类最重要的美德之一，是中华儿女躯体中流淌的血液，是一个人的

---

① 鄯爱红，李淑英. 领导干部必须讲政德［J］. 红旗文稿，2018（10）.

立身之本、事业之基。所谓忠诚老实，代表忠贞、诚信和服从，是指个体对自己宣誓效忠的对象真心诚意、尽心尽力，其核心要义是尽心竭力、尽忠职守。忠诚老实包含两层含义：既要忠于己，亦要忠于人，做到"不自欺、不欺人"。"老实"是做人的一种优秀品质，是做人的本分。我们说的"老实人"，是指厚道的君子，而不是"老好人"；是指原则性强、重规则、讲程序的人，而不是唯唯诺诺、刚愎自用的人。老实对于共产党人来说，更是一种责任与态度。刘少奇同志曾在论述民主集中制时谈到要秉持老实的态度巩固党的团结并指出："在党内，凡是诚恳坦白的老实人，最后一定不会失败的。"①在全面从严治党的当下，习近平总书记也反复强调，要对党、对组织、对人民、对同志忠诚老实。所谓老实就是学会把民主精神和绝对服从落到实处，在党内树立吃苦在前、享受在后的思想，遇到问题不钻空子，不拉帮结派，始终把党的整体利益放在第一位，在维护党整体利益的基础上满足个人需要。②做老实人最重要的就是要光明磊落、干净担当，要敢于坚持原则、较真碰硬，要勇于实事求是、担当作为。

2. 忠诚老实是一生追求的美好品质

"忠"是儒家学说的精髓之一，所谓"夫子之道，忠恕而已矣"，意指孔子的学说在于忠诚老实、宽厚仁恕。此后宋代理学家朱熹对孔子的忠恕之道做了解释："尽己之谓忠，推己之谓恕。"即将竭尽自己的能力去做定义为忠，将推己及人、平等地待人处事定义为恕。东汉经学家马融在《忠经·天地神明章》中亦明确提出"天之所覆，地之所载，人之所履，莫大乎忠"的重大命题，他认为在自然与社会当中，忠诚是人最为重要的行为和伦理关系。

对于公民来说，忠诚老实不仅仅是一个品德的范畴，而且是一种生存的必备品质。忠诚是作为劳动者自始至终都必须具备的职业道德，它表现为劳动者承担某一责任或者从事某一职业所表现出来的精神状态。如果劳动者缺乏对职业的忠诚，那他也无法坚守做人的原则，最终会失去成功的机会。当今社会并不缺乏有能力的人，缺乏的是那种既有能力而又忠诚的人才。同时，忠诚老实还意味着公民忠诚于自己的国家，自觉涵养深厚的家国情怀，始终把祖国和人民放在心上，把国家富强、民族振兴、人民幸福作为自己的努力方向，将自己融入中华民族复兴的伟大事业中。

忠诚老实对于共产党员而言，不仅意味着要坚决拥护党的领导、坚决执行党的方针政策，不阳奉阴违、搞两面派，还意味着要忠诚于党和国家、为社会主义事业奉献终身。领导干部只有忠诚奉献，才能真正做到坚持理想信念，才能为了人民群众的最根本利益牺牲个人利益，才能真正做到为人民服务。在战火纷飞的革命年代，一代代共产党员之所以能够克服重重困难，在纷繁复杂的环境中不断从胜利走向胜利，靠的不仅仅是对理想信念的坚守，还有对党的无限忠诚和为国家、民族抛头颅洒热血的奉献精神。当前，中国面临百年未有之大变局，中国特色社会主义事业持续推进，各种新情况、新问题层出不穷，如何在风险考验和利益诱惑面前保持清醒的头脑，在个人利益和集体利益冲突时做出正确的选择，这就需要共产党人进一步发扬忠诚老实、无私奉献的精神。

---

① 刘少奇论党的建设［M］. 北京：中央文献出版社，1991：364.
② 邹腊敏，廖嘉豪. 论延安时期刘少奇民主集中制思想的渊源、实践与当代价值［J］. 中共合肥市委党校学报，2023（2）.

对党忠诚是政治上的"定海神针"，做人要实是共产党员的本色

"科学是老老实实的学问，搞科学研究工作就要采取老老实实、实事求是的态度，不能有半点虚假浮夸。"这是数学家华罗庚的名言，这种"老老实实"的治学精神，成为中国科学家的遵循。为了突破原子弹关键技术，1960年春，邓稼先开始寻找一个任何国家都对他保密的关键参数。为了验证一位苏联专家曾随口说的一个数值，邓稼先他们费时近一年，进行了9次大型运算。经过进一步的验证，结果表明：邓稼先他们得出的结果是正确的，而苏联专家所说的数据则是错的。华罗庚称他们所计算的对象是"集世界数学难题之大成"。

做人要实的精神，是与共产党员"实事求是"的精神一脉相承的，做学问、做官都是如此。杨善洲和秘书在地方上吃了饭没付钱，估计他们不说没人知道，也无人追究，但他却让秘书专门再跑一趟，花32元路费和住宿费去结算6.5元饭费，因为他坚持"无论是做事还是做人，总得有个标准，有个原则。要老老实实做人，踏踏实实做事"。还有一次，杨善洲在一个纸包里发现了两张一角的钞票。老乡给的这两角钱一直让杨善洲惴惴不安。不久，杨善洲在保山培训期间开展批评和自我批评时，主动向组织汇报了这件事。培训结束后，他做的第一件事就是赶到老乡家送两角钱的饭钱。

信仰是一种无坚不摧的力量，在忠诚与背叛的天平上，可以称出一个人灵魂的重量。夏明翰就义时高唱："砍头不要紧，只要主义真。杀了夏明翰，还有后来人！"而刘伯坚也以一首气吞山河的《带镣行》展现了共产党人的忠诚。某些人曲解了"生命诚可贵"这句话，甚至不惜"苟且偷生"。其实那么多共产党员之所以选择慷慨赴死，为的是不丧失共产党员的人格，他们至死都为自己是共产党员而自豪，以实际行动践行了永不叛党的铮铮誓言。

（资料来源：中国纪检监察报，2015-07-20，节选。）

3. 忠诚老实是一种高尚的人生态度，蕴含着诚信之美

忠诚老实是一种高尚的人生态度，更是一种严谨的道德实践。忠诚老实意味着做老实人、说老实话、办老实事。对于共产党员而言，"忠诚老实"要求共产党员忠于党、忠于人民，这种忠诚是唯一的、彻底的、无条件的，不掺任何杂质、没有任何水分的，是一种鲜明的政治态度；对于人民群众而言，"忠诚老实"意味着忠诚于国家、忠诚于所从事的工作，兢兢业业、锐意进取、言行一致，不偷奸耍滑、不敷衍塞责，将事业当成自己生命的一部分，用忠诚奉献成就事业、成就人生、奉献国家。忠诚老实是一种优秀的政治品质，蕴含着诚信之美。

（二）实事求是

1. 实事求是是政治品德的核心要义

实事求是是中华民族的优良品德之一，是中华儿女传承的优良作风。"实事求是"最早见于东汉史学家班固所著《汉书·景十三王传》："修学好古，实事求是。"意为夸赞河间献王刘德广博的学识和严谨的治学态度。此后明代思想家王阳明提出"知行合

一"的观点，倡导"实事求是"的学风。因此，实事求是原本指的是一种严谨好学、务求真谛的治学态度和方法，但后世更注重其哲学意义，即透过客观事物的本质去研究和探寻其隐藏的规律性。毛泽东指出："'实事'就是客观存在着的一切事物，'是'就是客观事物的内部联系，即规律性，'求'就是我们去研究。"坚持实事求是，就要深入实际了解事物的本来面貌，把握事物内在必然联系，按照客观规律办事。

实事求是是无产阶级世界观的基础，是马克思主义的思想基础，是毛泽东思想活的灵魂。回顾百年党史不难发现，中国共产党之所以能取得一系列历史性成就，靠的就是实事求是。实事求是是一种高尚的政治品德，它要求我们坚持一切从实际出发，按照客观规律办事，不脱离实际、不盲目随意、不主观妄断；始终把党和人民的事业放在第一位，敢于坚持和捍卫真理；心底无私、自觉牺牲奉献，时刻把人民利益举过头顶；在涉及切身重大利益的关键时刻，也能主持公道、讲原则、不徇私情。实事求是要求大学生养成讲公正不虚妄、做实事不空谈的作风，树立尊重客观事实、勇于追求并坚持真理的态度，善于独立思考、敢于发表自己见解的品格。因此，无论是共产党员还是人民群众，都应把实事求是贯穿整个人生过程，用行动去践行实事求是的政治品质，营造求真务实的良好社会风尚。

2. 实事求是是一种重要的公共道德，追求的是真理之美

实事求是是一种光明磊落的人格操守和公正无私的高尚情怀，是一种重要的公共道德。实事求是意味着重实际、求实效，只有光明磊落、襟怀坦荡的人才能做到不弄虚作假、不信口开河、不说大话空话、不颠倒是非黑白，言行一致、知行合一。实事求是要求我们做任何事情都一丝不苟、严肃认真，在了解客观情况的基础上严格按照规律办事，追求和掌握真理。实事求是是一种追求真理的执着信念，蕴含真理之美。

（三）公道正派

1. 公道正派是立身之本

所谓公道正派，"公"就是公平公正，"道"就是道德准则，"正"就是不偏不斜和正直，"派"就是气度和作风，公道正派就是指品行作风端正，行事光明严谨、公平合理的一种思维方式和行为方式。公道正派作为为人处事的基本道德准则和行为规范，是人们普遍认同的处世态度和价值取向。

公道正派是中华优秀传统文化中所推崇的为官哲学和处世之道。《论语·颜渊》中季康子问政于孔子，孔子对曰："政者，正也。子帅以正，孰敢不正？"意思就是所谓政治，就是正直。自己带头端正了，谁敢不端正呢？"其身正，不令而行；其身不正，虽令不从。""为政以德，譬如北辰，居其所而众星共之。""大贤秉高鉴，公烛无私光。""公生明，廉生威。"这些论述都从不同角度阐释了公道正派对为官理政的重要性。随着时代的发展，历史又赋予公道正派以新的内涵，使其呈现出鲜明的时代特征。公道正派成为共产党人应遵循的根本原则，尤其在选人用人的时候应秉持公道选干部、用干部、评价干部，不弄虚作假，营造风清气正的政治环境。

公道正派对于公民而言则是立身之本、为人之道。要求我们在为人处世时能做到不偏不倚、不歪不斜，兢兢业业做事、清清白白做人；无论从事何种职业、身处何种岗位，待人处事时都要坚持原则、秉公办事，实事求是、敢讲真话，守原则、遵纪律，树立公道正派的好形象，为社会涵养浩然正气。

2. 公道正派是一种为人处事的行为规范和基本道德准则，体现的是正义之美

公道正派是世人所推崇的处世哲学和传统美德，是维系人们正常社会交往和社会稳定的基本品质和行为准则。公道正派的核心是公平正义，而公平正义恰是永恒追求的社会风尚，它体现真、善、美的全部内涵。"天地有正气，杂然赋流形"，天地之间有一种正气，正是靠这种正气，万物才得以生生不息、生长流传。当公平正义的阳光洒向每个角落时，社会信任才会蓬勃生长、社会活力才会竞相迸发、公民美德才会蔚然成风，个人的出彩人生才能汇入社会主义现代化建设的美好图景。因此，公道正派既代表个人的美好品行，也彰显社会正义之美。

（四）清正廉洁

1. 清正廉洁是正气之源

清正廉洁既是为政之本、为官之道，也是做人的基本底线、正气之源。清正廉洁是指一种廉洁自律、为人正直、秉公办事、不徇私情、不谋私利、清白做人的精神状态和行为方式，往往与贪得无厌、贪赃枉法相对。在贤人志士看来，为政的第一要求就是为官正派，要求为政者做到公私分明、去私为公，不能把公权作为谋取私利的手段，不能假公济私、以权谋私、因私废公。

保持清正廉洁，反对贪污腐败，是中国共产党一贯坚持的鲜明政治立场，也是马克思主义政党区别于其他政党的显著特征。党内法规体系对党员行为规范做出了严格要求，特别强调党员和领导干部要保持清正廉洁的政治本色。共产党员保持清正廉洁，就是要把党和人民的利益放在首位，严格遵守党纪国法，坚持高尚的精神追求，永葆浩然正气，清清白白做人，明明白白做官。毛泽东曾指出："共产党员在政府工作中，应该是十分廉洁、不用私人、多做工作、少取报酬的模范。"

当前，我国处在实现第二个百年奋斗目标新的赶考之路上，面对新形势和新任务，大力弘扬求真务实精神、大兴清正廉洁之风，显得十分重要和紧迫。首先，清正廉洁是巩固党的执政基础和执政地位的坚强保证。不断加强党的作风建设，提高党的领导水平和执政水平，确保党始终成为中国特色社会主义事业的坚强领导核心并引领中国社会前进的方向。其次，清正廉洁是永葆党的先进性和纯洁性的内在要求。只有建设一支清正廉洁、忠诚担当的干部队伍，中国共产党才能得到人民群众的衷心拥护和广泛支持，才能产生强大凝聚力和战斗力，才能团结带领各族人民不断从胜利走向胜利。最后，清正廉洁是国家各项事业不断取得新胜利的根本保证。广大党员特别是领导干部从事的工作不仅关乎个人，而且关乎人民群众的根本利益，影响社会发展全局。党员在履行职责的过程中面对各种风险考验和诱惑，必须有较好的职业操守才能在关键时刻顶得住、站得稳，才能把中国特色社会主义事业不断向前推进。

清正廉洁，不仅是每个共产党员应有的政治品质，也是人民群众应该坚守的做人底线，是社会主义合格劳动者和优秀公民的内在要求。作为职业道德的重要方面，清正廉洁在一定程度上体现劳动者的综合素质，因此无论是谁，从事何种岗位、何种职业，都应把清正廉洁作为工作的信条，把清正廉洁作为人生的追求，要以成为一个"清白的人"作为理想和目标，贯穿工作和生活的全过程。

2. 清正廉洁是一种高贵的品质，展现人性自律之美

清正廉洁既是一种自律的能力，也是一种高贵的品质。清正廉洁不仅体现"欲修其身者，先正其心"的正直品格，而且体现"出淤泥而不染，濯清涟而不妖"的高尚情操。一心为公自会宠辱不惊，两袖清风方能正气凛然，不管是普通公民还是公职人员，都要谨守本分，只有这样，才能踏实处世。在物欲横流的时代，唯有清廉者才能克制自己的行为、抵制不良诱惑，保持洁身自好。这种强大的自律能力源于他们自身清醒的思想认知以及顽强的自我控制能力。清正廉洁是追求美德之人的一种魅力，展现人性自律之美。

第二节　职业道德美

职业道德是社会道德体系的重要组成部分，良好的职业道德是每个从业者都必须具备的基本品质。职业道德美要求从业者在职业生活中积极践行以爱岗敬业、诚实守信、办事公道、热情服务、奉献社会为主要内容的道德规范，鼓励从业者做一名合格建设者，在职业生活中体验并践行劳动之美、奉献之美、诚信之美，以职业成就精彩人生，创造美好生活。

一、职业道德的内涵价值

（一）基本内涵

职业是人们在社会中所从事的、作为主要生活来源的工作。根据马克思主义的观点，职业道德源于社会生产力的发展，是随着社会分工和职业的出现而产生的。恩格斯指出："实际上，每一个阶级，甚至每一个行业，都各有各的道德。"[①] 职业道德的概念有广义和狭义之分。广义的职业道德是指从业者在职业活动中应该遵循的行为准则，涵盖从业者与服务对象、从业者与职业、职业与职业之间的关系。狭义的职业道德是指在一定职业活动中从业者应遵循的、体现一定职业特征的、调整一定职业关系的职业行为准则和规范。总体来说，职业道德是从业者道德准则、情操与品质的总和，主要包括忠于职守、乐于奉献，依法行事、严守秘密，公正透明、服务社会等内容。

（二）当代价值

1. 重视职业道德是提高从业者素质的必然要求

古人有"三不朽"，即立德、立功、立言。立德居于首位，说明"德"是做人、做

---

① 恩格斯. 路德维希·费尔巴哈和德国古典哲学的终结［M］. 北京：人民出版社，1972：236.

事、做学问的基础。职业道德是"德"在职业中的具体体现，是从业者在职业生活中应当遵守的基本规范。培养具有职业道德的从业者、促进职业发展是职业道德作用的主要表现之一。职业道德不仅可以规范从业者的职业行为，促进从业者提高对本职工作的事业心、责任感，鼓励从业者积极钻研业务、提升职业技能，而且能有效调节从业者与他人、服务对象、社会和国家的关系，从而形成和谐有序、团结协作的良好工作氛围，鼓励从业者立足岗位，多为国家做贡献。从业者只有在职业生活中始终把职业道德放在首位、养成职业道德的自觉意识、形成遵守职业道德行为规范的观念和品质，才能提高专业技能、净化心灵，最终实现个人素养的全方位提高。

2. 重视职业道德是规范行业发展的重要举措

"业无德不兴"。任何行业的发展，都离不开道德约束，职业道德可以规范行业发展的秩序。在社会主义市场经济条件下，职业道德规范受到进一步重视，各行各业都形成了适合本行业发展的道德规范。从业者必须重视和加强职业道德建设，只有每个从业者提高职业道德修养，社会整体道德水平的提高才有坚实的基础，行业健康可持续发展才有依托，社会的文明程度才会保持在较高水平。

3. 重视职业道德是形成良好社会道德风尚的重要基石

社会进步离不开精神文明的高度发展，道德建设是精神文明建设的重要组成部分，良好的职业道德有利于促进社会道德风尚和社会文明程度的提升。职业道德对全面反映社会的经济、政治、思想文化等方面情况有着极其重要的作用。可以说，职业道德的高与低、好与坏是社会道德风尚的"窗口"。因此，加强职业道德建设、弘扬高尚的职业精神，不仅可以提高个人道德水平，而且可以直接带动形成社会良好道德风尚。行业与职业是形成良好社会道德风尚的重要载体，如果每个行业、每个职业都具备良好的职业素养、职业技能，优良的社会道德风尚就会自动形成。

二、职业道德美的表现

（一）忠于职守、乐于奉献

1. 忠于职守、乐于奉献是职业道德规范的核心

忠于职守是职业道德规范的首要条件，是对从业者的一种基本要求，体现从业者的工作态度和工作水平。忠于职守是从业者做好本职工作的前提条件，它要求从业者对自己所从事的职业有着深厚的感情，由热爱本职工作而生发出尽心尽力、尽职尽责干好工作的内在动力。一个人只有忠于自己所从事的职业，才能主动、勤奋、自觉地学习所需的知识技能，才会把在工作中的智力与体力付出看成人生的乐趣，而不仅仅是谋生的手段。同时，忠于职守还体现在忠于岗位上，从业者要"干一行、钻一行、精一行"，在工作中做到精益求精。

职业是社会需要的产物，任何职业都离不开社会。乐于奉献要求从业者把自己的职业行为与社会发展、国家强盛以及人类进步相联系，通过劳动为社会做贡献，并在社会贡献中找寻自身价值。乐于奉献是一种精神、一种品格，是中华民族的价值追求。

尽忠职守
践初心

"先天下之忧而忧，后天下之乐而乐""为天地立心，为生民立命，为往圣继绝学，为万世开太平""人生自古谁无死，留取丹心照汗青"等名句经久流传，都表达了作者将自己奉献于社会的追求。新中国成立以来，中国人民继承和发扬乐于奉献的优良传统，不断开创党和国家事业发展的新局面。

2. 忠于职守、乐于奉献体现乐业之美、无私情怀

忠于职守、乐于奉献是从业者对待工作时良好的职业态度，是一种强烈的社会责任感，充分体现了从业者的乐业之美、勤业之美、实干之美以及服务人民、奉献社会的无私情怀。乐业之美就是从业者乐意从事本职工作，并能在工作中获得乐趣。一个人忠于职守，必然发自内心地喜欢自己的职业，对所从事的职业具有强烈的认同感，能够真正感受工作所带来的乐趣。勤业之美就是从业者专心致志、脚踏实地、勤勤恳恳的工作态度并由此展现优良的精神风貌。实干之美就是从业者面对工作的积极态度与切实行动，即从业者勤勉踏实、精益求精的工作态度并由此获得的社会实效和良好评价。服务人民、奉献社会是一种不求回报、不怕牺牲的利他行为，奉献社会的最高境界就是大公无私。从业者能否实现自身价值，在于其做出的社会贡献，在于其对他人、集体、社会以及国家的付出。忠于职守、乐于奉献是每个从业者都应该坚守的职业道德。每个从业者都应以无私奉献的高尚情怀为人民服务、为社会主义事业服务。

（二）依法办事、严守秘密

1. 依法办事、严守秘密是职业道德的基本规范

"法者，治之端也"。依法办事，既是落实全面依法治国战略部署的具体行动，也是从业者做好本职工作的核心环节，是职业道德的基本规范。所谓依法办事，就是一切社会关系的参与者都必须在法律规定的范围内活动，按照法律的规定办事。职业道德的"法"，既有国家法律，也有行业规则、企业的规章制度。依法办事不仅是一种待人处事的方式手段，而且是一种不徇私情、秉公执法的责任担当。在一些情况下，不依法办事的背后就是某些人利益的考量，往往谋求的是不正当利益。依法办事要求各行各业的从业者将法治思想融入人格修养、将规则意识融入日常、将依法办事融入工作全过程，坚守法律信仰，对法律心存敬畏、不任性妄为，严格依照规章制度开展工作，敢于较真碰硬，做到对事不对人。只有当办事依法、遇事找法、解决问题用法成为人们的共识，"依法办事"的职业道德规范才会受到普遍的认可与遵循，社会主义法治建设才会有光明的前景。

严守秘密是职业道德规范中一项重要的准则，也是从业者卓越工作能力的体现。严守秘密是指严格依照相关规定，保存、守护在一定时间内只限一定范围的人员知悉的事项。作为公民要保守国家秘密，坚定维护国家和人民的利益；作为从业者要保守职权范围内的秘密，将守护职业秘密作为重要使命。严守秘密要求从业者不得将从业过程所获得的秘密为己所用，更不得对外泄露以谋取利益，做到不该说的话不说、不该做的事情不做。同时，严守秘密要求从业者有坚定的政治立场、有过硬的业务本领，要经常开展业务学习，防止因无知而泄密；要认真履行各项保密规章制度，防止因疏忽而泄密；要加强自省自查，发现异常及时处理，防止因失控而泄密。

2. 依法办事、严守秘密体现规则之美、诚信之美

法律是行为的准绳，依法办事就是用法律的准绳去衡量、规范、引导个人行为与社会生活。依法办事是推进社会治理的重要手段，它不仅是职业道德规范，而且是实现美好生活的前提。在职业生活中坚持依法办事、严守秘密，可以确保从业者在任何情况下都抵得住诱惑、经得起考验、留得住清白。依法办事、严守秘密是行动的指南，能够让从业者始终保持清醒的头脑，随时警醒、告诫自己：忠诚履行自己应尽的义务，不做违法乱纪之事、不做有损国家和人民利益的事，清清白白做人、干干净净做事。依法办事、严守秘密还是强大的社会正能量，有利于推动全社会形成讲规则、讲诚信的良好风气。依法办事、严守秘密体现从业者重规则、守信用的职业品质，展现人性的真诚之美、处事的规则之美。

（三）公正透明、服务社会

1. 公正透明、服务社会是职业道德规范的根本要求

公正透明是指从业者在处理本工作岗位相关问题时，以同样的标准对待，且过程公开、有迹可循。公正透明是职业道德规范的根本要求，其中公正是目标与结果，透明是过程与手段，只有过程公正透明才能避免暗箱操作，最终才能实现结果公平公正。公平公正是中国优秀传统文化中一个重要的理念，如班固在《白虎通德论》中提出："公之为言公正无私也"，倡导对公正无私的追求；明代思想家薛瑄在《从政录》中说道："公则四通八达，私则一偏而隅"，阐明办事公正的益处与徇私枉法的危害。如今，公正透明成为职业道德规范的根本要求，旨在希望从业者待人处事时能坚持客观公正，在面对金钱的诱惑、人情的束缚以及负面环境的影响时，坚持大公无私、不徇私舞弊，对人讲公道、对事讲原则。

服务社会则指的是为广大人民群众和社会集体的利益付出，想群众之所想，急群众之所急，与群众同甘共苦。服务社会是职业行为的根本出发点和落脚点，是新时代职业道德建设的主要内容。我国是人民民主专政的社会主义国家，人民是国家的主人。社会中的每一份工作都是为人民服务、为社会服务的，都是社会正常运行不可或缺的。从业者不仅是为社会提供服务的服务者，也是接受服务的受益者。每个从业者不论能力大小、分工如何，都立足岗位以不同的方式服务社会，为社会做贡献。在社会主义条件下，当我们在为人民服务时，人民中的其他成员也为社会包括我们服务，因而，服务社会也是服务自己。中国共产党的宗旨是全心全意为人民服务，它要求始终坚持以人民为中心，永远把人民对美好生活的向往作为奋斗目标。

2. 公正透明、服务社会体现公正之美、和谐之美

公正是社会主义核心价值观的重要内容，是人们美好生活的理想与目标，而服务人民、奉献社会亦是中华儿女津津乐道的传统美德，这些理应成为职业道德的基本要求。从业者在工作中应做到公正、公平地对待任何人与事，不谋私利、不徇私情；同时，应做到为他人着想，在自己的岗位上恪尽职守，热忱地为他人与社会服务，在服务社会的过程中努力实现自身的价值。从业者将公正透明作为自己为人处事的标尺、将服务社会作为自己人生的奋斗目标，体现的正是公正之美、和谐之美。

第三节　社会公德美

社会公德是社会道德体系中的重要部分，是公民应有的品德操守，是维持社会正常有序、健康运行的基本保障。社会公德美就是要在社会公共生活中大力弘扬真、善、美，推动践行以文明礼貌、助人为乐、爱护公物、保护环境、遵纪守法为主要内容的品德要求，努力营造良好的社会公德氛围，以德为美、以善为美，让"求真、向善、唯美"成为一种社会新风尚。

一、社会公德的内涵价值

（一）基本内涵

社会公德作为经济社会发展的产物，属于上层建筑的组成部分，是人类社会生活最基本、最广泛、最一般关系的反映。《公民道德建设实施纲要》指出，社会公德是全体公民在社会交往和公共生活中应当遵循的行为准则，涵盖了人与人、人与社会、人与自然之间的关系。社会公德是基本的社会交往规则，是保证社会和谐稳定的一种道德规范。随着现代社会公共生活领域的不断扩大，社会公德在维护公民权益、公共秩序，保持社会稳定方面的作用更加突出，并成为公民道德修养水平和社会文明程度的重要表现。

（二）当代价值

1. 社会公德建设有利于良好人际关系的形成

人际交往是社会生活中重要的实践活动，是外在道德与内在道德相统一的体现，是道德建设所要调整的重点内容。社会公德在人际交往中发挥指引、调节与约束的作用，为和谐人际关系的形成提供了重要支撑。社会公德建设的目的是培养人、成就人，良好的道德有助于建立和谐的人际关系，为个人健康发展创造有利的外部环境。以文明礼貌、助人为乐等为主要内容的社会公德建设有助于人际交往中和谐、友好、亲密等积极因素的出现，也有助于个体外在良好社会形象的塑造和内在高尚道德品质的涵养。只有每个公民都将社会公德纳入自己的行为准则与规范，人际交往的过程与方式才会更加和谐有序，良好的人际关系才会在全社会得以形成。

2. 社会公德建设有利于社会的和谐稳定

社会主义和谐社会的表现形态就是道德化的社会，因而强调社会公德建设不仅是正当的，而且是实现和谐社会的重要组成部分。必须加强社会公德建设，以社会公德滋养社会环境，为和谐稳定社会的建设提供保障。和谐社会是人与人、人与社会、人与自然有序发展的社会，而作为维护社会正常生活秩序的基本行为规范，社会公德也恰好涵盖了人、社会、自然的相互关系，体现了和谐社会的基本特征要求。因此，充分发挥社会公德的作用，才能确保社会安定、有序、健康发展。

3. 社会公德建设有利于国家的繁荣发展

"国无德不兴"，一个国家如果没有国民素质的积淀和道德力量的支撑是很难走向兴盛的。国家的未来靠发展，发展的关键靠人民，人民良好的社会公德意识是维系社会稳定和国家发展的重要基石。社会公德建设有利于实现中华民族大团结，凝心聚力共创美好未来。加强社会公德建设，培养公民的公德意识、公德情感，引导其承担公德责任，最终促使其知行合一并转化为公德实践。当社会公德对公民的人生观、价值观、世界观实现积极的引领作用之时，整个社会必然会产生联动效应，有着充盈精神世界的公民将会以极大的热情参与国家事业的建设，进而推动国家繁荣昌盛。

二、社会公德美的表现

（一）文明礼貌

1. 文明礼貌是社会进步的重要标志

文明礼貌是为维系社会正常生活而要求公民共同遵守的基本道德要求。它是人们在长期共同生活和相互交往中逐渐形成的处理人与人之间关系的一种行为规范，是社会良性运转必不可少的交往规则，表现个人的文化素养和修养。

"文明"一词最早出自《易经》："天下文明。""文"通"纹"，是指"纹理"或"裂纹"，借指规律、走势或道理；"明"，即光亮，通透，给人光明。"礼"意指"礼仪""礼节"，是人们日常生活中应当遵守的礼仪要求和准则。"貌"指"面容""外表""状态"，即人的外观形态、模样及神态。文明礼貌则是人们在日常生活中应遵循的规则，是个人素质、文化教养、精神品德的集中体现。

2. 文明礼貌是一个国家精神文明的重要标志

文明礼貌是社会进步的展示窗，反映一个国家、一个民族的精神风貌和整体素质，是当前社会主义精神文明建设的重要着力点，体现社会主义核心价值观的现实追求。只有全体公民讲文明、树新风，国家精神文明建设才能提档升级。文明礼貌是社会安定和谐运行的基础。文明礼貌是个人道德修养的标志，是社会安定和谐运行的基础。然而个人气质和教养的形成不是一蹴而就的，是日积月累的结果，需要公民在生活中躬身实践，在落细、落小、落实上多下功夫。

3. 文明礼貌展现行为的规范之美、礼仪之美

文明礼貌是一种高尚的道德追求，是中华民族的文化传承。文明礼貌在日常生活中无时不有、无处不在，它展现公民个人的涵养与修为。语言文雅、举止庄重是文明气质的外在表现；不卑不亢、不矜不伐是文明气质的内涵修养。文明礼貌是重视道德之人由内而外展现出的行为规范之美、语言艺术之美。公民在生活中要时刻保持内心的自省，从细节着手，既要防微杜渐，亦要滴水成河，将文明礼貌融入社会生活、融入美好人生。

（二）助人为乐

1. 助人为乐是社会主义人际关系的本质特征

助人为乐是中华民族重要的精神标志之一，是一项重要的社会公德；助人为乐亦是社会主义社会和谐人际关系的集中体现，它体现互帮互助的集体主义价值观，以及扶危济困的道德观。所谓助人为乐，就是帮助他人、成就他人，并在帮助他人的过程中实现自我满足。

助人为乐是中华民族传统伦理道德思想的精华，对中华民族的精神文明发展产生了深远持久的影响。助人为乐是中华民族优秀传统文化中"仁爱"思想的生动体现，《论语·雍也》中子曰："赤之适齐也，乘肥马，衣轻裘。吾闻之也，君子周急不继富。"《礼记·坊记》中子云："君子贵人而贱己，先人而后己，则民作让。"这些论述反映的就是与人为善的仁爱之心，体现的是守望相助、扶危济困的美德。"乐善好施""一方有难，八方支援""远亲不如近邻"是根植于中华儿女内心深处最朴实无华的传统美德。

人的本质是一切社会关系的总和。在现实生活中，作为具体社会存在物的个人是不可能孤立生存的，需要在一定的人际关系中生活。在生活中，每个人都难免遇到一些困难、矛盾和问题，这时就需要得到别人的关心、支持与帮助，互帮互助成为人们共渡难关的重要保障。同时，建立在社会主义制度基础之上的道德规范，是代表广大劳动人民根本利益和长远利益的先进道德规范，它以"为人民服务"为核心、以集体主义为原则，这也为"一方有难，八方支援""人人为我、我为人人"等美好互助理念的真正实现奠定了坚实基础。

2. 助人为快乐之本，体现奉献之美

助人为乐是人们"将心比心""换位思考""乐善好施"的情感表达，体现合作共赢之美。在生活中，个人无论如何富裕，也有困顿的时候；无论如何强大，也有虚弱的时候。当别人身处困境时，我们应伸出援助之手，给予真诚的帮助与关怀；当我们遇到困难时，也能得到他人热情的帮助。从这个意义上讲，"助人"也就是"助己"。"赠人玫瑰，手有余香"，帮助别人，我们收获快乐与满足；受人帮助，我们心怀感恩与敬畏。助人为乐展现成就人、尊重人、爱护人的分享之美、奉献之美，反映了人们向上向善的美好价值追求。助人为快乐之本，我们应将这种忘我的奉献精神贯穿自己生活的始终，并作为为人处世遵循的原则。当互帮互助在社会蔚然成风，生活也会因此变得更加美好。

（三）爱护公物

1. 爱护公物是社会主义集体主义精神的体现

公物，即公共财物，是为公务便利或社会公共利益而存在的物品，包括一切公共场所的设施。公共财物是满足人们对美好生活需要、享受各种服务和便利的物质保障。一般情况下，公物是由劳动人民共同辛勤创造的，其所有权属于国家或者集体，因而爱护公物是指爱护属于全社会的公共财物。爱护公物是社会主义道德的反映，是每一个公民

应尽的义务，它体现个人的道德水平与境界。

爱护公物，体现传统儒家思想"仁民爱物，民胞物与"的价值追求。《孟子·尽心上》曰："亲亲而仁民，仁民而爱物。"宋代张载在《西铭》中指出："民，吾同胞；物，吾与也。"宋代学者程颢指出："仁者，以天地万物为一体。"这些观念都表明仁爱与公心、爱民与爱物是完全一致的。由人及物、由物及人，物我一体的思想在历史长河中逐渐衍化并成为中华民族爱民爱物的价值标准，也为"爱护公物"提供了理论依据。中国传统文化的特点是"以天为则"，即效法天地的德行及运行规则。"天地不仁，以万物为刍狗"，即天地是无私的，对万物一视同仁、公平公正，每一个事物都有其存在的价值与意义，不分高低贵贱。因此，人们在看待公物的时候也要保持一颗公正之心予以爱护。

2. 爱护公物，体现自爱之美、节约之美

节约，既是对公共财产的保护，亦是一种做人的美德。公物属于全体人民，它凝结着人民群众辛勤的汗水和劳动智慧。在历史的长河中，先辈创造的文明成果让世界精彩纷呈，今人的拼搏奋斗构成了当下幸福生活的基础。保护公物，是对前人与今人劳动的尊重。劳动创造了人的生产方式，也创造了劳动产品本身，这些产品体现着人类的尊严与价值，我们爱护公物就是爱人类自身，破坏公物就是否定人类自身，因而爱护公物即是自爱，体现自爱之美。爱护公物、使用公物，就要节约公物，保护公物，爱护公物亦体现节约之美。

（四）保护环境

1. 保护环境是人类健康发展的基础与关键

环境是人类生存和发展的重要基础，人类社会生活的经验告诉我们，良好的自然生态环境，对于人们的物质生活与精神生活具有重要价值。保护环境是指人类为解决现实或潜在的环境问题，协调人类与环境的关系，以保障经济社会的持续发展。

中国古人对人与自然和谐共生的关系有着深刻的认识，形成了"天人合一"的自然观以及"道法自然"的观点。孔子"钓而不纲，弋不射宿"的仁爱之心，孟子"仁民爱物"的思想，《吕氏春秋》批判竭泽而渔的短视行为，张载提出"民胞物与"的思想等，都反映出古人希望保护自然环境，构建人与自然和谐相处的良好状态。正是在这些思想的影响下，中华文明才得以连绵不断、生生不息。

人与自然和谐共生，是马克思主义生态自然观的重要组成部分。在马克思主义自然观的指引下，爱护自然生态环境，把维护自然生态平衡作为自己的道德责任，已成为现代社会环境道德的一个基本要求。《新时代公民道德建设实施纲要》将保护环境纳入社会公德之中，并且生态文明建设已成为新时代中国特色社会主义事业"五位一体"总体布局的重要内容，保护环境已然是新时代人民美好生活需要的重要内涵。

2. 以社会美促进自然美，最终达到人与自然和谐共生

自然环境自身并不涉及道德问题，由于人在自然环境中生活，人类如何对待自然环境关系人类的生存与可持续发展，因此才出现了环境正义、环境保护。从根本上说，环境问题是人的问题，是人与自然的关系问题。人的实践活动是有目的、有意识的活动，在对待自然的问题上，我们要充分发挥主观能动性，科学地认识自然规律，恰当地把握人与自然关系的尺度，不断增强人类对自然的适应能力、提高人类认识自然和改造自然的能力。我们应善待自然、尊重自然、保护自然，用社会美促进自然美，用人文之美去守护自然之美，积极谋求人类世界与自然世界的高度协调统一，构建人与自然命运共同体，实现人与自然"天人合一"、人与自然和谐共生的美好状态。

（五）遵纪守法

1. 遵纪守法是社会和谐稳定的根本保证

俗话说："不以规矩，不能成方圆"，此话强调做任何事都要遵守一定的规则，而法律则是当今社会基本的规矩和底线，是全体公民都必须遵循的基本行为准则，是建设中国特色社会主义和谐社会的基石。遵纪守法也就是遵守纪律和法律，遵纪守法的价值大多体现在社会实践和日常生活中，作为动词的"遵"和"守"，他要求人们将社会规则化为心中之戒、行为自觉。

遵纪守法是社会公德最重要、最基本的规范之一，是做好公民的标准与前提，是每个公民应尽的社会责任和道德义务。纪律或法律是社会组织正常运行的保证，社会越发展，越需要有纪律。古往今来，一切社会有组织的行为，都有纪律相约束和伴随，国家有国家的法律，家庭有家庭的规矩，行业有行业的规则。若希望这些规矩、纪律或法律真正发挥作用，就必须将外显的规范转化为内心的敬畏，让遵守规则成为一种自觉的习惯。没有内化于心，很难外化于行，习近平总书记告诫的"心有所畏，方能言有所戒、行有所止"说的就是这个道理。建设社会主义现代化国家必须秉持"法律"这根准绳，用好"法治"这个治国理政的良方。

2. 遵纪守法彰显正义之美、公平之美

法律本身所代表的是一种积极向上的公正价值观，这不仅有利于个体的自由发展，而且还能促使社会生活呈现安定、和谐、有序的状态，并促进公平、正义、民主等价值追求的实现。法律以其教育、指引、预测、评价和强制作用来调整人们的行为，使之符合一定的社会规范，最终实现言不逾矩、行不忤法，遵纪守法体现的是公民规范下的自由与社会治理的秩序之美。规则和秩序的生活给我们带来安全感，法律让生活变得更加美好，唯有法治，才能呈现更加有序、更加文明、更加美好的现代化社会主义中国。

第四节　家庭美德美

家庭是社会的基本元素，是养成个人道德的起点，也是开展美育的重要基地和摇篮。家庭美德是道德在家庭层面的要求，其目的在于引导公民成为一名优秀的家庭成员，而家庭美德美则要求公民在家庭生活中遵守伦理规范，认识美、体验美、感受美、欣赏美，塑造美好心灵，最终创造美好生活。

一、家庭美德的内涵价值

（一）基本内涵

家庭美德是指人们在家庭生活中调整家庭成员关系、处理家庭问题时所遵循的高尚的道德规范，它是以尊老爱幼、男女平等、夫妻和睦、勤俭持家、邻里互助五个方面为主要内容的道德规范体系，在维系和谐美满的婚姻家庭关系中具有重要而独特的功能。这五个方面的要求体现了新时代家庭美德建设的具体目标，为新时代家庭美德建设提供了实施方向。

（二）当代价值

1. 重视家庭美德是中华民族的优良传统

家庭是中华民族几千年来人际关系中基本的"细胞"。重视家庭是中华民族的传统，以儒家文化为主流的中华文化向来重视家庭及家庭美德的建设。《孟子·离娄上》记载："天下之本在国，国之本在家。"《大学》提出："所谓治国必先齐其家者，其家不可教而能教人者，无之。"这些论述都充分反映了中国优秀传统文化对家庭建设重要性的认识。修身、齐家看似为一人一家的小事，实则关乎治国、平天下的大事。正是中华优秀传统文化对家庭建设的重视，才在潜移默化中培育了一代代具有家国情怀的栋梁之材。

2. 重视家庭美德是道德建设的重要内容

无论时代如何发生变化，都没有改变家庭在国家、社会中的独特地位和重要功能。家庭始终是人们生活的基本依托，是国家发展、民族进步、社会和谐的重要基点。家庭美德建设是社会主义公民道德建设的重要组成，也构成了新时代中国特色社会主义的重要内容，它涵盖了夫妻、长幼、男女、邻里之间的关系，为每个公民在家庭生活的行为提供了遵循的准则。加强家庭美德建设对于社会和谐稳定发展、国家长治久安具有重要作用。

3. 重视家庭美德是个体成长的必然要求

家庭是人生的第一个课堂，父母是孩子的第一任老师。有什么样的家教，就会有什么样的孩子，家教家风的好坏对孩子个体的成长有着重要的影响。家庭教育不仅担负给孩子传授知识和人生经验的重任，而且要培养孩子的道德情感与情操，引导孩子学会"做人"。健康成长、成才是人一生的任务，家庭教育的目标就是尽可能发挥人的潜能、塑造美好心灵、成就更好的个体。家庭要为孩子的生命发展提供良好的环境与条件，要注重家庭建设，重视家风与家教，让美德成为一种习惯并伴随一生。

二、家庭美德的表现

（一）尊老爱幼

1. 尊老爱幼是家庭美德的核心内容

尊老爱幼是中华民族的传统美德，是先辈传承下来的良好家庭道德，是家庭美德的核心内容，也是中国优秀传统文化的精华。尊老爱幼体现在"尊老"与"爱幼"两个方面，与我国自古以来所倡导的"幼有所养，老有所终"理念是一脉相承的。

尊老敬老、爱老孝老不仅是一种传统美德，也是中国文化强大凝聚力和亲和力的具体体现。孟子言："老吾老，以及人之老；幼吾幼，以及人之幼"，意为我们不仅要孝敬自己的长辈，而且要尊重社会上的其他老人。1989年，我国将有着悠久历史的传统节日"重阳节"定为"敬老节"，2012年12月28日修订通过的《中华人民共和国老年人权益保障法》更以国家法律的形式明确规定了每年农历九月初九"重阳节"为"老年节"，将"老年节"入法是传统节日与尊老敬老优良传统的有效结合，对全社会敬老爱老风气的形成有着重大的促进作用。

爱幼体现为长辈对晚辈、父母对孩子的照顾与教育，既是亲情之所系，也是责任义务之所在。自古以来，中国人就特别重视家庭教育对孩子成长的影响。作为家庭成员的长者，尤其是父母，要加强对孩子的抚养与教育，既要给孩子传授知识和经验，也要传递亲情与爱意，还要塑造其良好的品德与健全的人格。只有家庭承担起帮助孩子系好人生第一粒扣子的重任，才能培养"为家庭承担责任、为他人热情服务、为社会牺牲奉献"的优秀公民。

尊老爱幼不仅是一种基于血缘或道义上的关怀，也是每个公民都必须遵守的道德准则，是公民应尽的社会责任和法律义务，是人类文明发展进步的体现，是新时代家庭美德建设的基本要求和核心内容。

2. 尊老爱幼体现的是人伦秩序美

尊老爱幼无疑是一种美德，它诠释了孝道，是儒家"以礼为法"秩序美的体现。俗话说："百善孝为先"，"孝"是人世间最大的善，尽孝的实质就是感恩，推己及人，由感恩父母扩展延伸到感恩社会、感恩自然、感恩帮助过自己的人和事。父母身体力行的尊老爱幼既为孩子树立榜样，也为孩子良好德行打下基础。只有每个家庭、每个公民都践行尊老爱幼的道德规范与要求，整个社会才会充满爱与美，社会才能和谐稳定、健康发展。同时，家长要以身作则去践行美、传承美，以榜样示范唤起孩子的情感共鸣，从而让孩子在愉悦的情感中，不知不觉地受到美德的熏陶，养成良好的品德和行为习惯，促使其身心和谐、健康发展。

（二）男女平等

1. 男女平等是家庭美德的基础条件

男女平等是衡量一个社会文明进步的重要标尺，是我国的基本国策之一。1975年第一次世界妇女代表大会上通过的《墨西哥宣言》中解释了"男女平等"的内涵："男女作为人的尊严和价值的平等以及男女权利、机会和责任的平等。"这一解释得到与会各国代表的高度认同。在这一概念中我们可以看到，男女人格的独立与权利的平等是男女平等的起点和基础。新中国成立以来，我国一直高度重视男女平等问题，早在1954年《中华人民共和国宪法》颁布实施时就将男女平等纳入其中；1995年我国正式提出并实施男女平等基本国策；2005年修订的《中华人民共和国妇女权益保障法》赋予其法律地位；2012年党的十八大第一次将男女平等基本国策正式写入了报告，这意味着男女平等实现了从"立法的确认"到"执政党意志"的全方位认证，为男女平等提供了基本保障，也为家庭美德建设奠定了基础。

男女平等是我国妇女发展的重要目标，是实现人的自由全面发展的前提。在漫长的阶级社会里，男性占有绝对的经济主导地位，女性则处于从属或附庸的地位，在家庭中也无法拥有与男性平等的地位。男尊女卑的封建社会之后，新中国以"妇女能顶半边天"为标志的妇女解放运动使得中国女性的劳动参与率、教育参与率以及家庭地位都有了大幅的提升。随着经济社会的发展，男女在经济社会中各自独立，尤其是女性经济独立使得她们有了充分参与社会和广泛就业的机会，并在这一过程中逐步获得了更多的权利和自由。如今，女性对促进社会发展发挥着越来越重要的作用。

2. 男女平等展现和谐之美

在中国优秀传统文化中，男女代表阴阳两面，刚柔并济、阴阳结合孕育万物。《周易》认为，任何生命以及任何美的产生和存在，无不是阴阳交相感应且动静相宜的。无论自然美还是社会美，都是生命意志的表现，生命的孕育、发展、变化和成熟，都具有审美意味。天地万物、物与物、人与人之间都是生命共存体，都厚涵生命意志，充满生命情趣、遍布美的意象。因此，美的存在各有所感、各有所应，其交感变应的机制不同，形态也异彩纷呈。《周易·睽卦》曰："天地睽而其事同也；男女睽而其志通也；万物睽而其事类也。"意思就是天地分离，但是它们化育万物的功能是相同的；男女性别不同，然而相互求爱的心愿是相通的。男女平等意味着阴阳的协调，展现着社会的和谐之美。

（三）夫妻和睦

1. 夫妻和睦是家庭美德的重要支撑

家庭是社会的基本细胞，婚姻则是组成家庭的基础。家庭关系以主体为标准可以分为夫妻关系、亲子关系和其他家庭成员之间的关系，而夫妻关系则是家庭的第一关系，是家庭关系中的主轴。现代社会，和睦的夫妻关系越来越成为家庭幸福美满的基础，婚姻质量已成为生活质量的决定性因素。同时，和睦的夫妻关系也成为建设家庭美德的重要支撑、是构建社会和谐的关键。

俗话说"家和万事兴"，一个家庭夫妻和睦、感情融洽，家庭才会幸福美满，万事兴盛。夫妻和睦是幸福生活的保障，而幸福生活需要夫妻之间平等相待、尊重包容、理解支持，也需要传承优良家风。首先，地位平等是夫妻之间和睦相处的基础。只有平等，才能彼此尊重；只有平等，才可能有持久的幸福。这种平等不仅体现在财产方面，更体现在人身权利方面。《中华人民共和国民法典》第五编婚姻家庭中明确了夫妻在婚姻家庭中地位平等的基本原则，它意味着夫妻在共同生活中，既平等地享有法律规定的权利，也平等地履行法律约定的义务，共同承担对家庭和社会的责任，互相尊重对方的独立人格。其次，尊重包容是夫妻和睦相处的秘诀。夫妻相处要懂得相互尊重、宽容、珍惜与忠诚，爱需要胸怀、需要容忍，要保持婚姻生活充满激情与温馨。最后，理解支持是夫妻和睦相处的重要条件。互敬互爱、理解支持是家庭幸福的源泉，需要夫妻双方在工作与生活中相互理解、互相支持。只要夫妻和睦恩爱，很多问题都会迎刃而解，幸福也会自然相随。

2. 夫妻和睦体现了包容之美

夫妻和睦是美好生活的应有之义。温馨、和谐的夫妻关系可以给家庭成员提供充分的幸福感和安全感，让孩子在成长的过程中感受到爱与呵护，体会到尊重与快乐。和谐家庭氛围的塑造离不开夫妻关系的和谐，俗话说："男女搭配，干活不累""夫妻同心，其利断金"，可见男女搭配、相互支持或者说夫妻和睦恩爱，不仅能促进工作进步、生活丰富、感情愉悦，而且是多姿多彩生活中不可缺少的部分。男女组合成家庭，则是阴阳平衡的实现，一阴一阳之中蕴含生息之道，体现生命和谐之美、包容之美。

（四）勤俭持家

1. 勤俭持家是家庭美德的显著标识

红色家风
代代传

勤俭持家是我国家庭的传统美德，是中华民族宝贵的精神财富。勤俭持家即以勤劳节约的精神操持家务，其中"勤"就是勤劳，为富足之源，人世间的一切幸福都需要靠辛勤的劳动来创造。辛勤劳动不仅能创造物质财富来满足自身生存需要，而且能创造精神财富来实现自身发展的需要。"俭"就是节俭，为兴德之本，人世间一切美好的德行都是从节俭勤勉开始的。节俭既是个人主观对待物质生活的一种克制的态度，也是一种健康向上的精神状态。

大多数中国人向来勤劳有素，节俭成习。在中华民族漫长的历史长河中，既有大量经典著作对勤劳节俭的阐释，也有勤俭持家的先进事例与典范。《论语·学而》曰："道千乘之国，敬事而信，节用而爱人，使民以时。"即执政者治理国家应该尽心尽力、信守承诺，节约财政，不铺张浪费，爱护人民。《左传》曰："俭，德之共也。侈，恶之大也。"指出俭朴是最大的美德，奢侈是万恶之首。"民生务在勤，勤则不匮"等观点，强调勤劳对于公民生活、节俭对于人生的重要意义。可见，无论是帝王还是平民百姓，都很注重勤劳节俭在治国理政、治家持家中的作用。同时，民间流传许多勤俭持家的格言与谚语，如"克勤于邦，克俭于家""历览前贤国与家，成由勤俭败由奢""静以修身，俭以养德""一粥一饭，当思来之不易；半丝半缕，恒念物力维艰"等，都反映出勤劳节俭在修身、养德、理家、治国中所发挥的巨大作用。

一个没有勤俭精神的国家是难以繁荣昌盛的；一个没有勤俭精神的社会是难以长治久安的；一个没有勤俭精神的民族是难以自立自强的。勤俭，在当今社会更显得意味深长，我们要扼制虚荣消费心理和浪费观念，倡导勤俭节约、修身齐家，将中华优秀传统和良好美德传承下去。

2. 勤俭持家既是劳动之美，也是自律之美

有了和谐的家庭，家庭成员勤俭持家，这无疑是锦上添花。进入新时代，我们应树立正确的劳动价值观、金钱观和消费观，弘扬勤劳美德，主张自律修身，创造美好生活。劳动是人类社会所特有的社会实践活动。劳动不仅创造了美的形式，而且创造了包括人类自身在内的现实美——劳动过程、劳动产品和劳动者的美。人类劳动的一切方面，凡能体现人类创造性活动的内容、体现人类自身本质力量的事物或现象，都能成为审美对象。从根本上说，人们欣赏美，就是人们从审美对象中发现了人类自身的力量并给予肯定和赞誉。生活离不开劳动创造，同时也离不开美，只有热爱劳动，善于自律、自制、自省，才能真正懂得美，欣赏美。

（五）邻里互助

1. 邻里互助是家庭美德的基本要求

邻里关系是基于地缘所形成的人际关系，是一种传统的、重要的人伦关系，对于维护社会秩序、维系人情伦理发挥了重要作用。中华民族历来具有重视邻里关系的传统，认为"远亲不如近邻""邻里好，赛金宝"，把和睦互助的邻里关系看得比黄金还重要。[①] 时至今日，邻里互助依然是新时代家庭美德建设不可缺少的内容，和谐互助的邻里关系不仅为家庭创设了安宁有序的生活环境，而且也有利于营造健康稳定的社会氛围。

自古以来，我国就有邻里和睦、互助共济的良好风尚。《论语·里仁》有曰："里仁为美，择不处仁，焉得知？"强调环境对人的影响，择邻而居是明智的选择。《尚书·蔡仲之命》："懋乃攸绩，睦乃四邻，以蕃王室，以和兄弟，康济小民。"这些都成为与邻国或邻家和睦相处的重要道德准则。从"里仁为美""睦乃四邻"的典籍，从"孟母三迁"的故事，都折射出"善邻"之贵。邻里之间守望互助的良好风尚代代相传，历久不衰，成为中华民族的传统美德。

 展阅读 · ●

六尺巷的故事

清朝时，在安徽桐城有一个著名的家族，权势显赫，这就是张英、张廷玉父子所在的张家。

清康熙年间，张英在朝廷当文华殿大学士、礼部尚书。老家桐城的老宅与吴家为邻，两家府邸之间有块空地，供双方来往交通使用。后来吴家建房，要占用这个通道，张家不同意，双方将官司打到县衙门。

在这期间，张家人写了一封信，给在朝廷当官的张英，要求张英出面，干涉此事。张英收到信件后，认为应该谦让邻里，给家里回信，写了四句话："千里来书只为墙，让他三尺又何妨？万里长城今犹在，不见当年秦始皇。"

家人阅罢，明白其中意思，主动让出三尺空地。吴家见状，深受感动，也主动让出三尺房基地，这样就形成了一条六尺的巷道。

两家礼让之举和张家不仗势压人的做法传为美谈。表面上看，张家让的是三尺通道，实际上让的是宽容，是一种美德。

这个故事对新时代邻里关系、家庭美德建设依然有着极强的道德启示和现实意义。

① 尹红领，王雪萍. 新时代家庭美德建设读本［M］. 北京：中国言实出版社，2020：155.

随着时代的变迁，人们的生产、生活方式均发生了重大变化，邻里关系也呈现新的内容与特点，但邻里关系依然是具体化的社会关系，是家庭的延伸和扩展。邻里关系不仅能反映社区居民的精神面貌和幸福指数，而且能反映社会风气和道德水平。因此，我们要继续弘扬互助精神，在处理邻里关系时做到助人为乐、宽容大度、平等互信，努力构建邻里和谐相处、健康向上的文明社区，促进家庭文明建设和社会公德建设迈上新的台阶。

2. 邻里互助是团结之美，追求的是美美与共

中国邻里文化作为东方文化中不可或缺的一部分，代表人们对美好生活的向往。在中华民族五千年的文脉中，"和睦"理念渗透其中，成为维系人与人、家与家、国与国关系的精神支柱，成为一种行事风格，成为一种传统和美德。中国著名的社会学家费孝通先生在谈及认识和处理不同文明之间关系时提出："各美其美，美人之美，美美与共，天下大同。"[1] 这一理念放在处理邻里关系上同样适用。俗话说："一个好汉三个帮，一个篱笆三个桩。"邻里之间患难相恤、守望相助不仅展示出团结的力量与美，而且会增加社区生活趣味、增添人情味，最终实现美美与共。

思考题

1. 当代大学生如何锤炼政治品德？
2. 结合生活实际，谈谈你感受到的职业道德之美。
3. 青年大学生如何践行家庭美德？

---

① 费孝通. "美美与共"和人类文明 [J]. 群言，2005（2）.

第九章

道德美的职业外延

学习目标

1. 理解人与人、人与社会、人与自然的和谐之美
2. 理解语言美对心灵美的能动性
3. 掌握职业服饰妆容搭配原则
4. 掌握面试礼仪、通信礼仪、交通礼仪、会议礼仪以及用餐礼仪

学习重点

1. 职业服饰妆容搭配
2. 面试礼仪、通信礼仪、交通礼仪、会议礼仪以及用餐礼仪
3. 人与人、人与社会、人与自然的道德伦理秩序

职业道德的内涵在于从业者的外在行为能够映射出其内在的品质和专业素养。在职场中，从业者的着装打扮、行为礼节、遵守的伦理准则、言谈交流等外在表现，无一不折射出他们的基本职业素养、工作态度以及人际交往的规范。

第一节　服饰妆容美

服饰是人的第二层皮肤，衣服的功能早已不是"穿暖"这么简单。现代社会的服饰妆容和职业密切相关。一方面，服饰妆容呈现职业特征，展现从业者积极美好的精神面貌；另一方面，职业规范从业者的服饰妆容，引导从业者的行为礼仪。

一、职业服饰的分类

职业服饰又称"工作服饰"，是现代服饰中的一个重要门类，是从业者在工作场合或工作时间穿着的、能表明其职业特征的服装和配饰，展现了从业者的精气神。根据着装对象、运用环境、代表含义的不同，可将职业服饰分为职业时装、职业工装、职业制服、职业防护服四种类型。

（一）职业时装

职业时装是在商业活动、政务活动、日常办公场合流行的一种服饰，其特点是融职业制服与休闲时装于一体。这类服饰用料考究，色彩搭配协调，款式兼具品位与潮流，造型简洁高雅，总体注重体现穿着者的身份、文化修养及社会地位。这类服饰常作为办公室工作人员服饰（见图9-1）。

（二）职业工装

职业工装是满足人体工学、便捷作业、耐磨耐脏的一种服饰，搭配帽子、手套、眼镜等安全防护配件，具备安全、卫生及实用功能，常作为制造加工业工装、工程建筑工装、安装维护行业工装、环卫绿化行业工装等（见图9-2）。

图9-1　职业时装

图9-2　建筑工人工装

（三）职业制服

职业制服是特定行业为彰显自身特色而专门设计的服饰，与其他行业明显区分。它深刻反映了行业的功能和形象。除了行业识别标志外，职业制服及其配饰还能规范从业者行为，实现行为的统一化、标准化和有序化。例如，在餐饮、娱乐和旅游等行业，以及导购、销售等商业领域，还有民航、铁路、物流等交通运输系统，科教、文体、医疗等专业领域，以及公检法、工商税务、城建环卫、国土水政、食卫动检、林政植保等行政执法系统中，都有各自独特的职业制服（见图9-3）。

（四）职业防护服

职业防护服是从职业工装演变而来，特别强化了其防护功能。除了服装，还包括鞋靴、帽盔及多种功能设备。这类服装主要应用于野外危险作业、科研实验室、生物制药车间等高风险场所。例如防尘、防水、防静电、防辐射、防酸碱、阻燃、医用隔离（见图9-4）、防暴、防寒、防压及防毒等各类防护服。

图9-3　规划馆讲解员制服

图9-4　医用隔离服

二、妆容的分类

　　精致的妆容能彰显一个人的状态和活力，使其优点更加突出，起到美化容貌、增添神采和自信心的作用。出席不同场合需要用到不同的妆容，这是为了在特殊场合让自己更大方得体。随着化妆品的丰富以及化妆技术的进步，妆容的类别也呈现出复杂化、多样化的特点。

（一）按性质和用途分类

　　按性质和用途可以将妆容分为两大类：一是生活妆，二是艺术妆。

1. 生活妆

　　生活妆是指适用于日常生活、工作和外出等场合的妆容，注重表达个人气质和个性特征，包括日常妆、职业妆、晚妆、新娘妆等。日常妆也称作"淡妆"，一般用于日常生活和工作，妆色清淡典雅，力求真实、自然美。职业妆是指应用于日常工作环境中的妆容，较日常妆更稳重、内敛、成熟。晚妆是指应用在晚会、宴会和派对等礼仪气氛浓重或欢乐气氛浓烈环境中的妆容，分为宴会妆和派对妆，前者追求高贵优雅气质，后者则更注重与派对主题的契合及妆容的立体感与夸张度。新娘妆是指在结婚典礼上新娘的妆容，主要分为中式新娘妆和西式新娘妆。中式新娘妆以大红色为主，烘托喜庆、热烈的气氛，自然红润的妆色可以表现新娘的娇羞含蓄；西式新娘妆偏向高亮度、低彩度、立体自然的华丽妆感，展现新娘的温婉优雅。

鬓云欲度
香腮雪——
职业妆

红裳霞帔
步摇冠——
晚宴妆

2. 艺术妆

　　艺术妆是指以表演或展示为目的，用来塑造各种影视、舞台、展示会中特定角色形象的妆容，主要包括舞台妆、影视妆、平面妆等。舞台妆主要分为戏剧舞台妆和展会舞台妆。戏剧舞台妆是指根据舞台特点，用夸张手法使演员符合舞台上剧中人物角色的一种化妆方法，力求缩小或弥补演员同角色在外形条件上的差距，具有夸张性、装饰性、寓意性和象征性的特点。展会舞台妆主要用于时装秀、车展等场合，其时尚感强，不拘于形式，强调面部五官的立体感，注重造型的整体感和效果。舞台妆的妆面浓淡夸张程度由舞台场地大小、观众与舞台的远近、场内灯光强弱等因素决定。影视妆包括电影和电视剧妆，是指通过化妆师运用特殊的化妆技巧和合理的造型设计让演员形象更加贴合角色和剧情的妆容。影视妆包括病态妆、老年妆、伤口妆、特效妆等。为了达到较好的妆容效果，化影视妆时还需要使用特殊的道具、颜料、配饰等。此外，影视妆需要把握好整体影视妆容设计，要与影视背景、情节相称。平面妆是指平面广告的妆容，多见于时尚杂志、海报、产品推广设计等，注重形象特质与设计相结合。由于平面妆是在影棚的灯光下进行拍摄，因此对妆面修饰感要求较高。此外，平面妆具有强烈的流行性、时代性、创意性等特点。

（二）按色度分类

从颜色的浓淡程度可分为淡妆和浓妆。淡妆主要是以自然面目为基础，稍做修饰，旨在提升容貌美感并凸显个性之美，它更常被应用于日常和职业场合。而浓妆，顾名思义，其色彩更为浓厚，对比也更为明显，立体感十足，它通常会对五官中的某一特点进行重点突显，整体效果相较于淡妆会更为夸张与浓烈。

三、职场服饰妆容搭配

服饰搭配
技巧

俗话说："人靠衣装马靠鞍"，无论是在职场还是在日常生活中，恰当的服饰妆容搭配都能给人留下深刻的印象。相反，如果搭配不当，不仅会有损个人的形象，还可能对所在企业、单位或团队的声誉造成不良影响。因此，深入理解和掌握职场服饰妆容的搭配原则，对于个人的职业发展来说，是至关重要的。

（一）职场服饰妆容搭配原则

职业装
搭配技巧

现代职场中的服饰妆容搭配一般采用"TPOR原则"，即时间（Time）、地点（Place）、场合（Occasion）、角色（Role）；除此之外，还讲究统一协调、整洁平整、色彩搭配原则。

1. 时间原则

职场服饰妆容搭配要适应早晚、季节和时代的变化。白天工作时，应穿着与工作性质相匹配的职业时装、职业工装或职业制服等，妆容应选择日常妆或职业妆等淡雅妆容，以体现职业性和专业性。晚上出席宴会或其他与工作相关的活动时，须穿着有光泽感的晚礼服，戴上有光泽的配饰或领带等，选择搭配立体典雅的宴会妆。

春、夏、秋、冬四季的温度、湿度均有差异，自然环境也有所差异，也应根据不同季节穿着不同面料、风格的服装，同时搭配相应的配饰和妆容。例如，冬天可以搭配呢子大衣，选择暖色调妆容，这样可以在寒冷的冬季给人温暖的感觉。

在不同的时代、不同的社会，人们有着不同的时代观念和不同的物质需求，服饰妆容也应适应时代变化。例如，1980年电影《庐山恋》公映后，连衣裙成为女孩们钟爱的时装。

2. 地点原则

服饰妆容搭配的地点原则也可称为"环境原则"。工作地点可以是室内或室外、闹市或乡村、国内或国外、单位或家中，不同的工作地点，服饰妆容搭配也有所不同。例如，穿着很正式的职业装，搭配精致的妆容到室外建筑工地开展工作，会给人拘谨、奇怪的感觉。根据不同地点选择不同着装，是适应周围环境、融入社会关系、尊重他人的一种表现。

3. 场合原则

根据场合着装是职场着装礼仪最重要的规则，一般将场合分为3类：正式场合、半正式场合和非正式场合。职场中的会议、宴会等属于正式场合，服饰妆容搭配要严谨、庄重；办公室、午宴、一般性拜访则属于半正式场合，服饰妆容搭配要严谨、可适度变化。穿着背心和人字拖出入写字楼等商业气氛浓厚的办公场合会给人不专业、没责任心的感觉。

4. 角色原则

职场人士在进行服饰妆容搭配时，首先应了解自己的职业性质或者公司企业文化，明确自己的职位，使自己的服饰妆容与职业性质、公司的文化相协调，同时也与自己的职位相符。值得一提的是，在进行服饰妆容搭配时，不需要过度追求名牌或者奢侈品，应更多地关注服饰和化妆品的质量。

（二）职场服饰妆容色彩选择

色彩是通过眼、脑和我们的生活经验所产生的一种对光的视觉效应。色彩在服饰妆容搭配中起着举足轻重的作用，因此在学习服饰搭配技巧前，需要先认识色彩。认识不同的色彩，必须先了解色彩的3个基本要素：色相、明度和纯度。

色相是指色彩的相貌，如"红色相""绿色相"，在生活中往往把"相"字省略，说成"红色""绿色"。使用色相环就能快速而准确地找到色相之间的关系，从而对服饰妆容采取有效的色彩搭配。色相环（见图9-5）中的三原色是红色、黄色、蓝色，形成一个等边三角形，是调配其他一切颜色的基础色。红色、黄色、蓝色两两混合得到3个二次色：橙色、绿色、紫色，红色和黄色混合得到橙色，黄色和蓝色混合得到绿色，红色和蓝色混

图9-5　十二色相环

合得到紫色。三次色则是由前面6个色相中两个相邻色混合而得，如原色黄色和二次色橙色混合得到黄橙色，像这样的颜色还有黄绿、蓝绿、蓝紫、红紫、红橙，共6个三次色。将三原色、3个二次色、6个三次色组合在一起，就形成了"十二色相环"。

明度是指色彩的明亮程度，可以通俗地理解为颜色中混合了多少白色或黑色颜料。从左至右，随着黑色颜料的增加，色彩的明度逐渐降低（见图9-6）。这种明度的变化直接影响着我们对颜色的视觉感知。

图9-6　红色明度色卡

纯度是指色彩的饱和度，是衡量颜色深浅、鲜艳程度的一个重要指标。我们可以清晰地看到，从左至右，颜色的纯度逐渐由高变低（见图9-7）。高纯度的色彩通常显得更加鲜艳、明亮，颜色表达得更加纯正，因此也更容易被我们分辨和识别。低纯度的色彩往往显得更加灰暗、柔和，颜色之间的界限也变得不那么明显，从而增加了我们分辨颜色的难度。因此，了解并掌握纯度的概念，对于我们更准确地理解和运用色彩具有重要的指导意义。

图9-7　红色纯度色卡

色彩搭配有讲究

色彩搭配效果理论指出，单独一种颜色并没有所谓的美丑，只有将两种以上的颜色放在一起时才会有美丑的感觉。如何将两种以上颜色进行搭配并产生美好的视觉效果呢？下面介绍几种色彩搭配方法。

1. 同色系搭配

同色系是指同一个色系里面的两种或两种以上颜色，如深红与浅红、墨绿与浅绿等。同色系颜色只要明度、纯度协调，就能够体现一种渐变的层次感，展现一种规律美。职场中同色系服饰妆容搭配能将高级感发挥得淋漓尽致，协调整体的色彩不仅显得质感十足，同时能增强职业自信。在职场中，将同色系的服饰妆容搭配在一起一般不会出错，如粉红配玫红、橙色配棕色、米色配咖啡色等。同色系的变化搭配是职场服饰妆容搭配最简单易行的方法之一。

2. 相邻色搭配

相邻色是指色相环上相邻的两种或三种色，如黄色与橙色、红色与紫色等。相邻色搭配既弥补同色系搭配较为单一的不足，又具有和谐、素雅、柔和的特点。选择相邻色作为服饰搭配的技巧时要注意：一方面，两种颜色在纯度和明度上要有一定的区别；另一方面，要把握好两种色彩，使之互相融合，取得相得益彰的效果。

3. 互补色搭配

互补色是在色相环中呈180°对角的两种颜色，如红色与绿色、黄色与紫色、蓝色与橙色等。互补色搭配的对比效果强烈，给人一种华丽之感。互补色搭配需要缩小一种颜色或者两种颜色的面积，小面积的强烈对比非常吸引眼球。例如，整体服装是红色的，那么可以搭配一个绿色围巾或手包。还可以提高互补色的明度，产生强烈的吸引力；或是降低互补色的明度，给人一种沉稳、协调的感觉。

4. 无彩色搭配

色彩分无彩色系和有彩色系两类，无彩色系是指黑、白、灰色3种颜色。人的视觉系统的生理特征导致人对于无彩色系的认知负担最小。因此，无彩色系和其他任何色彩都可以完美协调，这使得广大职场人士更加偏爱无彩色系。无彩色搭配主要有黑白搭配、黑灰搭配、灰白搭配。有彩色搭配主要有白色搭配彩色、灰色搭配彩色。

（三）如何搭配职场服饰妆容

职场服饰妆容搭配一般力求简洁、协调的搭配方式。除了考虑肤色、体形、个性等因素，还需要考虑从业者的年龄、工作性质以及职位等因素。

1. 不同职业的搭配建议

服务行业从业者服饰适合具有亲切感的褐色或黄色等温和的暖色系，或是不具有威胁性、友善的无彩色系。妆容应选择日常妆或职业妆，取得服务对象的喜欢、好感与信任。

行政管理人员服饰应简洁大方，以同色系或无彩色系为主，颜色不宜太过艳丽，以免影响自己和他人的情绪、判断力及工作效率。服饰搭配应更注重细节与品质，以增强他人对自己工作能力的肯定及信赖。在妆容上应选择较为立体典雅的职业妆，可以适当凸显自身个性。

企业办公人员适合选择剪裁大方合体、色彩柔和淡雅的服装，给人一种舒适稳重的感觉，同时搭配小巧配饰点缀。应选择淡妆，不宜过分张扬个性。

影视广告创意设计人员搭配服饰妆容的随意性较大，色彩搭配或者样式都力求张扬自己的个性和创造力。

2. 不同场合的搭配建议

求职面试时，黑色、灰色等较为沉稳的套装属于首选，可以给人留下稳重、干练的印象。面试时虽不能太随意，但也可以有自己的风格。例如，用简约的丝巾或胸针搭配服饰，或通过灵活的色彩搭配给面试官留下良好的印象；妆容应配合服饰的色调，选择淡雅的职业妆。

宴请客户时，最重要的是尊重客户。服装款式应讲究细节，选择适合自己风格和品位的衣服，体现东道主的热情。可以将重点放在包和鞋上，搭配小巧精致的皮包，穿着质地较好的高跟鞋或皮鞋。妆容应配合服饰颜色，典雅大方为佳。

参加高级宴会时务必仔细阅读邀请函内容，了解宴会的主题、性质及着装要求，高级宴会的服饰妆容必须与其他来宾相协调，注重展现自身典雅的气质，不宜过分华丽；可以选择淡妆或立体感较强的彩妆。常见的配饰有珍珠耳环、钻石胸针、肩式提包、手包等。

第二节　礼仪行为美

职业礼仪是在职业场合中人们应当遵循的一系列礼仪规范。恰当地应用职业礼仪有助于塑造职业形象，赢得他人的尊重。职场中的礼仪主要包括面试礼仪、通信礼仪、交通礼仪、会议礼仪及用餐礼仪。

一、面试礼仪

（一）面试前的礼仪

面试前需要做好各种准备工作：心理准备；收集应聘单位相关资料；准备资料，

包括证件照、多份求职简历、身份证、公文包、求职记录本等。其中，简历的撰写最为重要，可根据应聘单位的条件和要求，结合自身优势，重点突出与应聘单位及职位相关的经验与技能。参加面试的服饰要符合应聘者的身份。面试时，合乎自身形象的着装会给面试官以干净利落、有专业精神的美的印象。男士应干练大方，女士应庄重大方。

（二）面试中的礼仪

应聘者应比面试约定时间早到 5～10 分钟，这是基本要求，也有利于应聘者调整自身状态，并准时参加面试。应聘者进入面试房间之前，如果门关着，应聘者须轻叩两三下，当听到允许进入的回答后，再轻轻地推门进入。进门后，应聘者主动用得体的称呼向面试官打招呼，切勿急于落座，待面试官同意落座后再坐下，并回复"谢谢"。面试时的坐姿可以选择正襟危坐式：男士的双手平行搭放在双腿上，女士的双手交叠轻放在双腿上。应聘者在面试官面前不宜坐满椅面，以占 2/3 左右为宜，以示对面试官的尊敬。女士携带的手包可以放在椅子背面；男士携带的书包或大手袋可以靠放在座位右边。

在整个面试过程中，应聘者要保持举止文雅大方，谈吐谦虚谨慎，态度积极热情；表情方面，目光自然真诚，面带微笑，这样能够缓和面试过程中的紧张气氛。回答问题时，应聘者尽量做到表达流利清晰、语气平和、语调恰当、音量适中；内容详略得当、逻辑清楚、有理有据；表达方式含蓄、机智、幽默；谈话时间长短要因面试内容而定。

面试官结束面试时，往往会说一些暗示性的话语，如"很感谢你对我们单位这项工作的关注"或"我们做出决定一定会通知你"等。当应聘者听到诸如此类的话语后，应该主动告辞，告辞时应该感谢对方，也可主动握手致谢。告辞后应聘者轻声起立，并将座椅推回原位置，出单位门时还要对前台接待表示感谢。

（三）面试后的礼仪

面试结束之后，接到正式面试结果通知以前，应聘者应通过电话或邮件向某一具体负责人表达感谢。感谢内容包括感谢提供的面试机会、对应聘岗位抱有极大兴趣、希望早日收到回复等。这样做不仅是出于礼貌，还是为自己再次争取机会。

会面礼仪

如果被用人单位拒绝，应聘者应及时总结回顾面试的过程和细节，找出失误之处，思考面试中遇到的难题，找出更好地回答策略和方式。此外，应聘者还可以虚心地向面试官请教自身不足之处，以便今后改进，为下一次面试做更好准备。

（四）上岗前的礼仪

面试结束，公布录用信息后，作为职场新人，需要做好到岗前的准备工作：一方面胜任工作的心理准备；另一方面，个人相关入职资料，包括身份证、登记照、毕业证、职业资格证书等。职场新人应按要求按时报到，及时签订就业合同，了解并遵守单位的规章制度，主动与上、下级沟通感情，建立良好的人际关系，营造积极的工作氛围；工作时应脚踏实地，吃苦耐劳，积极向上，这是履行岗位职责的根本。

在日常工作和商务交往中，经常使用的通信手段主要包括发送和接收电子邮件、拨打和接听电话、发送和接收短信等。及时沟通信息，礼貌传达工作是现代职场礼仪中的必备技能。

（一）电子邮件礼仪

电子邮件（以下简称"邮件"）是一种方便、快捷的通信方式。发送邮件的主要目的是为接收者节省时间，只传递有价值的信息。邮件礼仪主要体现在主题、正文、附件以及接收与回复等方面。

主题应让接收者第一时间了解邮件的信息，因此要简明扼要。首先，主题一定不能空白，否则会失礼。其次，主题要简短，不宜过长，在简述邮件内容的同时应标注邮件的重要程度，如"紧急""急"等。一封邮件一般只有一个主题，这样有助于整理和查找。

正文部分要简洁通顺，常使用要点列表的形式。如果具体内容过多，应做摘要，并附上详细文件作为附件。根据收件人与发件人的熟络程度、等级关系、邮件是对内还是对外性质的不同，选择恰当的语气。同时应避免错别字、行文不通、使用表情及同一件事发多封邮件等问题。转发电子邮件时，要谨慎客观地评论别人的意见。

附件是对邮件正文的补充，但是附件不能随意添加。如果添加了附件，应在正文里面提示收件人查看附件。附件数目不宜超过 4 个，数目较多时应打包压缩成一个文件。

从业者应当定期查看收件箱，以免遗漏或耽误重要邮件的阅读和回复。接收邮件时，应当及时回复。一般应在收件当天予以回复，以确保信息的及时交流和工作的顺利开展。若涉及较难处理的问题，可先回复发件人已收到邮件，再择时另发邮件具体回复。若因工作或其他原因未能及时接收和回复邮件，应向对方致歉。

（二）电话礼仪

通信礼仪

电话是现代社会较为便捷的通信工具，无论是在日常生活还是在工作中都有着广泛应用，电话礼仪包括以下 4 个方面：

1. 打电话礼仪

首先，打电话时应择时通话，尽量避开非工作时间，与国外合作企业通话要注意时差问题。同时，避免在临近下班时间谈论复杂事情，以免影响工作效率。其次，电话沟通往往用于内容简单、程序明了的事情，一般应在 3 分钟内表述清楚。如果事情过于复杂，应通过电话预约面谈。在打错电话的情况下应及时向对方道歉。

2. 接电话礼仪

接听电话要及时，铃响一般不过 3 声。及时接听电话，表示对来电者的尊重。通话时应注意声音清晰，语气亲切。遇到掉线时，要及时回拨，再次接通后应表示歉意，告知掉线情况，以免让对方误会是故意挂断电话。通话结束时，应把对方的来电意图再重复一遍，加以确认，然后感谢对方来电，并礼貌说再见，这时应等待对方挂电话后再挂断电话，以表示尊重。

3. 代接电话礼仪

工作时，经常会接到找领导或其他同事的电话，而该接电话的人又刚好不在，作为同一部门或同一单位的人，代接电话是义不容辞的事情。代接电话时先告知对方要找的人不在，并告知原因，然后再询问来电者是何人、为何事，是否需要留言等。如果对方需要留言，应立即详细记录，记录完成后应重复加以确认，确认无误后礼貌挂断。代接电话后，须及时转告领导或同事来电留言，避免传递错误信息或忘记转告，造成他人的损失，甚至引起纠纷。

4. 使用手机礼仪

（1）不要随意借用他人手机，以尊重他人隐私。

（2）手机应放置在适当位置，如公文包内，避免随意挂在脖子上或拿在手上。

（3）在重要商务活动或社交场合中，应主动将手机关机或调为静音状态，以示重视和尊重。

（4）使用手机时需注意安全，遵守相关规定，如驾车时不接打电话。

（5）在公共场合使用手机时须静音，以避免干扰他人。

（6）接打电话时要控制说话音量，避免大声喧哗。

（三）短信礼仪

发短信者礼仪。短信内容尽量精简，务必传达清楚关键且容易被误解的信息，如人名、电话、地址等。如果需要回复，在结尾标明"望尽快回复"。如果是非常重要的短信，发送 5 分钟后，可以致电询问收短信者是否收到。

收短信者礼仪。收到工作业务短信时，无论重要与否，应第一时间回复确认收到。如果短信中包含的关键信息不完整，第一时间回复短信询问，注意不要拨打电话，因为对方选择发短信的方式，隐含对方现在不方便接打电话。短信中如果包含咨询、请求等信息，需要一段时间来搜集整理再回复，应先回复反馈信息的大致时间，如"收到，表格需要整理，我下班前发邮件给你，谢谢！"，这样不仅表示尊重，也方便他人安排工作。

三、交通礼仪

在日常生活或商务活动中，借助交通工具出行是基本活动。无论是乘坐公务车还是公共交通，除了遵守交通法律法规，还要遵守交通文明礼仪。

（一）乘坐公务车礼仪

乘车礼仪

1. 乘车座位礼仪

乘车座位礼仪可以分为"四个为尊，三个为上"。"四个为尊"是指领导为尊、客人为尊、长者为尊、女士为尊。"三个为上"是指安全为上、方便为上、尊重为上。乘车座位礼仪主要取决于四个因素：驾驶者、车的类型、车上座位的安全系数、车上嘉宾的本人意愿。

当主人亲自驾车的时候，一般称为社交用车，上座为副驾驶座。在这种情况下，前排座位比后排座位更为尊贵，而右侧座位则比左侧座位更为尊贵。双排五座轿车座位的位次顺序是：副驾驶座→后排右座→后排左座→后排中座（见图9-8）。三排七座轿车座位的位次顺序是：副驾驶座→中排右座→中排左座→后排右座→后排左座→后排中座（见图9-9）。

图9-8 双排五座轿车座位

图9-9 三排七座轿车座位

当专职司机驾车时，由于右侧上下车更方便，因此遵循"以右为尊"原则。同时，考虑到安全性和舒适度，后排座位通常被视为上座。因此，后排右座往往被视为最尊贵的座位，即上座。双排五座轿车座位的位次顺序是：后排右座→后排左座→后排中座→副驾驶座（见图9-10）。三排七座轿车座位的位次顺序是：中排右座→中排左座→后排右座→后排左座→后排中座→副驾驶座（见图9-11）。此外，10人以上商务车座位次序遵循"前排为上""靠窗为上"原则。

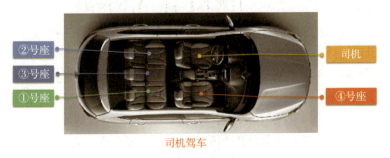

图9-10 双排五座轿车座位

①号座 ②号座 司机 ④号座 ④号座 ⑤号座 ③号座

司机驾车

图 9 - 11 三排七座轿车座位

接待非常重要客人的场合，如政府要员、重要外宾、重要企业家，上座是司机后座，因为该位置的隐秘性好，而且是车上安全系数较高的位置。

此外，在遵守礼仪规则的同时还要尊重客人的生活习惯和认知水平。例如，有时客人在并非出于谦让的情况下坐错了座位，而这种错误又不影响别的客人，就应当将错就错，尊重他的选择，这就是通常说的"客人坐的位置即为上座"的道理。

2. 上下车的礼仪

通常情况下，我们应让尊者坐上座。当男女同车时，男士应主动为女士开车门，并用手护住车顶，确保客人的安全与舒适。待客人坐稳后，自己再上车。客人入座后，应避免从同一车门上车，而是应先为客人关好车门，然后从车尾绕至另一侧车门入座。

当车辆停稳后，司机应先下车，并为客人打开车门，礼貌地请客人下车。若有门童或专人等候，则应让尊者先下车。在上下车过程中，无论男女，都应保持优雅姿态，避免弯着腰、头往车里钻、屁股对着迎送者等不雅动作。推荐采用"平行式"或"背入式"上下车，显得优雅且得体。

"平行式"上下车是指一脚先踏入或踏出车子，然后整个身体移入或移出座位，接着另一只脚再踏入或踏出。"背入式"上下车则是将身体背向座位入座，双腿同时收进车内；下车时则先转腰，再带动双脚同时踏出车外，身体背向座位移出。对于穿短裙的女士来说，"背入式"是一种既优雅又得体的上下车方式。

（二）乘坐公共交通礼仪

1. 乘火车礼仪

上火车时要遵守秩序，讲究公共卫生，注重个人形象、言谈举止等。按秩序上车，放置行李要相互礼让，主动帮助老、幼、病、残、孕等特殊旅客。在火车上不要随地吐痰、乱扔废弃物；不要脱下鞋子，更不可把脚跷放到其他座位上；不可长时间占用卫生间和盥洗间；不宜大声说笑，以免妨碍他人；不要随便打听别人，特别是年龄、婚姻等个人隐私；尽量不要食用有异味的食品，以免影响其他乘客。到达目的地时，与其他乘客有礼貌地道别，有序排队下车，应让老、弱、病、残、孕等特殊旅客先行。

2. 乘船礼仪

上下船时，由于船上的扶梯较陡，走道较窄，年轻人或男士应留意照顾女士、老人、儿童和残疾人。船在航行时，不能在舱内的走道和甲板上奔跑追逐，不要随意触摸船上的各种开关和设施，注意白天不要在船舷上舞动花衣服和手绢，晚上不要拿手电筒乱照，避免被其他船只误认为发出了旗语或信号。风浪大时，要防止摔倒。总之，乘船时要时刻保持警惕，注意自身及他人的安全，共同营造一个安全、舒适的航行环境。

3. 乘机礼仪

飞机上，不要喋喋不休、高谈阔论。坐定后，腿、脚不要伸在过道上，身体不要晃动不止。如果飞机因故晚点、停飞、返航或改降其他机场应理解和配合，切勿拿工作人员撒气，更不要因拒绝下飞机或拦截飞机起飞而触犯法律。此外，携带的手机、手提电脑等可能干扰无线电信号的电子设备在飞行过程中必须禁用，以确保全体乘客的安全。我们每个人都有责任遵守乘机规范，保持乘机礼仪，共同营造一个安全、舒适的飞行环境。

四、会议礼仪

会议礼仪是职场中最为常见的礼仪之一，是指召开会议前、会议中、会议后以及参会者和组织者需要注意的一系列行为规范，包括参会者礼仪和组织者礼仪。

（一）参会者礼仪

1. 会议前礼仪

参会者收到会议通知后，需要回复参会情况，根据自己的时间和工作安排回复能否参会，多少人参会，住单人间还是标间，是自助餐还是点餐等。参会者要事先了解会议内容、做好相关准备工作，如着装要求、是否带电脑或其他相关用品等。

会议礼仪

2. 会议中礼仪

会议前，参会者应提前5分钟到场，便于做好会前准备；会议中要端正坐姿，不要频繁翻看手机，不要交头接耳，专注会议内容，并做好会议记录。参会过程中，一般不允许中途离场，如果有非常特殊的情况需要进出会场，先退至门口，向主持人方向鞠躬致歉，然后轻声离开；返回进入时再次向主持人方向鞠躬致歉，轻声落座。特别注意的是，返回时不要敲门，轻声推门进去即可，这样可以最大程度减少对其他参会者的影响。

3. 会议后礼仪

会议结束后，参会者要把桌椅归位，带走自己个人物品，不给整理会场的人添麻烦；回到自己的工作岗位后，及时整理会议内容、尽快汇报、传达会议精神，让会议的效果真正落到实处。

（二）组织者礼仪

1. 会议前礼仪

会议前要发布会议通知、收集参会回执，确定参会人数，然后根据会议主题布置会场，准备条幅、桌椅、电脑、投影、音响、话筒、摄像头、相机等相关设备。注意接待外部人员或者组织重要会议时需要摆放桌牌。

2. 会议中礼仪

安排座次是一个重要环节，包括领导座次、代表座次和主持人座次。领导座次应遵循如下原则：无论出席的领导人数为单数还是双数，均实行单主位的排位方式。当出席的领导人数是单数时，排名第一位的领导的位置居中，排名第二位的领导的位置安排在其左侧，排名第三位的领导的位置安排在其右侧。当出席的领导人数是双数时，先确定两个居中的位置，排名第一位的领导的位置在右侧，排名第二位的领导的位置在左侧，排名第三位的领导的位置在第一位的领导的右侧（见图9-12）。

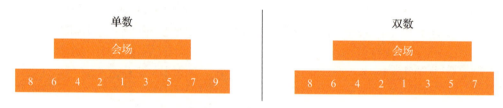

图9-12　领导座次图

代表座次与主席台相反，职务最高者居中，按先右后左、前高后低的顺序依次排列。主席台座位安排遵循以下原则：先上级后下级；先现任领导后非现任领导；要注意凸显主方位置（见图9-13）。

图9-13　代表座次图

报告会中，安排主持人和报告人在主席台就座时，当主持人与报告人级别相当，一般应将主持人安排在面对会场的左侧位置，将报告人安排在主持人的右侧位置。如果报告人是内部人员或应邀报告人的行政级别比主持人低，将主持人安排在面对会场的右侧位置，将报告人安排在主持人的左侧位置。

在涉外谈判桌上也不能忽视座次问题。一般谈判桌的摆放分为以下两种情况：原则上以面门为上、居中为上、以右为上，从图9-14中可知，客方在谈判桌离门远的一方或是进门右边，主要领导居中，排第二位领导在主要领导的右方落座。主要注意

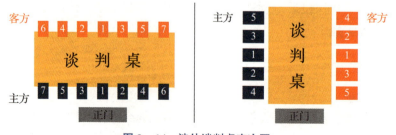

图9-14　涉外谈判桌座次图

的是，在国内谈判时，遵循"以左为尊"原则，主要体现在第二位领导在主要领导的左方落座，进门的左方为客方，右方为主方（图9-15）。

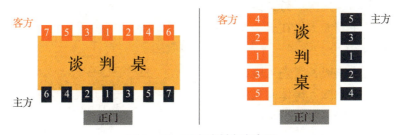

图9-15 国内谈判桌座次图

3.会议后礼仪

会议结束后，组织者需负责整理会场，确保桌椅归位、设备关闭。更为关键的是，要及时整理和保存会议资料，包括会议记录、报告和演讲材料等。此外，还需进行后续的总结与宣传工作，以确保会议成果得到有效传播和应用。这些不仅体现了组织者的专业素养，还有助于提升会议的影响力和效果。

五、用餐礼仪

无论是家庭聚会，还是商务活动，优雅、得体的用餐仪态，不仅表现个人良好的素质，而且是成功的基础。

（一）入座礼仪

中餐座次和桌次的安排一般遵循如下原则：面门为尊、以右为尊、居中为尊、以远为尊。就中餐座次而言，面向门居中的位置、主人的右侧、距离正门较远的位置都是尊贵的座位（见图9-16）。中餐桌次的安排一般以远离门、居中、面门右侧的为主桌，其余桌次的高低以离主桌的远近来界定。

用餐礼仪

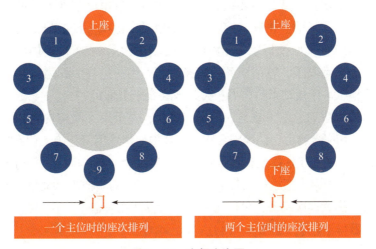

图9-16 中餐座次图

西方人请客用长桌，男女主人分坐两端，面对门且离门最远的那个座位是女主人的座位，与之相对的是男主人的座位。然后按男女主宾和一般客人的顺序安排座位。在西方，右为尊，左为次。男主宾坐在女主人的右手边，主宾夫人坐在男主人的右手边（见图9-17）。

入座时，请主宾或长者先入座，再请其他客人从旁依次入座。得体的入座方式是从左侧入座，手肘不要放在桌面上，不可跷脚。用餐时，坐姿端正，背挺直，脖子伸长，上臂和背部靠到椅背，腹部和桌子保持约一个拳头的距离，这样是为了把面前的食物送进口中时，以食物就口，而非弯下腰以口就食物。

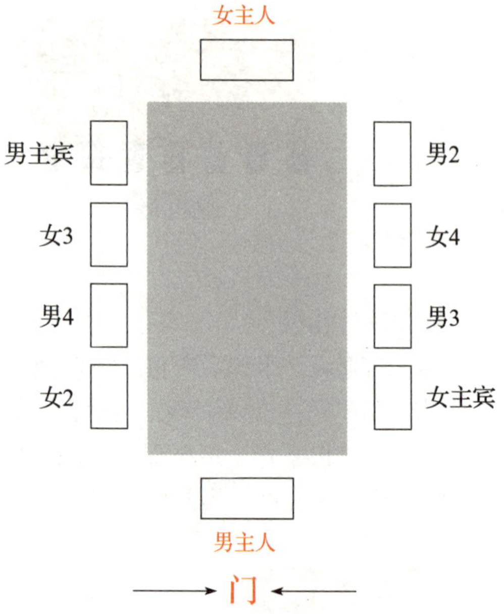

图 9 - 17　西餐座次图

（二）用餐礼仪

掌握用餐礼仪，必须先知晓中餐和西餐各有哪些餐具。中餐餐具主要有碗、盘子、杯子、筷子、勺子等；西餐餐具主要包括刀、叉、匙、盘、杯等。

1. 中餐用餐礼仪

要请客人或长者先动筷子，进餐时不要发出声音，如果出现打喷嚏、肠鸣等不由自主的声响，要说"不好意思"之类的话，以示歉意。用餐中暂时停餐，可以把筷子搁在碟子上。如果将筷子横搁在碗上，表示不再用餐，切忌把筷子插在碗中。

2. 西餐用餐礼仪

在前菜送来前的这段时间，可以把餐巾打开，向内折1/3，让2/3平铺在腿上，盖住膝盖以上的双腿部分。最好不要把餐巾塞入领口，餐巾滑落地上，可以让服务生帮忙捡起来或更换一张新的。正确的擦嘴做法是用餐巾擦拭，餐巾分正反面，通常印该店logo的为正面，擦嘴时反折餐巾用内侧来擦。擦完后，将餐巾的内侧盖住，避免其外露。如果整条布都脏了，就请服务生再换一条。用餐过程中如需暂时离开，应将餐巾叠好放在餐椅上。用餐结束后将餐巾叠好放在桌子上即可。

吃西餐时右手拿刀，左手拿叉。使用刀叉时，左手用叉固定食物，同时移动右手中的刀切食物。切完食物后，用叉将食物送进口中，切忌用刀直接叉食物吃。用餐中暂时离开，要把刀叉呈八字形摆放，尽量将柄放入餐盘内，刀口向内；等待下一盘餐上桌时，可以将刀叉呈十字形摆放；用餐结束或不想吃了，刀口向内、叉齿向上，刀右叉左并排纵放；若是满意这次用餐，可以将刀叉平行横放在餐盘中；将刀插进叉子间隙中，二者斜放说明做得不好吃（见图9-18）。

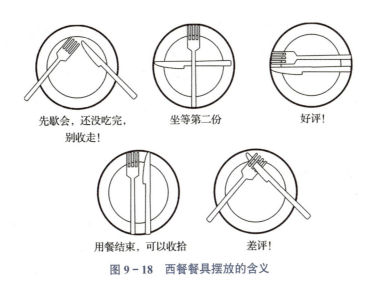

先歇会，还没吃完，别收走！　　　坐等第二份　　　好评！

用餐结束，可以收拾　　　差评！

图 9-18　西餐餐具摆放的含义

第三节　伦理秩序美

伦理即人伦关系以及维系人伦关系应该遵循的行为规范和准则。秩序包括自然秩序与社会秩序两大类，其中，社会秩序是在一定社会规范的作用下形成的社会关系的有序化状态和人们行为的规则化状态。用秩序来表达伦理关系和人们道德行为的有序化和规则化状态，即伦理秩序。伦理秩序作为道德的目的和结果，是伦理关系的特定表现形态，二者互为表里。

一、人与人之伦

人与人是相互联系，相互影响的。伦理侧重于反映人与人之间的关系以及维系这种关系应该遵循的行为规范和准则。它产生于人与人之间的社会交往，作为一种交往关系，伦理是对人类客观理性关系的揭示，因而也是主体之间的一种实践关系。人与人之间的关系、行为在一定规范和准则的作用下，必然形成一定的状态：或有序或无序，或规则或不规则。有序和规则是人们努力追求的，无序和不规则是人们极力避免的。秩序就是人们努力追求的人与人之间的关系行为的有序化和规则化状态。

人与人之间的伦理关系也属于人际关系的一种，受特定社会生产方式和社会结构影响，具有不同的模式和内涵，其性质、内容、表现形式和基本原则受到社会的影响与制约，具有历史性特征。以前，建立在自然经济基础上的价值取向对我国的人际关系产生了深远的影响，主要表现为人际交往中的等级差异观念、人际关系中的人情伦理取向、人际关系中的仪式化等特点。而在当代中国，社会主义市场经济体制日臻完善、社会主义法治国家的逐步建立、社会主义精神文明建设的不断加强和生态文明的大力弘扬促使人际关系呈现出许多新的特点和变化：社会性增强，自然性减弱；自主性增加，依赖性减弱；平等性增强，等级性减弱；开放性增强，封闭性减弱；合作性增强，分散性减弱；复杂性增强，单一性减弱；功利性增强，情感性减弱。

人与人之间和谐共处是人与人之间的伦理秩序美，也是构建社会主义和谐社会的基石。它要求公民自觉地建立和维护人与人之间和谐关系、正确合理的价值理念，自觉承担维护社会稳定秩序的伦理道德责任，即政治品德、职业道德、社会公德、家庭美德以及礼仪行为。

二、人与社会之序

社会责任与个人职业规划

社会是按照一定规范整合起来的人类生活共同体，它按照既定的一套行为规范维持社会秩序，调整人们之间的关系，规定和指导人们的思想和行为方向。① 社会秩序是通过人的活动实现，是在人与人相互作用下不断发展、更替的过程；社会规范是人们在社会生活中行为规则的总称，包括法律、道德、宗教、习俗、礼仪、禁忌等一系列生活准则。

社会发展既是生产力的发展，也是个人本身能力的发展。人与社会之序则是整体与部分有机统一下的相互作用、共同发展。对于构建社会主义和谐社会而言，必须把社会发展进步和人的全面、终身发展两个基本向度有机统一起来，建立和谐共进的价值观。

（一）人的全面发展促使社会进步

人类社会的主体是人，社会是由人组成的。马克思说："人就是人的世界，就是国家，社会。"② 推动人的全面发展是马克思主义关于人类社会发展规律的内在逻辑规定。在揭示人类社会发展过程的同时，马克思、恩格斯分析了不同历史阶段中个人与国家、个人与法的关系，不断探索和完善了人的全面发展理论。在《共产党宣言》中，马克思进一步强调，共产主义社会的本质特征就是人的全面发展，"代替那存在着阶级和阶级对立的资产阶级旧社会的，将是这样一个联合体，在那里，每个人的自由发展是一切人的自由发展的条件"。马克思所追求的"人的全面发展"，既是人的个性、能力和知识的协调发展，也是人的自然素质、社会素质和精神素质的共同提高，同时还是人的政治权利、经济权利和其他社会权利的充分实现。因此，我们要致力于推动人的全面发展，以此为基础，奋力建设富强、民主、文明、和谐、美丽的社会主义现代化强国。

（二）社会进步促进人的全面发展

党的十八大以来，以习近平同志为核心的党中央把握发展阶段新变化，把逐步实现全体人民共同富裕摆在更加重要的位置上。在庆祝中国共产党成立 100 周年大会上，习近平庄严宣告："经过全党全国各族人民持续奋斗，我们实现了第一个百年奋斗目

---

① 郑杭生. 社会学概论新修［M］. 北京：中国人民大学出版社，1994：74.
② 马克思恩格斯选集：第一卷［M］. 北京：人民出版社，2012：1.

标，在中华大地上全面建成了小康社会，历史性地解决了绝对贫困问题，正在意气风发向着全面建成社会主义现代化强国的第二个百年奋斗目标迈进。"① 现代化的核心是人的现代化，只有围绕人来做文章，才能找到促进共同富裕的钥匙。民族复兴迫切需要培养造就一大批德才兼备的人才，我国在建设社会主义现代化强国之路上比以往任何时候都需要大量的人才，可见社会进步也会促进人的全面发展。

（三）人与社会的和谐共进

和谐是中华优秀传统文化的核心理念和根本精神。和谐是指音乐的合拍，"和"即"谐"，"谐"即"和"，引申表示为各种事物有条不紊、井然有序和相互协调，即《中庸》里所说的"致中和，天地位焉，万物育焉"和《周礼》里所说的"以和邦国，以统百官，以谐万民"。中共中央、国务院印发《新时代公民道德建设实施纲要》中提道："良好社会风尚是社会文明程度的重要标志，涵育着公民美德善行，推动着社会和谐有序运转。"想要实现人与社会和谐共进，就必须把社会公德、职业道德、家庭美德、个人品德建设作为着力点，坚持集体主义价值观，要把国家利益与集体利益放在首位，把个人利益与国家利益、集体利益统一起来，实现人与社会的和谐共进。

三、人与自然之美

习近平指出，"人与自然是生命共同体"②，这一科学论断强调按照生态系统的整体性、结构性、层次性和开放性，在尊重爱护自然的基础上，积极适应自然，合理利用自然，主动改造自然，使人的主观能动性和自然的客观规律相统一。

（一）人依赖自然

在传统观念中，人与自然的关系被表述为天人关系，"天人合一"的思想始终占据主导地位。张载在《西铭》中对"天人合一"思想表述为："乾称父，坤称母；予兹藐焉，乃混然中处。故天地之塞，吾其体；无地之帅，吾其性。民，吾同胞；物，吾与也。"张载把天喻父，地喻母，认为人是天地交合的产物，形象地说明了人是自然的产物。人在劳动过程中，以自然物为劳动对象，从而取得赖以生存的衣、食、住、行、用等生活资料。自然界既是人类获取生活资料的场所，也是提供生产建设原料的基地，人类的生存和发展依赖于自然。

（二）人改造自然

从"天人合一"的基本思想出发，中国传统文化中的人学思想又得出了"天人协调"的重要结论，认为人在自然中处于辅助参赞的重要地位。人类为了满足自身生存发展的需要，通过积极地认识、改造自然以获得更多的物质和能量，于是人与自然就

---

① 习近平谈治国理政：第四卷［M］．北京：外文出版社，2022：3．
② 习近平．决胜全面建成小康社会　夺取新时代中国特色社会主义伟大胜利——在中国共产党第十九次全国代表大会上的报告［J］．求是，2017（21）．

处于对立和矛盾中。人类活动的目标不是统治、征服自然，而是把自然调整、改造得更符合自身需要。因此，人在改造自然时要保护自然，尤其不能破坏自然。只有这样，才能求得人与自然的协调发展。

（三）人顺应自然

制定个人绿
色生活计划

正确处理人与自然的关系，维护生态和保护环境需要伦理基础。恩格斯说："我们每走一步都要记住：我们决不像征服者统治异族人那样支配自然界，决不像站在自然界之外的人似的去支配自然界——相反，我们连同我们的肉、血和头脑都是属于自然界和存在于自然界之中的；我们对自然界的整个支配作用，就在于我们比其他一切生物强，能够认识和正确运用自然规律。"[1] 就是告诫我们应按照自然规律和生态规律从事对自然的改造活动。但人不是被动地适应自然，而是积极地与自然相互作用，利用自然规律合理地改造自然界，实现人与自然和谐发展。

第四节　语言心灵美

语言在社会活动中扮演着非常重要的角色，不仅是人与人之间交流的工具，还是我们表达思想和情感的主要方式。俗话说："良言一句三冬暖，恶语伤人六月寒。"语言是心灵美的直接体现，语言乃心灵之窗。

一、语言表达之美

语言表达之美必须经过思想锤炼，它反映人的文化素养、真挚感情、高尚品格，直接关系到工作顺利、家庭和睦、同志友爱、社会和谐、安定团结和民族尊严。我们运用语言，既强调美，也强调其对人的启迪作用，对人的行为要有所帮助。

（一）语言表达的音韵美

语言表达的音韵美就是通过对口语语音的具体组织、调度与安排，产生某种独特的语言音响效果，由此获得一种类似音乐美的特殊审美价值。语言在长期使用中早已具有审美要素，首先体现在语音方面。语言的音韵美主要体现在直观感性、音乐性。例如，诗词格律和骈文散文内在的声调节奏都体现了语言表达的音韵美感，杜甫的《登高》："风急天高猿啸哀，渚清沙白鸟飞回。无边落木萧萧下，不尽长江滚滚来。万里悲秋常作客，百年多病独登台。艰难苦恨繁霜鬓，潦倒新停浊酒杯。"每联都对仗工整，句句押韵，是语言音韵美的典型代表。

---

① 马克思恩格斯选集：第三卷［M］．北京：人民出版社，2012：998．

（二）语言表达的会意美

语言内在组织表达具有独特的会意美的特征。汉语的会意美主要表现在以下两个方面：

1. 形散而神不散的语序变化之美

在汉语表达中，经常存在语序颠倒但意思不变的情况。这种语序的灵活性，使得句子虽然形式各异，但内在的逻辑和神韵却始终保持一致。例如，"好日子还在前面呢"和"好日子还在后面呢"，两句话语码不同，但意思相同。又如一位男士在他倾心的女孩面前会说"我很丑可是我很温柔"，而当他面对一个向他告白可是他却并不喜欢的女孩时就会说"我很温柔可是我很丑"，虽然两句话语码一致，但因为颠倒了语序所以有截然不同的意义，这便是"颠倒语序"带来的独特美感。

语言的力量

2. 流水句的铺陈之美

汉语表达中，常采用一种按时间顺序或事理逻辑逐步展开的叙述方式，这被形象地称为"流水句"。这种叙述方式如同流水般自然、顺畅，层层递进，使读者能够清晰地跟随作者的思路，感受故事的流转与发展。

（三）语言表达的科学美

语言表达的科学美体现在语音和声调的历史演变和发展规律上。从汉语历史的演变可以发现，汉语的语音始终朝着简便、省力、响亮、悦耳的方向发展。例如，元音高化现象就是语音发展的结果；还有全浊声母音清化，也就是带声（声带颤动）的辅音变为不带声。这些音变规律都说明了汉语语音的发展是遵循同一规律的。声调的发展也是如此：声调的性质由音高、音长并重改为以音高为主；再就是短促的入声消失，这样的变化显然更利于信息的传递。此外，汉语语音还形成了一套简单整齐、协调对称的音位体系，如汉语同一发音部位不送气和送气的辅音是对称的（b 和 p，d 和 t，g 和 k），系统而整齐，便于学习和信息传递。[①] 由此可见，汉语通过语音和声调简便协调，给人一种惊赞、快乐以及深受感动的情绪，符合科学美的原则。

二、语言乃心灵之窗

"语言是思想的直接现实"。语言美与心灵美内在联系，辩证统一。心灵美是语言美的基础，语言美是心灵美的外化表现，而且对心灵美还具有能动性。

（一）心灵美是语言美的基础

"言为心声"，语言由人的思想意识指挥。一个思想纯洁、品德优良、情操高雅、作风正派的人，待人接物时总是彬彬有礼，谈吐文明高雅。一个思想肮脏、性情暴躁的人，往往面相凶恶、出言不逊、满嘴污言秽语。由此可见，语言是受人生观、道德、

---

① 姜燕. 汉语口语美学研究［D］. 济南：山东师范大学，2011.

情操、好恶等制约的，拥有美好的心灵，才能说出美好的语言。

（二）语言美是心灵美的外化

语言是心灵的外在表现，被称为"心灵的窗户""精神世界一面光亮的镜子""思想的探测器"等。语言这扇窗户、这面镜子可以透露人的心声，闪射人的思想，流溢人的情感，倾诉人的呼声。

（三）语言美对心灵美的能动性

俗话说："良言一句三冬暖，恶语伤人六月寒。"美的语言可以铸造人美的心灵，恶毒污秽的语言会腐蚀人的心灵。古往今来的思想家、哲学家、科学家，以美的语言阐述、表达，形成了诸多思想著作、科学研究、人文百科知识。这些精湛的思想内容、感人至深的人物形象、耐人寻味的故事情节、深远优美的意境，都在靠语言潜移默化地影响人的思想，熏陶人的情操，感染人的情感，开阔人的胸怀，美化人的心灵。污言秽语会使人消沉、堕落、犯罪，甚至走向毁灭。只有真诚、美好的语言才能潜移默化影响人的思想，才能打开人心灵上闭塞的窗户。

三、心灵精神之美

心灵美是指人的精神世界的美，包括思想意识、道德情操、精神意志、智慧才能的美，集中体现了社会文明对人的要求，是行为美、语言美、仪表美的内在依据，并通过具体的感性形态被人们所感知。

（一）思想意识美

思想可以指一般想法，或是在思考当中对各种想法的组织。意识是指人对环境及自我的认知能力以及认知的清晰程度。思想意识之美来自思想意识本身，美是思想意识自身独具的一种气韵与特征。真正美的思想意识，以道理、辨析示人，以卓识、洞见人心，其理性思维让人深刻，价值力量令人折服，逻辑论辩使人缜密，体系阐释促人严谨。这样的思想意识，自然会充满美的机理、赋予美的韵律，能展现美的风采、释放美的气息。具体来讲，思想意识美可以归结为以下两个主要方面：

1. 思想意识的理念创造美

思想意识的理念创造美表现为思想意识对客观存在的能动反映与观念再造，将理想诉求融入认识过程之中。此种美，着眼于思想意识的内容，是思想意识的内在美、本质美。

2. 思想意识的表达呈现美

思想意识的表达呈现美表现为思想意识对认识成果的逻辑构造与合理表达，将理性道理寓于美的阐释之中。此种美，着眼于思想意识的形式，是思想意识的外在美、结构美。

（二）道德情操美

道德情操通常是指道德情感和操守，是构成道德品质的重要因素。道德情操美是指一个人具有崇高的思想道德境界、进步的人生价值观、高尚的道德行为和道德品质，道德是调整人和人之间、人和社会之间关系的行为规范的总和，它表现为人的理想、信念、情操、风尚等。道德是人的内在精神的重要组成部分，完美的人应高度重视自身道德修养，达到外在美与内在美的统一。

（三）精神意志美

人的精神意志可以无穷无限，这是一种尽善尽美。俗话说："金无足赤，人无完人"。人可以通过努力来弥补自身的缺憾，通过自身坚强的精神意志可以不断地实现人生的突破与超越，以更加积极向上、努力向前的态度达到尽善尽美。例如，邱少云在抗美援朝战争中为了不暴露自己，严守作战纪律，在被烈火焚烧的情况下，以强大的精神意志忍受焚烧的疼痛，直到牺牲都没有动一下，这是一种强大的精神意志美，一种不畏牺牲的大美。习近平总书记指出："人无精神则不立，国无精神则不强。"[1] "精神是一个民族赖以长久生存的灵魂，唯有精神上达到一定的高度，这个民族才能在历史的洪流中屹立不倒、奋勇向前。"[2]

（四）智慧才能美

陶行知说："智慧是生成的，知识是学来的。"[3] 知识是通过人的学习得来的，而智慧是由知识积累而生成的应对现实生活问题的能力。例如，你认为一个人很有智慧才能，那一定是从他为人处世的方式中感觉到的，而不是从他所学到的知识中感觉到的。古往今来的哲学家、思想家总是受人崇敬，就在于他们展现出来的智慧才能之美。林徽因被看作是具有智慧才能美的人物，主要原因就在于她能够处理好事业、爱情、家庭之间的关系。在林徽因心中，建筑、音乐、诗歌、绘画都是交融互通的，她用眼睛去发现美，用心灵去创造美，用智慧和才情去延伸美。

思 考题

1. 简述职场服饰妆容搭配原则。
2. 简述面试中的礼仪。
3. 简述人与自然的伦理秩序美。

① 习近平谈治国理政：第四卷［M］．北京：外文出版社，2022：101．
② 习近平．论中国共产党历史［M］．北京：中央文献出版社，2021：146．
③ 陶行知．"伪知识"阶级［J］．教学管理与教育研究，2018（3）．

模块五

艺术美——美美与共

表演艺术美

学习目标

1. 理解音乐、舞蹈、戏剧戏曲、影视等表演艺术美的内涵
2. 掌握音乐、舞蹈、戏剧戏曲、影视等表演艺术美的鉴赏方法

学习重点

1. 音乐美赏析
2. 舞蹈美赏析
3. 影视美赏析

表演艺术是通过一定的物质媒介来直接表现人的情感，间接地反映社会生活的艺术的总称，主要包含音乐、舞蹈、戏剧戏曲、影视等具有表现性和表演性的艺术。从艺术的本质上看，表演艺术是建立在自然和生活基础上，通过对自然美、生活美的提炼和加工创造出来的一种艺术美。相对于自然美而言，艺术美中不仅加入了思想美的元素，而且精神美更为突出，因而，艺术美不仅可以提升人的审美意识，而且还能鼓舞人的精神、增强人的信念。相较于生活美，艺术美能引起人更加直接、更加强烈的情感和思想上的共鸣。

第一节　音乐美

一、音乐艺术的美

音乐是将声音作为媒介转化为听觉的一种艺术形式，音乐美在于它不是直接通过视

觉和嗅觉表达，而是通过将抽象的听觉转化为生动的视觉，听众欣赏音乐时须用心聆听、想象和联想，不断在内心唤起一定的音乐情感意象，实现音乐艺术形象的个性塑造。

（一）节奏美

节奏是音乐的骨架，是音乐中不可缺少的灵魂支柱，音乐是伴随节奏的。节奏是核心，音乐伴随一定的规律呈现出音乐的美。音乐之所以能给听众带来跌宕起伏的听觉效果，是不同的音乐节奏所致。不同的音乐节奏传递给听众不同的音乐感受，是人学会用不同的音乐类型来表现喜怒哀乐的方式。

（二）旋律美

旋律是音乐的必备要素，也是音乐美的灵魂所在。旋律是音乐从开始到结束的整个过程，这个过程就是音乐的主线旋律。可以说，捕捉到音乐主线就等于抓住了音乐的灵魂。旋律是音乐家思想的全部表达和集中体现，是音乐家的思想感情的变化轴线，更是音乐旋律的出发方向和不同表现形式。例如，《灯火里的中国》这首歌原调的旋律建立在 C 大调上，主歌部分 A 段 a 乐句的音域始终在一个八度内进行，旋律围绕着 Ⅰ、Ⅲ、Ⅴ 这三个稳定音级上展开，听感比较平稳。主歌部分 a_1 乐句的音域开始在一个八度外进行，旋律也有了更多变化。到了副歌部分 B 和 b_1 中旋律大跳的使用则成为常态，如大多数"灯火"两字的旋律都使用到了由高到低的六度大跳，音域的范围也大幅扩大，听感上增加了一种宽广的感觉。

（三）和声美

和声是两个或者两个以上不同的发音按照一定发声构成的音响组合。和声具有声部的组合、乐曲的构造及内容表现等特点。音乐欣赏中会经常出现各种不同的调式、调性及和弦等，是因为和声的位置等不确定因素的转换使得听众有"一览众山小"的感觉。

和声具有一定创新性，和弦为旋律增添了美的元素，使听众有"身临其境"的体验。例如，《灯火里的中国》，和声主要建立在以大小调为核心的自然音的完全功能体系上，歌曲和声的走向具有当代流行歌曲的特色。

（四）音色美

音色是音乐的特殊媒介形式，有各种不同种类。作曲家在创作音乐过程中，不仅将自身情感体验融入其中，而且是挑选各种音色的过程。每个听众可以根据不同的音乐分辨不同的音色。一首经典或者成熟的音乐作品必然是音乐家将音色把握得恰如其分，才会使听众与音乐产生情感共鸣。

二、音乐的分类

根据不同的划分标准有不同的音乐类型，可以按照表达方式、风格流派、唱法等划分音乐类型。

（一）按表达方式划分

音乐按表达方式可划分为声乐和器乐两个类型。声乐是以人的声带为主，口腔、鼻腔、舌头协调配合作用于气息，发出悦耳的、连续的、有节奏的声音。按照音域高低和音色差异分为女高音、女中音、女低音和男高音、男中音、男低音，每种人声的音域大约为 2 个八度。而器乐则是使用乐器，器乐作品分为有标题音乐和无标题音乐两种。

（二）按风格流派划分

音乐按风格流派可划分为古代音乐、古典主义音乐、浪漫主义音乐、民族主义音乐、印象派音乐、现代音乐六类。

古代音乐是中国古代的一种音乐形式。1840 年中国进入半封建半殖民地社会之前的音乐，通称"中国古代音乐"。

古典主义音乐从概念上区别于现代主义音乐和流行音乐，以经典艺术价值和时空为最高音乐标准。

浪漫主义音乐是一种超越现实的音乐，它主要强调作曲家个人主观感受，并且超越现实，富有幻想主义，也是对未来理想社会的构建。

民族主义音乐主要出现在 19 世纪 30 年代东欧的捷克、波兰、芬兰等国家，它们长期受民族压迫和殖民统治，为了振兴民族，为了反对外来文化冲击，民族主义音乐应运而生。

印象派音乐由法国画家莫奈的《印象·日出》而来，印象派音乐以隐晦或者朦胧感、不易辨析的色调为特征。

现代音乐又称"现代主义音乐""现代派音乐"，泛指自 19 世纪末 20 世纪初印象主义音乐以后，直到今天的全部专业音乐创作。

（三）按唱法划分

唱法分为美声唱法、民族唱法、通俗唱法及原生态唱法。每种不同的唱法标准不一，各自都有独特的艺术魅力。

美声唱法。音色美，富有变化，声音有力度、悦耳圆润、清脆响亮。西方美声主要流行于意大利、法国、美国等国家。

民族唱法。按照演唱者的习惯和爱好发展起来的唱法，以真声和口腔共鸣为主，声音明亮，典型作品有《我的祖国》《上甘岭》等。同时，民族音乐由真假声结合演唱，这种音乐刚柔结合，如《亲吻祖国》《茉莉花》等作品。

通俗唱法。演唱者的发声有真声、假声和混合声，独唱或和舞蹈动作相结合。例如，流行歌曲《酒干倘卖无》从曲调方面反映创作者的悲伤和伤感，这首歌曲的基调悲哀，这种悲哀的情绪是平淡的，但是与主人翁深陷痛苦之中的情感是协调的。

原生态唱法。在演唱过程中没有对唱法过多修饰，它将民族的审美风格与音乐题材当作载体，以科学的发声方式表现，现已演变成一个完整、丰富的演唱体系，包含民间歌曲、曲艺等民族唱法。如安徽原生态民歌《磨米磨麦》，陕西民歌《赶牲灵》。

音乐主要是以声音为核心的艺术形式，通过科学处理音乐要素表达音乐情境或意象。音乐离不开声音，声音是音乐艺术的物质基础，是音乐艺术的主要表现手段。声音的感觉器官只能是耳朵，所以人们把音乐称为声音的艺术。从其概念内容、形式规格、组织要点等来看，主要呈现 4 个特点：

（一）时空性

时空性契合音乐产生的原理，即通过控制物体在空间中振动的频率而诞生的各种优美音乐。当然，基于现代理论更加丰富、经验更加可靠、需求更加多元的音乐环境，音乐时空性的特点得到了延伸，不再是单一特性，还包括：历史继承性，主要指继承优秀传统文化中的音乐，如器乐、歌唱技巧；空间传递性，主要是指音乐借助各种媒介，在一定空间内传播，以满足在场听众对音乐美的需求，以满足音乐跨地区、跨文化发展；时空交互性，主要是为适应当前时空的社会环境、听众需求，而对传统音乐进行优化和改造等。例如，"宫、商、角、徵、羽"的记调方法在中国古代音乐中出现频率较高，现代一般使用西洋音乐的记调方法。

（二）情景性

情景性，顾名思义，是通过演奏、演唱等形式营造的一种情感环境，主要由其创作者赋予，包括有趣的、开心的、激励的、悲伤的情景。当然，音乐情景不是一成不变的，通常在创作者情感、经历变化的基础上有所起伏。例如，创作者总结自身经历时，会让其作品呈现起起伏伏的情景，如从喜庆变为悲伤，或从悲伤化为奋进等。音乐在生活中的应用范围非常广泛，如结婚场景可以播放一些欢快、喜庆的音乐，葬礼上可播放一些缅怀、记忆、悲伤、歌颂的音乐，运动活动可播放一些激励人心、鼓舞加油的音乐等。

（三）直觉性

直觉性主要是指听众在第一次或某一特定情景下对音乐所产生的直接认知，如其是否好听、是否与自己产生共鸣等。从其概念可以看出，直觉性会随着听众的情感、认知、思想的变化而变化，例如，针对婚庆上的喜庆歌曲，台下、台上人的感受完全不同。台下人可能认为这首歌曲太吵了不喜欢，而台上人在情感与思想的激烈碰撞中，主观认为这首歌曲将会成为自己的最爱。再如，有的人年少时社会经验有限，认为某首歌曲非常难听且不知其意，但随着年龄增长，在生活环境、工作环境、情感环境等因素的影响下，认为该歌曲完全符合其心意。直觉性是音乐的一个相对性特征，即不是绝对的喜爱，或讨厌。

（四）经验性

经验性主要是指创作者的经验，创作者会依据对自然中声音理解的经验、自身能力的经验、创作社会主流音乐的经验，创作音乐。创作者的经验可分为两个方面：一方面，依据历史经验创新音乐和翻新音乐。另一方面是听众的经验。这种经验主要是指"听"的经验，它能够帮助听众快速了解音乐是否符合自己的需求，音乐所营造的环境能否与之产生共鸣等，是一种内生性经验。简言之，经验能帮助听众识别、认知、理解音乐形式与内容。

四、音乐美的欣赏

音乐具有审美功能和净化心灵的作用，一部经典且优秀的音乐作品可以激发人的想象力。音乐要从创作背景、表现形式、音乐特征、作品曲式等层面全面地欣赏。

（一）创作背景

音乐美的
欣赏

音乐创作受一定社会背景、个人成长条件等方面的限制，鉴赏音乐需要全面了解创作者的社会背景和社会历史以及个人成长环境，这有利于了解音乐的总体风格、主题、精神内涵。例如，贝多芬的《命运交响曲》表达了他对生活和命运强烈的呐喊。贝多芬生活的时代较为动乱，他遭受疾病的折磨，晚年更是丧失了听觉。所以，他创作出来的音乐多是以不屈服于自己的命运并与之斗争为主题，不仅是他精神的抒发，更是他对自己内心深处的精神慰藉。

（二）表现形式

音乐表现形式主要分为声乐和器乐两种，声乐主要是由人表现出来的声音，声乐是音乐表现形式的传统方式，它不需要借助其他器乐，只需要人的声音就可以完成。声乐受性别、音域、音质等条件限制。器乐是使用乐器演奏的表现形式，多数不需要人声参与，但是有的需要人声辅助参与，其主要目的是增强音乐的表达效果。

（三）音乐特征

音乐具有音的高低、长短、强弱、音色4种特性。音的高低是由发音体在单位时间内振动的频率所决定的，发音体振动频率以赫兹为单位，频率越大声音越高，反之则越低。音的长短是指发音时间的长短。音的强弱是由振幅决定的，振幅大，音则强；振幅小，音则弱。音色是由于发音体的不同等多种因素导致的，正是音色差异，我们才容易区分不同人的声音。

（四）作品曲式

曲式是曲调在音乐形成过程中根据段落形成的规律，并从这些规律中找出共性格式，也就是乐曲的结构形式。传统音乐可以分为小型曲式和大型曲式。欣赏音乐时，对于音乐作品的乐节、乐句、乐段的区分并没有绝对界定，主要遵守四大原则：对比、展开、变奏和重复。

一、舞蹈的美

舞蹈是时间和空间有机融合的一门艺术，并且带给观众视觉和听觉的综合感应。舞蹈美是一种直观的舞蹈动态，它按照舞蹈艺术的规律性和目的性发展，创造出的舞蹈能够传情达意，进而实现人肢体动作协调与思想情感有机统一。

（一）情感美

舞蹈传递的是舞蹈者的情感和肢体动作的综合表达，舞蹈者用舞蹈动作来诠释爱意情感。不管是完美的爱，还是残缺的爱，都是舞蹈者淋漓尽致的表演。例如，《雀之灵》就是舞蹈与情感韵律相结合的经典舞蹈作品，这部舞蹈作品结合温婉的乐曲、舞蹈者曼妙的舞姿及轻盈的步伐，在特定背景的衬托下，舞蹈者身穿长裙缓缓进入舞台，远远地看去犹如一只高贵优雅的孔雀翩翩起舞，体现了舞蹈艺术的情感境界，是舞蹈艺术所追求的意境。

（二）意境美

一部优秀的舞蹈作品，除了具备舞蹈造型、舞蹈者基本功底、服装道具、音乐渲染等条件外，还必须表现出舞蹈作品的深切内涵，即舞蹈意境。舞蹈作品中展现的舞蹈表象与生活情感内在交汇，舞姿动作与情景交融使观众在视觉和情感上产生了共鸣，通过人物内心、传递意境、情景交融来营造舞蹈作品的意境美。《雀之灵》从"孔雀"的基本形象入手，但又超越外在形态的模仿，以形求神，不仅使孔雀的形象惟妙惟肖地展现在观众视野中，而且创生出一个精灵般的、高洁的生命意象。

（三）韵律美

舞蹈在动作编排上需要充分发挥其表现力，通过舞蹈者的手指、腕、臂、胸、腰、髋等关节有节奏地运动，塑造一个超然、灵动的舞蹈艺术形象。例如，孔雀舞，舞蹈者用修长、柔韧的臂膀和灵活自如的手指动作，把孔雀引颈昂首的静态和细微的动态都淋漓尽致地表现出来，也正是在这细微的、动态的舞动中，孔雀舞的舞姿被鲜活地展现出来，也在那引颈昂首的动态表现出生命的活力和勃发向上的精神。《雀之灵》并没有直接借用傣族舞蹈程式化的动作，而是掌握了傣族舞蹈旋律和韵律的特点，并且在人物情感和舞蹈形象方面，大胆地吸收借鉴现代舞优势，充分发挥肢体动作的协调性。

二、舞蹈的分类

自古以来，舞蹈就是社会生活中十分重要的一部分，如在人类文明起源前，舞蹈在祭祀和重要仪式上都占据举足轻重的地位，舞蹈演变至今已具有强身健体、社交娱乐、求偶等多样化的社会功能。舞蹈种类繁多，根据舞蹈的作用和目的，可分为生活舞蹈和艺术舞蹈两大类。

（一）生活舞蹈

生活舞蹈包括习俗舞蹈、宗教祭祀舞蹈、社交舞蹈、自娱舞蹈、体育舞蹈、教育舞蹈六种类型。实际上，生活舞蹈可以是自娱性舞蹈，如习俗舞蹈就没有严格标准，仅仅代表民俗风情。

（二）艺术舞蹈

根据不同风格特点来区分，艺术舞蹈主要包括古典舞、民间舞、现代舞蹈、当代舞蹈和芭蕾舞。

1. 古典舞

古典舞有着极为悠久的历史。它的审美原则是中华文化的流传和延续，在传统舞蹈的基础上，经过历代专业舞蹈者提炼、整理、加工、创造，并经过较长时期艺术实践的检验，被认为是具有一定典范意义和古典风格特点的舞蹈。古典舞主要由三部分构成：身韵、身法和技巧。除一套完整的基本功训练外，还有完整系统的身韵、身法训练，同时，还有难度很高的毯子功。一般来说，古典舞都具有严谨的程式、规范的动作和比较高超的技巧。

2. 民间舞

民间舞泛指产生并流传于民间、受民俗文化制约、即兴表演但风格相对稳定、以自娱为主要功能的舞蹈形式。不同地区、国家、民族的民间舞蹈，由于受生存环境、风俗习惯、生活方式、民族性格、文化传统、宗教信仰等因素影响，以及受舞蹈者的年龄性别等生理条件所限，在表演技巧和风格上有着十分明显的差异。民间舞不乏朴实无华、形式多样、内容丰富、形象生动等特点，历来都是各国古典舞、宫廷舞和专业舞蹈创作不可或缺的素材。

3. 现代舞蹈

现代舞蹈是19世纪末20世纪初在欧美兴起的一种舞蹈流派。其主要美学观点是反对当时古典芭蕾的因循守旧、脱离现实生活和单纯追求技巧的形式主义。现代舞蹈主张摆脱古典芭蕾过于僵化的动作程式的束缚，以合乎自然运动法则的舞蹈动作，自由地抒发人的真实情感，强调舞蹈艺术要反映现代社会生活。

4. 当代舞蹈

当代舞蹈（新创作舞蹈）是不同于上述3种风格的新风格舞蹈，常常是根据表现内容和塑造人物的需要，不拘一格，借鉴和吸收各舞蹈流派的各种风格、各种舞蹈表现手段和表现方法，兼收并蓄为己所用，从而创作出不同于已经形成的各种舞蹈风格的、具有独特新风格的舞蹈。

5. 芭蕾舞

芭蕾舞是一种欧洲古典舞蹈，由法语"ballet"音译而来。芭蕾舞孕育于意大利文艺复兴时期，17世纪后半叶开始在法国发展流行并逐渐职业化，在不断革新中风靡世界。芭蕾舞最重要的一个特征即女演员表演时以脚尖点地，故又称"脚尖舞"。芭蕾舞是用音乐、舞蹈手法来表演戏剧情节，其代表作品有《天鹅湖》《仙女》《胡桃夹子》等。

三、舞蹈的特点

在舞蹈表演中，动听的音乐与精彩的舞蹈紧密结合，舞蹈为音乐增添了外在表现形式，而音乐则是舞蹈的精神内涵，所以音乐和舞蹈相辅相成，二者缺一不可。因此，音乐节奏将舞蹈音乐与舞蹈动作有效地联系在一起，组合成为一部完美的舞蹈作品。

（一）技艺性

舞蹈者除了要具备舞蹈表演天赋，更多的要具备跳跃、旋转、翻转、控制等高难度舞蹈表演技巧和综合能力。在舞蹈表演中，高难度的肢体动作不是舞蹈表演的最终目的，而是舞蹈者表现人物思想感情、塑造人物性格和精神面貌的一种方式。在舞蹈表演中，舞蹈者的高超技艺既是对生活的反映，也是人物的思想感情存在的前提，不是以舞蹈内容作为舞蹈的出发点和立足点，而是以高难度的舞蹈动作技巧为前提和基础，将展示舞蹈优美动作和舞蹈表演技巧作为传承舞蹈技艺的最终归宿。

（二）动作性

舞蹈动作性是指舞蹈以肢体作为主要表演工具，并通过各种动作和造型形象地反映人物的精神世界。舞蹈者有节奏、有美感的舞蹈动作并不是将舞蹈动作简单地堆叠和表演，而是作为一种形象化的舞蹈语言呈现给观众一场视觉盛宴。舞蹈创作者的形象思维和艺术思维，主要是通过舞蹈动态性的语言展现，并创造鲜明、生动、精彩的舞蹈演员形象。舞蹈的动作性体现在充分运用和挖掘人的身体姿态，也就是发挥人体舞蹈的最大表现力。舞蹈形象的动作性，是由舞蹈的主要表现手段与人体的舞蹈动作所决定的。舞蹈表现性动作是描绘人物的情感、思想和性格特征的动作，这类舞蹈艺术动作具有一定表演性和动作性。

（三）抒情性

诗人闻一多曾说过："舞是生命情调最直接、最实质、最强烈、最尖锐、最单纯而又充足的表现。"[①] 所以，舞蹈的自身特点和艺术性决定了舞蹈的抒情性，假若舞蹈缺乏舞蹈者自我内心的真情实感，势必会成为生活的外在模拟。同时，缺乏情感滋养的舞蹈，其表现力和艺术性就会降低。例如，秧歌是我国北方地区的群众性舞蹈，具有

---

① 转引自陈捷，周亮. 舞蹈艺术创作的生命情调［J］. 南通大学学报（社会科学版），2017（6）.

内容丰富和群众参与度高的特点，深受群众喜爱，最大的亮点就是抒情和群众性娱乐。

《毛诗序》中所说："情动于中而形于言，言之不足故嗟叹之；嗟叹之不足故咏歌之；咏歌之不足，不知手之舞之，足之蹈之也。"[①]这充分说明舞蹈具有抒情性艺术特征。因此，舞蹈强烈的抒情性既不是来源于舞蹈者的表演技巧的娴熟，也不是取决于舞蹈语言的多样性，而是舞蹈的抒情性使其更具有迷人的魅力和强烈的美感。舞蹈艺术中的抒情性是和叙事性是互为彼此的关系，二者在某些条件下可以互相转换。

（四）直觉性

舞蹈是通过人的视觉加以审美，舞蹈形象是一种直观的艺术形象，它是通过人们的眼睛来进行审美感觉的。这说明舞蹈作品必须将舞蹈形象直观地展现出来。虽然人对美学的认识需要经过神经大脑再形成和再创造，但是人的美学思维认知是具体形象的。舞蹈语言形象是直观的，如果舞蹈语言形象是空洞和抽象的，那么它不会被观众所理解和接受。舞蹈表演必须通过舞蹈者肢体动作和舞蹈语言来直观地展现给观众，许多舞蹈者认为"舞台上只有现在时，没有过去时和未来时"[②]。换句话说，舞台上的舞蹈者将舞蹈形象呈现给观众，这样更易于得到观众对舞蹈的直觉性的认可和理解。

四、舞蹈美的欣赏

舞蹈欣赏是感受生命力和体验生活的实践体验。欣赏舞蹈时，记忆和把握舞蹈主题，感受生命活力，体会生活热情。舞蹈通过对生命力的展示，让观众能感受生命的美好和人生的快乐，激发生活热情。

舞蹈美的
欣赏

（一）舞蹈造型

形体是人体语言本真的一面，也是舞蹈的核心。舞蹈者凭借身材匀称、曲线优美的优势，在舞台随着节奏跳着动感的舞步，是一种人的自然本能，舞蹈者正是利用了人的自然审美心态，精心设计出各种优美的人体造型，把人体的自然美充分地展示给观众，诱发其喜爱之情，振奋其精神。因此，欣赏舞蹈很重要的一个着眼点就是舞蹈造型。对舞蹈造型的欣赏，实际上是对肢体协调美的欣赏，它可以激发人的生活热情，振奋人的精神，唤起人对美好生活的向往和追求。

（二）动作技巧

舞蹈技艺欣赏是舞蹈动作欣赏的核心。舞蹈是一门艺术，它主要是通过对生活的典型化来反映生活，表达一定的主题思想。典型化具有新奇性和观赏性特点，有了这些高难度的动作在其中烘托气氛、点睛，观众的情绪很容易被感染，想象力很快被激

① 华锺彦，李珍华. 唐诗吟咏的研究［J］. 中州学刊，1985（5）.
② 田培培，沙鸥. 舞蹈 自由职业者进行时与将来时……［J］. 舞蹈，2008（3）.

活，继而获得强烈的美的体验。因此，舞蹈动作是舞蹈欣赏的切入点。例如，大型舞剧《红梅赞》编排了主人公面对酷刑和利诱的情景，在狱中江姐的刚毅顽强；在绝食斗争中，小萝卜头忍住饥饿的煎熬，憧憬的是自由飞翔的蝴蝶；"监狱之花"母亲毅然决然地选择了舍生赴死。

（三）舞蹈主题

舞蹈主题是指艺术造型与现实生活相联系，从而把握舞蹈所抒发的感情和表达的思想。例如，舞剧《丝路花雨》，以大唐盛世为背景，以壁画舞姿为舞蹈语言与艺术技巧有效结合，讴歌了中华民族的创造才能和中外人民的传统友谊。舞蹈欣赏要善于从一系列连贯的动作中捕捉用来表现舞蹈主题的相对静止的瞬间，即舞蹈造型。观众还需要联系日常生活，需要了解舞蹈造型的基本构成。

第三节　戏剧戏曲美

一、戏剧戏曲的美

戏剧是人类文明艺术典型代表中的一朵奇葩，是人类精神文明的艺术形式。戏曲是我国传统戏剧的一个独特称谓。不管是西方戏剧还是东方戏剧都是对人类精神文明的诠释。戏剧的审美价值强调形式上的美，主要强调规范性、节奏性、程式化与剧情人物相结合，其艺术之美主要体现在以下几方面：

（一）音律美

曲词讲究音韵美，可以在规定的字数范围外添加衬字，以加强声情或弥补语义，多使用对仗句式，形式灵活多样。有隔句对、连珠对、重叠对、首尾对、衬字对等。曲词的字数、赘韵、重韵、对仗的灵活运用，使得语言节奏鲜明，韵律和谐，具有流转回环的音乐美，可以达到因情赋声、以声传情的效果。例如，《哀江南》不仅唱起来朗朗上口，听起来也悦耳动听。

（二）语言美

戏曲语言由曲词、宾白、科介三部分组成。曲词是剧中人物的唱词。宾白是剧中人物的说白，一般是散文，分为对白、旁白、带白等。科介是关于动作、表情、音响效果的舞台指示。戏曲语言较通俗，多为口语，使演员易于表演，听者容易接受。戏曲雅俗共赏，蕴含音律之美，使人回味深远。例如，《窦娥冤》中的"滚绣球"用了"怎生""葫芦提"等口语。又如《长亭送别》的"叨叨令"用了大量的儿化词与叠音词。

（三）色彩美

当人们想要了解一个事物时，第一感官系统就是眼睛。中国戏曲的服饰、道具使用朱红、大绿来装饰和美化舞台，既突出人物的个性，又烘托演出氛围，同时还渗透了文明古国的古典之美、高雅之美、气质之美、内在之美。中国戏曲服饰，也体现了色彩美，如皇帝穿黄色龙袍，新科状元穿大红袍烘托喜庆气氛。

（四）表现美

中国戏曲往往用想象、夸张的浪漫主义手法，通过奇特的艺术构思，表达现实的愿望或对理想世界的追求，以塑造人物，反映生活。中国戏曲往往通过幻想等手法，满足观众对美好生活的向往，大多以弘扬正气为主题，最后达到理想效果。例如，《窦娥冤》以超现实的想象，写窦娥临行发出三桩誓愿，感天动地，一一应验，表现她的冤屈之深重，反抗之强烈，具有震撼人心的力量。

二、戏剧戏曲的分类

戏剧种类繁多，戏剧类型划分标准不统一，可以从不同的角度和标准进行分类。但是，不管哪种形式的戏剧都是通过独特的表演手法构建出来的另一个虚拟的世界。中国戏曲艺术是戏剧艺术的重要组成部分，主要包含有京剧、豫剧、越剧、黄梅戏、评剧5个类型。戏曲是我国创造的独有的戏剧形式，它是以唱、念、做、打为中心的综合戏剧形式。

（一）戏剧分类

1. 按戏剧容量分

根据戏剧容量大小分为多幕剧、独幕剧和小品。因戏剧的剧情内容和故事人物少，故事情节简单，尤其是将整个剧情集中于一个剧目中，集中突出反映一个戏剧主题。多幕剧具有内容丰富和情节复杂的特点，同长篇小说一样，其剧情长，如《雷雨》。独幕剧类似于短篇小说，整部剧只有一幕，结构较为紧凑。小品是一个比较宽泛的概念，它的基本要求是语言清晰、形态自然，能够充分理解和表现各角色的性格特征和语言特征。

2. 按表现形式分

根据表现形式分为话剧、歌剧、音乐剧、舞剧、戏曲。话剧是指以对话为主的戏剧形式，话剧以演员的对白和独白为主。话剧作为戏剧也是舶来品，它起源于西方国家，逐渐传入至我国。颇具代表性的作品是《布达拉宫风云》。歌剧是指以歌唱或者通过音乐表达剧情的戏剧，简而言之，就是唱而不说。歌剧源自西方的意大利。音乐剧是由喜歌剧及轻歌剧演变而成的，是由对白和歌唱相结合的戏剧形式。音乐剧熔戏剧、音乐、歌舞等于一体，富于幽默情趣和喜剧色彩。世界经典音乐剧《悲惨世界》主要反映社会现实，以流动的舞台、巨大的转盘、丰富的场景给观众留下了深刻的印象。舞剧是舞蹈、戏剧、音乐相结合的表现形式，其中，舞蹈是其主要表现形式。剧情的发展以及剧中人物形象的塑造都需要依托演员的舞蹈表演来展现。在戏曲表演中，念白、音乐、歌唱、舞蹈和杂技是其主要的表现形式。戏曲源于原始歌舞，在历史的长河中，戏曲也呈现出繁多、有趣的舞台艺术表现形式特征。

3. 按美学效果分

根据美学效果来划分，可以分为悲剧、喜剧、正剧和闹剧。悲剧所表现的主要是人们遭遇不幸的事情，反映到戏剧中，通常表现为正面人物的失败或死亡。由社会原因造成的这一结局，称之为"社会悲剧"；由自身性格原因造成的这一结局，称之为"性格悲剧"。悲剧："历史的必然要求和这个要求的实际上不可能实现"。[①] 悲剧的主要的代表作品有英国剧作家威廉·莎士比亚《哈姆雷特》、古希腊悲剧作家索福克勒斯《俄狄浦斯王》、关汉卿《窦娥冤》、古希腊悲剧作家埃斯库罗斯《被缚的普罗米修斯》等。喜剧特点是善于在描述对象的本质和现象、内容和形式的矛盾中捕捉笑点。笑是喜剧应有的戏剧效果的表现形成，它让观众在笑声中辨析生活中的假、丑、恶，肯定真、善、美，在笑声中获得个人价值观的塑造。喜剧也分为讽刺性喜剧和歌颂性喜剧两类。喜剧的代表作品有莎士比亚《威尼斯商人》。正剧是最接近于社会现实、最普遍、最主要的戏剧样式之一。它的内容有悲有喜，悲喜结合，一般反映严肃的社会生活题材。闹剧也是喜剧的一种，特点是比一般喜剧更为夸张，追求所谓"滑稽"的艺术效果。

（二）戏曲分类

京剧、豫剧、越剧、黄梅戏、评剧并称为中国五大剧种。

京剧，曾称"平剧"，徽剧是京剧的前身。清代乾隆时期，四大徽班陆续进入北京，与来自湖北的汉调艺人合作，同时又接受了昆曲、秦腔的部分剧目、曲调和表演方法，通过不断交流、融合，最终形成京剧。

豫剧是在河南梆子的基础上不断继承、改革和创新发展起来的。因其音乐伴奏形式是用枣木梆子打拍，故早期得名"河南梆子"。

越剧——中国第二大剧种，被称为"流传最广的地方剧种"，在国外被称为"中国歌剧"。越剧起腔尤其独具特色，脉脉含情、温柔细致、柔中带刚，越剧长于抒情，以唱为主，声音优美动听，表演真切动人，唯美典雅，极具江南灵秀之气；多以"才子佳人"题材的戏为主，艺术流派纷呈，公认的就有十三大流派之多。

黄梅戏，起源于湖北黄梅，发展壮大于安徽安庆。黄梅戏是"中国五大戏曲剧种"之一。黄梅戏调式色彩明朗，表情达意质朴，节奏律动似舞蹈，唱词口语化，唱起来缠绵悱恻、千回百转。

评剧是北方的一个戏曲剧。清末在河北滦县一带的小曲《对口莲花落》的基础上形成，先是在河北农村流行，进入河北唐山后，称"唐山落子"。

三、戏剧戏曲艺术的特点

中国戏曲艺术既具有人类戏剧的共同特点，又因不同的表现手段而区别于话剧等其他戏剧种类，具有自身特点。《中国大百科全书·戏曲 曲艺》称戏曲具有虚拟性、

① 曾簇林. 恩格斯悲剧论断之普遍适用性新探［J］. 湘潭大学学报（社会科学版），1987（2）.

程序性、音乐性的特点。[①]

（一）虚拟性

戏剧的虚拟性体现在戏剧舞台的设置简单和表演技术"以形写神"所带来的效果上，戏剧的虚拟性受我国传统思想文化影响，以及戏剧本身需要戏剧人创新和创造，一般分为3类：

1. 戏曲舞台的时空具有虚拟性

戏剧舞台在时间和空间处理上恰到好处，例如，在《文昭关》中，"伍子胥"虽然仅仅在舞台上说唱几分钟，但是实际上却是无数个长夜的时间跨度。同时，从空间跨度上来看，戏剧演员在舞台上跑个圆场代表"三五步就行天下"。

2. 戏曲演员表演时多用虚拟动作

戏曲演员的表演擅长使用部分实物代替实际实物，利用特定的表演动作来代表不存在的实景和实物，戏曲演员的虚拟动作都在观众的想象中完成。例如，《打渔杀家》中的萧恩和桂英每人手里拿了一件船具，观众的第一反应就是他们在船上。

3. 戏剧场景和环境的虚拟

现在的戏剧舞台和传统的戏剧舞台大致使用一样的道具，有时摆放道具，有时不摆放。但是戏剧场景和环境的虚拟应用十分广泛，既可以是同样的座椅道具，也可以是虚拟化的代替物。

（二）程序化

戏剧表演的程序化是指戏曲的编排采取统一的思维构建程序化的艺术手法，从而形成规范、统一、标准的戏剧创造过程。戏剧程序化的动作贯穿于戏剧表演始终，大到分行、分场及升堂，小到一个动作和一句腔，可以说每一个戏剧动作都是严格按照戏剧的程序化要求开展的。戏曲表现手段是程序化的，特别是在戏曲演出时，手势如何比画、眼神如何交流、身体旋转、步子怎样走，都是有标准的，就连怎样表现戏剧人物的表情都有一套完整程序。同时，戏曲中的音乐也是程序化的，戏曲中的音乐以地方民间色彩为主，掺杂着浓郁的地方方言。戏剧程序化是将不同的艺术形式融入戏曲，它们都是强调形式上的和谐统一，戏曲也是从中汲取了这种形式上的和谐统一。

（三）音乐性

戏剧的音乐性主要体现在唱腔和音乐上。戏曲表演要运用唱、念、做、打多种戏曲艺术手段，每一种手段都与音乐有密切的关系。唱是一种音乐的表演手段。念白不是简单的唱，还要在音乐声调、节奏上能与歌唱相协调。戏剧的唱腔配上动听的音乐，观众不仅喜欢，而且还会被剧中的情节深深吸引。例如，黄梅戏《海滩别》深受大众喜欢，不仅仅因其曲调优美，而且主要的是剧中男女对唱的个性化音乐旋律引人入胜。"做"称"做功"，普遍指表演技巧，有时也特指舞蹈化的形体动作，是戏曲有别于其

[①] 田志平. 再谈戏曲特征［J］. 戏友，2018（S1）.

他表演艺术的主要标志之一。"打"则指的是武功，是传统武术的舞蹈化，也是生活中格斗场面的高度艺术提炼，一般分为"把子功"和"毯子功"两大类。

四、戏剧戏曲美的欣赏

（一）分析戏剧冲突

戏剧中的冲突一般主要存在于人与环境、人与人、人的内心3个方面，分析戏剧中的冲突有助于全面准确把握戏剧作品的主题。例如，鲁贵和四凤讲述三年前客厅"闹鬼"之事，当繁漪来到客厅，鲁贵就仓皇离去。已经知道四凤与周萍关系的繁漪对四凤冷眼相待。矿上罢工代表鲁大海为请愿一事来到周家找矿主周朴园。之后周萍与鲁大海发生冲突，并打了鲁大海，鲁妈眼见兄弟相见如仇人，悲痛欲绝。由此，周鲁两家人潜藏已久的恩怨就凸显出来了。

戏剧戏曲美的欣赏

（二）分析戏剧情节

戏剧的情节编排是推动戏剧发展的必要条件，经典的戏剧一定是情节跌宕起伏、内容生动、构思巧妙的。戏剧要在短时间内讲述一个完整的故事、塑造生动感人的戏剧人物，需要导演将情节设计得合乎逻辑、突出，才会给观众留下深刻印象。故事与人物的有机结合，就是情节设计的"巧合"，"巧合"的设计往往是构成戏剧"观赏性"的重要因素。例如，《雷雨》中侍萍被周朴园遗弃后离家出走，她本想将这段不堪回首的记忆全部遗忘，可是，事与愿违，女儿四凤又回到之前的周家，并且有了相同的遭遇。仔细分析这部戏剧作品的情节，以戏剧情节中的"必然性"与"偶然性"作为切入点，以故事情节为主线索，从而实现对作品更加全面的理解。

（三）分析戏剧场景

戏剧情景构造分为显性情景和隐性情景。显性情景，通过剧本了解戏剧内容，通过戏剧的设计、布景、道具等还原剧本，目的就是塑造戏剧中的人物形象和人物性格。隐性情景强调人物在舞台说明中的创造表现力。

舞台也是营造戏剧场景的重要途径。例如，在话剧《高考1977》片段中，眼看生产队员赶不上火车，大声呼喊"等一等，我来了"，不同的年轻人有不同的表达，有的痛苦、有的坐在地上、有的还在捶打自己。正是在这千钧一发的时候，突然，来了一辆拖拉机，演员们眼前一亮，似乎看到希望。短短几分钟的舞台表演，一停一顿的舞台行动，亦扬亦抑的人物情绪变换，演员们的舞台行动，都推动了戏剧的情景发展走向高潮。同时，戏剧音乐的渲染将悲伤的气氛降至最低。

（四）分析戏剧台词

戏剧的语言有两种：舞台布置的说明，包括时间、地点、表情等要素；人物语言，也称"台词"，包括对白、独白、旁白等。分析戏剧的台词有助于推动戏剧故事情节的发展，戏剧台词也可能成为人物冲突的关键因素。

舞台布置的说明。例如，《雷雨》第二幕开头舞台布置的说明："午饭后，天气更阴沉，更郁热。低沉潮湿的空气，使人异常烦躁……"这一段舞台布置说明，不仅交代了戏剧的开始，而且为推动情节发展奠定了感情基调，烘托出人物的烦躁、郁闷、不安，也为人物的矛盾冲突埋好了伏笔。

人物语言。戏剧人物通过语言来塑造人物形象，不同的语言可表达不同的人物的思想。《雷雨》之所以如此成功，除了得益于跌宕起伏的情节之外，更得益于整部戏剧中精彩的对白。演员们出色的演技将人物对白背后的情绪演绎得淋漓尽致，这些对白也使得观众融入情节之中，体会戏剧人物所传达的情感。人物对白对人物性格确立以及形象塑造都起到至关重要的作用。

第四节　影视美

一、影视艺术的美

影视作为艺术的综合体现，在发展过程中，总是与社会发展同步同向，始终与文学、绘画、舞蹈、音乐等艺术紧密联系在一起。影视形式与影视色彩美、语言美、画面美有机结合，形成了具有影响力和表现力的综合艺术。

自诞生以来，影视便是人们能够直接感受美的一种重要方式，无论是《星际穿越》的唯美与震撼、《千与千寻》的奇妙幻想，还是《海上钢琴师》的强大与孤独，我们总能在电影中寻找人性与世界万物的美。影视的美主要体现在结合美与色彩美。

（一）结合美

影视的画面与音乐结合，将影视的视觉效果和听觉效果结合，实现了影视回归艺术的本质。影视画面和音乐相联系，有学者认为"影视音乐是一种修饰音乐，有助于增强画面的作用"。从艺术的表现手法来分析，影视的画面和绘画一样具有可视性，动感画面是对客观的现实反映。音乐是抽象的，主要存在于精神范围。例如，《三国演义》《亮剑》中广泛运用民族音乐，影视与音乐的结合实现了影视关联其他艺术的主题思想。

（二）色彩美

影视就是调动色彩在内的各种元素，尤其是画面与音乐之间互相转换，色彩同声音有效结合，产生新的意境。例如，《红高粱》结局部分"奶奶倒在了血泊中"，突然耳边就想起了欢天喜地的唢呐声，此时强大的音乐效果与画面效果形成了鲜明的对比；又如国产电影《英雄》，是一部集观赏性与艺术性于一体的经典作品，片中既有紧张激烈的打斗场面，又有深藏意蕴的视觉画面。影视非常注重运用色彩造型和表意，让观众体悟视觉画面的深层次内涵。例如，电影《英雄》的叙事主要依靠色彩来控制和完成，红色、蓝色、绿色、白色和黑色各有其情感和叙事功能。影视作为一个有机整体，色彩是重要组成部分。

二、影视的分类

根据影视分类标准和审视的角度不同，其类别也不同。现在划分影视的标准更加细化，兼顾审美功能等其他综合要求，将影视划分为电影和电视剧两大类型。

电影也被称为"动态画面的视觉艺术形式"，它是现代科技和艺术相结合的产物，利用移动图像准确地"还原"现实世界和"展现"虚拟世界，更具逼真感和亲近感，电影动态特性给观众带来前所未有的体验。

电视剧又称"剧集"。电视剧是一种适应荧屏，转为在电视或网络视频平台上播映的戏剧样态。电视剧的制作既兼具电影、舞蹈、美术、配音等现代艺术的多元化元素，又融合广播剧、舞台剧等表演方法和拍摄特点。电视剧本一般分为单元剧、单本剧、连续剧等，在呈现方式上可分为真人剧、动画剧、木偶剧等。

三、影视的特点

（一）综合性

影视的综合性体现在其包括各门艺术、科学、美学等。影视是集戏剧、文学、艺术、音乐等多种元素的综合性艺术，它吸收和借鉴了多种艺术的优势和艺术审美，集表现力和审美于一体。影视在艺术、审美等方面进行结合，形成了独特的视听艺术，集中体现在美学审美方面的技术性和艺术性的统一，使得影视不同于其他的艺术类型。例如，《西游记》的观众既可以欣赏其中的服装艺术、音乐艺术、表演艺术，还可以欣赏置景、摄影和语言艺术等。

（二）技术性

从影视的表现手段来看，影视综合运用声、光、电、化学以及各种科技手段丰富表现力。现代影视将现代化的科学技术手段与传统艺术元素有机结合，形成一种新的、综合性的艺术形式，其中不仅包含文学、戏剧、音乐、舞蹈、建筑等多种传统艺术元素，而且集纳摄影、化妆、空间设计等元素，是视听综合、时空综合和媒介综合的产物。现代技术也赋予了影视区别于其他艺术的鲜明特色，如美国电视剧《英雄》是现代科技的杰作。因此，从某种程度上来说，科学技术的快速发展，也推动了影视的发展。

（三）视听性

视听是人接收外界信息的主要形式，影视没有听觉的辅助，美感就会大大降低。

而电影作为影视的典型代表，它满足了人们在听觉上的审美需求，不再是简单的影视艺术，而是视觉艺术和听觉艺术的结合。观众通过影视画面了解情节。例如，电影《大红灯笼高高挂》充分利用视听性技巧，把握观众的心理需求，在影视画面上强调色调的合理性，加之对人物形象的刻画，从开头至结尾，红色大灯笼贯穿始终，直入观众眼球，营造了悲凉气氛；另外，在渲染故事情节、环境背景处理方面设置悬念，利用镜头和剪辑技巧形成隐喻，影视中增设许多矛盾，提升真实感，尤其是采用了蒙太奇手法，推动了情节发展，成功吸引观众。

四、影视作品美的欣赏

影视作品需要从影视作品的故事内容、人物形象、主题内容、表现手法4个方面全面欣赏。

影视作品美的欣赏

（一）故事内容

影视是用镜头讲故事的艺术，故事是影视的助推器。不论是听众还是观众，都对故事情节十分感兴趣，其基本结构都是"人物＋故事"模式。影视就是一个个故事拼凑而成，既充满了矛盾和斗争，也包含机缘巧合和注定的意外。导演将生活中的戏剧性故事串联起来，经过加工、提炼和编纂后，可以有效满足观众的心理需求。

一部经典影视作品基本都是一个完整的故事，主要取决于故事情节的强、弱。从客观上讲，在一部经典的影视作品中最重要的是故事情节，一个生动而有意义的故事是连接影视和观众的纽带。如果影视的故事失去了本真会导致观众无法理解，即使再好的影视作品也难以得到广大观众的认可和接受。

（二）人物形象

人物是影视艺术的核心要素。影视中的人物特写有虚有实，对于重要人物就会实写，影视中重要人物出场会伴随动感的音乐和动感的画面。例如，《邻居》的开头是一个普通家庭的做饭声，厨房的声音十分嘈杂，将住房问题直接展现出来。接着学校党委书记出场，他接听电话的时候，说话的语气十分趾高气扬，足以体现领导干部的身份，该作品将人物的出场编排得恰到好处。

另外，关于人物虚实特写也很重要。例如，电影《摔跤吧！爸爸》中塑造了一个个性格鲜明、血肉丰满的主人公，不管是"爸爸"，还是女儿们，每个人物的形象都十分鲜明、个性突出，并且人物之间的逻辑关系清晰。从人物塑造的手法来看，这部作品是通过典型事件塑造人物形象，包括人物身份、个人经历、性格等。

（三）主题内容

"一部经典的艺术作品，不仅要有现场观众热烈的掌声，还要对观众的思想灵魂都有所触动"，这才是一部影视作品应该产生的效果。作为观众，如何从人物关系、主题内容等方面全面地把握影视作品，这就需要认真全面分析影视作品的核心思想观点，分析主要人物身上所表现出来的道德品质，还要对故事背景和人物活动环境进行分析，理解作品所表现的思想内容。例如，《摔跤吧！爸爸》紧紧围绕"人需要有梦想"的主题展开故事情节，这个问题启发观众既对故事情节产生兴趣，又能联系自己的人生。又如，《西游记》的主线围绕西天取经路上遇到的艰难险阻，影视中的人物坚定理想目标，通过塑造具有强大理想信念的主人公，从而强化了作品的主题思想。

（四）表现手法

　　影视的表现手法主要有视觉和听觉两种。视觉是影视作品的核心元素，主要包含画面、镜头和蒙太奇制作手法。影视都是运用表演手法反映生活中的案例，再现视觉画面。例如，电影《罗马假日》通过主人公游玩罗马动态画面的不断转化，给观众视觉上的转换，带来一种全新的视角体验。影视的听觉以声音为主，尤其是人声在影视的情感表达和形象塑造方面发挥重要作用。影视中的对白是人物思想交流、信息传递的方式，是影视听觉表现方法的存在形式。这种表现方法在影视制作中得到了广泛的应用。音乐是影视作品最富有特色的是表现手法之一，为其增添了强大的表现力。

 考题

　　1. 如何赏析音乐美？
　　2. 如何赏析舞蹈美？
　　3. 如何赏析影视美？

第十一章

CHAPTER 11

造型艺术美

学 习目标 ......

1. 了解造型艺术风格
2. 了解现代造型艺术的传承来源

学 习重点 ......

1. 不同风格的区别
2. 培养高尚的审美情趣

造型艺术是指用一定的材料，用不同表现方法再现人们思维和情感，可视、可触摸的空间艺术形态，可以是二维平面，也可以是三维空间。从传统的美术类型来看，绘画、雕塑、建筑、工艺美术是世界各国美术史分类的基本篇目，它们都包含在造型艺术中。在此基础上，中国还有书法一类。

第一节　雕塑工艺美

中华文明是人类历史上没有中断的文明。雕塑和工艺美术，如同孪生兄弟，作为古老的艺术，均是被制造出来的艺术。一方面，它们反映了一定时代的物质、文化、生产水平；另一方面，作为精神产品，它们的形象在一定程度上反映了当时人们的所思、所想、所感，体现了时代精神和审美特质。被称之为"国宝"，能流传于世的雕塑作品和手工艺品，或是考古发掘的国家级文物，均是极富有历史价值、艺术价值、科学价值的文物。艺术随时代变化，在发展中不断继承和革新。

雕塑包含雕、刻、塑，可以运用泥、陶土、石膏、树脂、黏土、木材、石头、金属、角牙、玉、漆等材料，通过圆雕、浮雕、透雕[①]三大基本表现手法塑造形体。

"工艺美术"一词出现的时间也很晚，以前中国均称之为"手工业制品（或手工艺）"。中国传统的手工艺品广泛服务于人们的生产生活，包括衣、食、住、行、战争与祭祀。手工艺品也能用上述雕塑材料进行铸造、焊接、錾刻、镶嵌、填色、鎏金、金银错；也能用棉、麻、丝进行编织、染色、刺绣，形成绫、罗、绸、缎、丝、帛、锦、绢等纺织工艺品。在 19 世纪末期，英国设计师威廉·莫里斯拉开了"工艺美术运动"的序幕，从而启发了现代艺术设计。工艺美术在发展中已不局限于手工艺，而是与机械工业，甚至是大工业相结合。工艺美术的本质是实用艺术与审美意趣的结合，以达到表现形式与表达内容的完美统一。

（一）体积感强

体积感是雕塑带给人最直接的感受之一，它通过尺寸大小来完成对人的视觉、心理的影响。雕塑、工艺的体积特点主要体现在向观者传递色感、触感、质感和情感。

比如，新石器时代红陶人头壶（见图 11 - 1），壶身是人的身体，人口可以出水，巧妙地把储水和人的身体组合起来，反映了新石器时代先民对于体积感的认识和好奇。玉琮（见图 11 - 2）是一整块玉石的挖孔雕刻，相较于石质而言，阴刻线又细又密，钻穿孔的制玉工艺体现了古代良渚先民对于神权的崇敬。青铜扭头跪坐人像（见图 11 - 3）是三星堆出土器物，以青铜铸造，展示古蜀先民的膜拜样态，表现他们对祖先、神力的崇拜厚重而又虔诚。

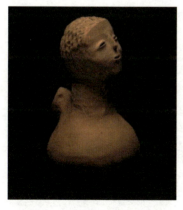

图 11 - 1　红陶人头壶　西安半坡博物馆藏　新石器时代

图 11 - 2　玉琮　浙江省博物馆藏

图 11 - 3　青铜扭头跪坐人像三星堆博物馆藏

---

① 圆雕又称"立体雕"，是指非压缩的，可以多方位、多角度欣赏的三维立体雕塑；浮雕是半立体雕刻品，分为浅浮雕和高浮雕；透雕是介于圆雕和浮雕之间的一种雕塑形式。

秦陵一号铜车马（见图11-4），如果将其与咸阳宫遗址壁画《驷马图》对照着看，可以发现，形象写实的车马再现了秦始皇作为一代帝王的雄心，即希望在"地下世界"同样威震四方。只有不断兼并各国，才能获得更多的资源，因此铜车马的体积感带给人的感觉是威严。别看青铜现在的颜色是青绿相间，可刚铸造出来时是闪闪发亮的冷黄色，是黄铜的颜色。

图11-4　秦陵一号铜车马 秦始皇帝陵博物馆藏 秦代

瓦是由泥烧造出来的，砖瓦有模范。模范是铸造某类器物的模子，使用模范可以大量生产某类器物，如钱范、瓦范、木范、石范、石膏范等。这些模范组合形成空腔，中间的材料正好可以填满空腔，形成有体积的体块，合范铸造。例如，汉代的四神瓦当（见图11-5），四方神兽象征四方神力，有驱邪除恶、镇宅吉祥的含义，因为汉代已经形成了传统的四方观念。

汉·青龙纹瓦当　　　汉·白虎纹瓦当　　　汉·朱雀纹瓦当　　　汉·玄武纹瓦当

图11-5　四神瓦当 西安秦砖汉瓦博物馆藏 汉代

石质雕塑的体积感是最强烈的，各类石质文物体量巨大。与人的渺小相比，开山凿石形成的宗教雕塑，更能凸显威严感；同时因为石质文物的开凿耗时费力，需要巨大人工，还要有恒心和毅力。

（二）材质丰富

雕塑和工艺品需要借助不同的材质，才能将形象固化。材质各有肌理效果，呈现不同的美感特征。在全国第五批国家级非物质文化遗产代表性名录中，和工艺美术相关的就有贝雕、竹雕、石雕、木雕、玉雕、剪纸、各地刺绣、藤编、蜡染工艺等。这些穿越千百年历史岁月，历经战火磨难依然绽放的中国传统艺术技艺，是中华优秀传统文化的传承载体。它们体现的是中国古代先民对生活的热爱和对美好事物的追求。以下展示部分手工艺品的材质美，挂一漏万，在所难免，应以无限敬仰的心情欣赏。

平螺钿背八角镜（见图11-6）使用了镶嵌和金银错工艺。贝母天然柔和的光泽和金、铜镶嵌在一起，富丽堂皇，使得铜镜原本厚重的材质看起来晶莹剔透。金的延展性可用其做诸多造型设计，捶打金块可以使它形成凹凸不平的样貌，金背青铜镜（见图 11 - 7）是唐代富足生活的体现。

图 11 - 6　平螺钿背八角镜 日本正仓院藏 唐代　　图 11 - 7　金背青铜镜 中国国家博物馆藏 唐代

宋代是制瓷业高峰时期，工艺炉火纯青。

明代的木质家具在艺术上取得了很高的成就，黄花梨四出头官帽椅（见图 11 - 8）表现了家具工艺的意匠美、材质美、工巧美、结构美，是我国古代家具工艺的优秀典范。

天津泥人张代表作《渔女》（见图 11 - 9），因用质朴的材料塑造普通百姓生活，贴近当时的社会现实，获得一致好评。

图 11 - 8　黄花梨四出头官帽椅 上海博物馆藏 明代　图 11 - 9　渔女 泥人张彩塑 张玉亭 近现代

（三）表现手法细腻

圆雕、浮雕、透雕等表现手法可以使观者联想到已成为过去的事情，也可以"看见"将要发生的事情。雕塑即是雕刻塑造的凝固瞬间。雕塑具有感染力，可以获得观者情感共鸣。新中国成立后，气象万千，几代工艺美术大师筚路蓝缕，从传统艺术中汲取灵感，创新思维，创作了《收租院》《烈焰青春》等一批代表作。

人民英雄纪念碑上的浮雕（见图 11 - 10）是新中国美术史中雕塑的开篇大作，是时代的精品，也是时代的经典。[1]

———————————

① 陈履生. 1949—1966 新中国美术图史［M］. 北京：中国青年出版社，2000：286.

图 11 - 10　人民英雄纪念碑底座浮雕（局部）胜利渡长江 中国北京天安门广场 当代

二、雕塑工艺的分类

从雕塑风格上分类，可以将雕塑分为：古典主义雕塑、现实主义雕塑、后现代雕塑等。

古典主义雕塑讲究把人体的经典美聚集一身，塑造理想的美人。《胜利女神》（见图 11 - 11）就是其中典型的例子，人体完美的结构比例、灵动富于变幻的轻薄服饰、天使般美丽的宽大羽翼，象征人心中的完美女神。

法国雕塑家奥古斯特·罗丹之所以被称为"现实主义雕塑大师"，是因为他扩大了人们对于美的认知范围，美不仅仅是外表美，还是现实生活中生理真实的存在状态。《塌鼻男人》（见图 11 - 12），从美的角度而言他并不美丽，但不可否认这是现实主义的认知。"审丑"也进入美的研究视野，这是区别两种不同风格雕塑最常见的办法之一。

图 11 - 11　萨莫色雷斯的胜利女神 法国
卢浮宫博物馆藏 希腊化时期

图 11 - 12　塌鼻男人 罗丹
个人收藏

后现代雕塑在形态上更加多姿多彩，使用的材料也更丰富，但总体而言逐渐走向夸张变形，《斜倚的母子》（见图 11 - 13）以求表现生命的运动，表现生命和现实的搏斗。有些作品中已经出现了悲观和迷茫的情绪，如《行走的人》（见图 11 - 14）。这种悲观犹如阴影，一直尾随着 20 世纪的现代主义运动。

图 11 - 13　斜倚的母子　亨利·摩尔　　　　　图 11 - 14　行走的人　贾科梅蒂

工艺品的分类可以按照材质区分，整体来说，工艺随着科技的进步而逐渐发生变化，审美也随之改变。由于资产阶级工业化发展迅速，19世纪下半叶，工艺美术运动在英国发轫。批量生产造成了设计水准下降，莫里斯主张重拾中世纪手工业传统，此时工艺美术设计主要集中在首饰、书籍装帧、纺织品、墙纸、家具和其他用品上，他们反对机器美学，主张艺术与技术相结合（见图 11 - 15、图 11 - 16）。

图 11 - 15　椅子　安东尼奥·高迪　　　　　图 11 - 16　玫瑰织物　威廉·莫里斯

三、雕塑工艺美的欣赏

独立看单个雕塑和把雕塑放置在环境中看，是完全不同的两种体验。如果有机会去博物馆、美术馆，也要了解当地的传统文化是如何介入和影响艺术创作的。这就涉及欣赏雕塑工艺美。

中国雕塑中所含的气韵生动，是如何通过雕塑表现的？时代主流审美倾向不同，会产生特殊的审美意蕴。外国雕塑中一个很重要的方面是人们如何理解和表现人的身体。古希腊人、古罗马人、现代欧洲人，文艺复兴时期的人、新古典主义时期的人、在后现代主义思潮影响下的人，都从不同的角度出发，回答和表现了他们所理解的"人是怎样的"这个问题。或许作为观者，不太理解创作者的审美主张，但这并不妨碍每个人作为一个独立的审美个体欣赏雕塑。

（一）审美特征

纵观中国雕塑、工艺美术的发展史，其精神性受到政治、宗教、哲学的影响。就造型而言，受绘画的影响，并在意象、抽象、写意、写实诸方面显示出在道、智、美方面的追求和价值。这完全异于外国传统。因此，学界将中国雕塑的审美特征归纳为原始朴拙意象风、商代抽象风、秦俑装饰写实风、汉代雄浑写意风、佛教理想造型风、宋代俗情写真风、帝陵程式夸张风、民间朴素表现风[①]，其精神特征是神、韵、气的统一。

雕塑虽然是静态空间形象，但是它与舞蹈一样，是能直接体现人的本质力量的造型艺术。雕塑可以通过寓意和象征概括地表现人的内在、完备的精神实质。

（二）审美范畴

在很长时期内外国艺术在内容和形式、感性因素和理性因素上都是割裂的，简要概述为：古典主义认为美在形式，理性主义认为美在完善；英国经验主义认为美在快感（美即愉快），德国古典主义认为美在理性，其内容表现为感性，俄国现实主义认为美是生活[②]。20世纪以来，在体验大旗下的现代艺术语言的不确定性和多样性增加，这不仅表明艺术存在与生命流变同形同构，而且表明艺术语言所代表的新感性对日常感性的超越。当代艺术担当起拯救人的感性审美生成的使命。

想象是一切艺术的根本特征。想象使人在现实生活中充满诗意，想象使人永远不处于任何已成之局，而向未成之境、未来之途发展。"艺术就是要追求那种尚不存在的东西。"现代人正在体味科技与美学、感性与理性、意识与无意识、经验与超验、有限与无限、自由与必然的分裂，这是前所未有的。通过对雕塑艺术的欣赏，回溯自身曾经体验过的生活。

（三）美的鉴赏

中国共产党历史展览馆前有五组雕塑，展现了中国共产党带领中国人民生生不息、一往无前、攻坚克难、战胜各种艰难险阻的精神、气势和力量。每个人物都是中国人民熟悉的，因为他们是中国共产党党史中可歌可泣的人物。五组主题雕塑充分体现了内容与形式的高度统一。各行各业努力奋斗，各民族载歌载舞，共同奔向美好的明天。

雕塑的韵味
与魅力

大型党旗雕塑《旗帜》（见图11-17）气势如虹，震撼人心，深刻反映"旗帜就是方向、旗帜就是力量"的寓意。《旗帜》的基座高1米，旗帜部分高7.1米、长21米，象征1921年7月1日。党旗高高飘扬，它永远和人民贴近，和人民的心声、和人民的感情贴近。

另外四座汉白玉雕塑《信仰》（见图11-18）、《伟业》（见图11-19）、《攻坚》（见图11-20）、《追梦》（见图11-21），分别对应"四个伟大"主题。《信仰》再现宣誓场景，宣誓动作可以代表共产党员的一种行为的准则和对信念的承诺。《伟业》共有65个人物形象，涵盖不同群体、不同职业，凸显新时代中国成就。

① 向云驹. 谈吴为山雕塑创作的写意精神［J］. 中国文艺评论，2019（6）.
② 胡经之. 西方文艺理论名著教程（下）［M］. 北京：北京大学出版社，2002：1-29.

江山就是人民，人民就是江山。雕塑全方位地展现"中国平凡人所做出的不平凡的事业"这一主题。《攻坚》共选择了 12 个故事场景，刻画了 67 位人物，生动体现了中国人攻坚克难的伟大精神。《追梦》塑造了农民、工人、新经济工作者、党政干部、知识分子、军人等 73 位人物形象，将生活场景、民族风情进行了诗意化的表现，生动地展示了人物的姿态与神情，富有层次，气韵生动。

图 11 - 17　旗帜　吴为山设计　中国美术馆
供图　当代

图 11 - 18　信仰　中央美术学院创作
新华社供图　当代

图 11 - 19　伟业　清华大学美术
学院创作　清华大学
美术学院供图　当代

图 11 - 20　攻坚
创作　中国美术学院
供图　当代

图 11 - 21　追梦　鲁迅美术学院创
作　鲁迅美术学院供图
当代

　　从这些作品中，我们能感受造型艺术领域大国工匠的精神和守正创新的品质。坚韧是中华民族的优良品德，大国工匠的精神和职业品格中强大的精神力量就在于从业者几十年如一日的韧性。守正即是在韧性中凸显在时间和意志力的双重作用下坚守正道的力量。创新是大国工匠基于中国传统文化艺术的滋养，不断挖掘、开发适应现代中国人精神需求的新产品，坚持走正确的道路，才使得现代大学生可以了解文化的变迁，触摸中华文化的脉络，汲取中华文化艺术的精髓。

第二节　书法绘画美

　　书法是按照文字特点及其含义，以其书体笔法、结构和章法进行书写，使之成为富有美感的艺术作品，是中国及深受中华文化影响的周边国家和地区特有的一种文字美的艺术表现形式。绘画是对客观物象采用经过高度概括与提炼的具象图形进行设计的一种表现形式。两种艺术的形式不一样。

一、书法绘画美的表现

六书是指：象形、指事、会意、形声、转注、假借。"六书"一词最早见于《周礼》。原始刻画符号具有绘画和文字两重意义，表现了书画同源。在生产和劳动的过程中，先民运用高度概括、大胆夸张的手法，汲取大自然的灵感，将客观物象用朴实而简练的点、线、面来表现，这是他们对美的体验与创造，其简洁、明快、质朴、自然、奇妙的特点，反映了先民的伟大创造精神。

（一）书法美的表现

书法是以汉字为载体表达思想、昭示道德与精神，以及进行人格关照的一种中国文化。书法美体现了汉字形体美，主要分为两方面：一是形象美。构字原理具有情态生动的形象美；汉字在二维平面上构形，字体大小、笔画都富有变化美。独立结构、上下结构、左右结构、包围结构等结构的汉字体现了中华文化和谐、稳定的思想，又体现了刚健、正直等文化精神。二是形义内涵美。汉字是典型的表意文字，组词能力十分强大，且富含哲理，解析汉字可以感受丰富且睿智的思想光芒。

隶书[①]由篆书简化、演变而成，风格多样，历史悠久，既具有很强的实用价值，又具有很高的审美价值。隶书在篆书的基础上进行一些改变，用笔上变圆笔为方折，化弧线为直线，结构更简练。隶书结构特点：形体方扁，字取横势；笔画平直，布白精巧；波磔撇画，左舒右展。[②]"波"为横画挑笔，"磔"为捺画挑笔，波磔的"燕尾"是隶书区别于其他书体笔画的独特之处。两汉时期，隶书逐步取代了篆书，成为实用书体。

（二）绘画美的表现

线性。线有不同的感知，书画同源就是强调线的统一性。例如，书法中用笔点画，可以作为绘画中山的皴法；还可以把小篆中婉转的线条，看作绘画中的笔墨流动，与白描手法中的"游丝描"有异曲同工之妙。汉代扬雄说："故言，心声也，书，心画也。声画形，君子小人见矣！"这句话强调的是书法绘画是人性格特点的外在表现形式。

平面性。相较于西方强调光影、透视的画法，中式绘画更强调画面的位置，平面性构图方式使得画面依然具有三维空间的效果。例如，咸阳宫遗址壁画中的驷马图（局部）（见图11-22），可以看出四匹马腾空飞跃，通过重叠的画面效果，观者可以理解含义。

---

① 隶书又称"史书""佐书"或"八分"，是继篆书后兴起的一种书体，源于战国时期，孕育于秦代，形成于西汉，盛行于东汉。

② 王冬龄. 书法篆刻［M］. 杭州：中国美术学院出版社，2004：27.

图 11 – 22　驷马图（局部）咸阳宫遗址壁画　陕西省咸阳市文物保护中心藏　秦代

意向性。用高度提炼后的笔墨描绘物象关键性的变化，如转折、明暗等，在点画间指代山水树木、峡谷平原，或者用尺幅塑造空间，形成人物剪影与画作相映成趣的美感（见图 11 – 23、图 11 – 24）。

图 11 – 23　潇湘竹石图（局部）苏轼　中国美术馆藏　北宋

图 11 – 24　仇英 蜀川佳丽图 美国弗利尔美术馆藏 明代

《饮》（见图 11 – 25）用木刻版画的形式表现了劳苦大众在艰难的环境中生存，尺幅虽小但给人以力量。现当代书法绘画艺术作品也需要深入生活、扎根人民，为时代画像，为时代讴歌，为时代立传，为时代明德。

二、书法绘画的分类

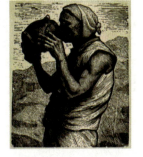

图 11 – 25　饮 力群 中国美术馆藏 1941 年

（一）书法的分类

书法字体可分为：甲骨文、金文、大篆、小篆、隶书、楷书、行书、草书。

魏晋南北朝是中国书法辉煌灿烂的时期，彼时中国书法进入全面自觉发展时期，彻底完成了汉字的书体演变。例如，并置历史上各书体代表作，就可以发现明显的传承与突破关系。篆书（见图 11-26）结体瘦长圆润；隶书（见图 11-27）笔画极富形式美感，相较于篆书是一种突破；楷书（见图 11-28）在吸收了隶书的笔画韵味后，改竖长为扁横，结体大气磅礴；草书（见图 11-29）与行书潇洒肆意，同时保留了笔墨线韵（见图 11-30）。

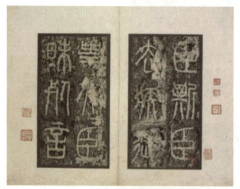

图 11-26　泰山刻石（局部）故宫
博物院藏　明拓本

图 11-27　张迁碑（局部）故宫
博物院藏　明初拓本

图 11-28　东方画赞碑（局部）
颜真卿　故宫博物院藏
唐刻宋拓本

图 11-29　草书千字文卷（局部）
赵孟頫　上海博物馆
藏　元代

图 11-30　草书五言联
于右任

中国书法分为碑学和帖学两派，各有优劣。早期在书法传布的过程中，碑学起到了巨大作用。在石头上刻字，然后再转拓，一方面方便了知识的流传，另一方面起到了官办督学的作用，如《张迁碑》，天然的碑石遒劲有力，刀和碑石的接触自然地反映在拓片中。帖学主要是对照字帖临摹，受限于对临人的个体差异，从流传的角度而言，不如碑学方便。

现当代书法书写方式发生了巨大改变，分为软笔书法和硬笔书法。汉字，是中华文化的根，是中华文化的土壤，而汉字的正确书写和中国书法又是传播中华文明最主要的方式和渠道之一，对提高个人文学修养、涵养德行等有诸多益处。以书法绘画为代表的现代大学美育的核心是在培养人格定型层面的"美好心灵"，即助力大学生成为"具有内在美质的高素养之人"。大学美育正是"审美教育""情操教育""心灵教育"三育交融的大学生人格培养教育。

（二）绘画的分类

提到"中国画"，多数人认为就是卷轴画。事实上，卷轴画是被后世文人书写和筛选出来的最能代表中国绘画的部分。许多中国绘画的门类被排斥在外，如画像砖石、寺庙壁画、墓室壁画、屏风绘画、宫廷绘画、建筑绘画、宗教绘画等，因而中国画的概念逐渐缩小为卷轴画。到清代，卷轴画已成为中国画的主流。随着现代考古学的传入和考古新材料的出现，结构性地改变了对中国美术史的研究。中国传统书法绘画和现当代书法绘画不能完全分割开来看，这其中存在一些技术整合；虽然目前至少存在两套书法绘画史的写作方式，一套由出土材料构成，一套由传世品构成，但在使用场景上，书法和绘画艺术也通常被用于装饰，如装饰堂屋、装点生活中的各种场景，有着成教化、助人伦的社会功能。

图 11－31　《根与魂》葛晓弘　第十三届全国美术作品展览综合材料绘画作品集

绘画按承载材质可分为：宣纸水墨画、绢本工笔画、壁画、建筑（家具）木饰彩绘、古希腊瓶绘、坦培拉壁画、马赛克镶嵌画、玻璃绘画、布面油画、木版画、珂罗版画、丝网版画等。

当代的书法、绘画并不仅局限于传统媒介材料的使用，有时艺术学院派甚至在探索综合材料的运用。例如，《根与魂》作品（见图11－31）用几十本书籍的书页拼接成一个色彩无序联结，中华传统文化的根脉关键词隐含期间。这种布局形式和创作理念十分新颖，体现了作者的创新意识和开拓精神。

绘画按创作方式可分为：素描、速写、白描、漫画、彩绘、套色版画、油画等。例如，捷克斯洛伐克画家阿尔丰斯·穆夏的套色版画作品《四季》（见图11－32），花开缤纷，动情怜人，既刻画了女性的娇媚，又表现了时光荏苒。

图 11－32　四季（系列联画）春夏秋冬 穆夏

绘画按主题可分为：山水画、花鸟画、仕女画、道释画、界画；风景画、静物画、人物画等。不同的主题，欣赏审美的方式也不一样，这需要更多的艺术修养知识。艺术具有不确定性的特点，没有标准答案，每个人都会有自己独特的判断和价值取向。有人在《纯真年代》（见图11－33）中看到了孩童的纯真，有人在《鲁本斯自画像》（见

图 11-34）中读出了自信、坚毅、果敢，还有人从《在加利福尼亚州的内华达山脉》（见图 11-35）中看出了孕育的希望。

图 11-33　纯真年代
雷诺兹

图 11-34　自画像
鲁本斯

图 11-35　在加利福尼亚州的内华达山脉
艾伯特·比尔兹塔特

　　绘画按时代风格可分为：古典主义、新古典主义、现实主义、超现实主义、印象派、立体主义、新印象派、野兽派、达达派、未来派、后现代主义、波普艺术、欧普艺术等。

　　未来派《下楼梯的裸女》（见图 11-36）描绘的是女性在下楼梯各个瞬间的分解图，合并在一张画面上，是类似慢动作的场景，依照当时的科技认知，这已属于先进的理念。画家马克·夏加尔（见图 11-37）对于自画像浪漫、幻想与天真的理解，已经异于古典时期的鲁本斯自画像。美国画家杰克逊·波洛克的滴画《纵深五英寻》（见图 11-38）更是在画材的使用上颠覆了以往的作品。似懂与非懂之间考验观者对生活的感悟，对人类文化、人的观念差异的理解。欣赏艺术作品需要大家多加揣摩学习。

图 11-36　下楼梯的裸女
杜尚

图 11-37　七个手指的自画像
夏加尔

图 11-38　纵深五英寻
波洛克

三、书法绘画美的欣赏

　　当我们徜徉在世界各国的博物馆、美术馆、展览馆，甚至是网上展厅时，如何欣赏和体验书法绘画的美是至关重要的问题。这件作品写的或者画的是什么？为什么这么画？运用了哪些方式进行创作？这是体验、欣赏美的三个步骤。关于传统书法绘画作品欣赏，可以从书法的点画、结字、文字内容、款式章法、创作情绪、落款钤印、装裱布置、意境风格几个方面进行欣赏。

关于现代书法绘画作品欣赏。现代书法绘画作品更强调现代艺术观念，强调绘画性和仪式感，增强现代精神和创造性。感觉、知觉、联想、想象、情感、思维、艺术体验本质上是一种认识活动，在这些步骤中，你或许会体悟到发现的快乐。

（一）审美特征

笔墨是一个非常重要的美学和艺术的概念，它广泛存在于中国书法和绘画中。书画中的任何点画，都包括起笔、收笔与运行三部分，可以说是运笔的 3 个阶段。起笔与收笔决定点画的特征。从笔法性质来说，中锋、侧锋和逆锋都不可偏废，用笔分方笔、圆笔、尖笔。墨法可分为焦墨、浓墨、淡墨、干墨、湿墨、渴笔、涨墨等。这些词语都可以从字面意思进行理解。

力、势、意。笔力是线条的力量感，即线条坚韧而有韧性。笔势是线条的姿态、方向感、运动感，是书写动作留在点画上的痕迹（见图 11-39）。荆浩的《笔法记》称："凡笔有四势，谓筋、肉、骨、气。"笔意主要是指线条点画的感情与意趣。笔势重在气势展宕，笔意则重在风度韵致。中国书法线条的精神性情可以用"气、骨、圆、润、柔、畅、情、真"八字概括。

图 11-39　江干雪霁图（局部）王维
现藏于日本　唐代

设色。灵动流畅的笔墨有时需要设色以达到精妙的效果。运转笔墨，可以比较完美地表达画中物体的体积感、质感、肌理。反之，如果设色违背自然变化规律，一幅好的构型作品有可能也会被毁掉。在现当代艺术中，这点不必拘泥，设色可根据设计需要进行二次创作。

散点透视与焦点透视。散点透视，视点游移不定，视点下的空间也不断改变，无论是绘画手卷的展开，还是书法线条在空间内按照顺序游走，总之，目之所及，空间也在变换，始终在追求平衡。散点把不同角度观察到的事物归纳于同一个平面内，视觉和空间关系流转不定。焦点透视是在欧洲古典艺术中常采取的对事物的观照办法。眼睛处于事物外的一点，固定地观察事物。

画派。现在美术史写作和品评中的画派，在中国古代称作"家""样"，如吴家样、曹家样、张家样、周家样。吴道子、曹仲达、张僧繇、周昉，他们是绘画样式的创造者。这些样式被各家门徒所继承，并传播到更广阔的地区，因此中国书法、绘画非常讲究师承关系，无论是代际传承还是隔代传承。画派在外国称作"风格""流派"，是指一批思想倾向、美术主张、创作方法和表现风格相似或相近的艺术家们所形成的艺术派别。

（二）审美范畴

审美范畴，即情感范畴，是人的思维对客观事物的普遍本质的概括和反映。中国传统美学范畴主要有：沉郁、飘逸、空灵、中和、刚柔、虚实、气韵、意境等。外国传统美学的审美范畴主要有：优美、崇高、悲剧性、喜剧性、丑、荒诞等。

中国的艺术作品提倡以美丽、亲密、向善、关怀、和谐等基调进行审美修复，通过对自然的诗意、人性的温暖、精神的崇高等进行赞颂，《人桥》（见图 11 - 40）让创作接受美的感召，实现对于美的理想重建和精神境界升华，建构由理想、情操、信念等凝聚起来的审美共识及正向价值系统。正如习近平总书记所说："文艺创作方法有一百条、一千条，但最根本、最关键、最牢靠的办法是扎根人民、扎根生活。"①

图 11 - 40　人桥 古元 中国美术馆藏 套色木刻 1948 年

（三）美的欣赏

李玉旺创作的《使命》（见图 11 - 41）是"中国美术奖"金奖作品。它在写实造型的基础上，以工笔勾染技法为主体，探索新语言，运用新手段，对于画中衣服、金属工具、器物质感区别表现。画面描绘了消防员刚出火场的艰苦场景，消防员沾满灰尘、带有擦伤的脸庞，疲惫中透露沉着、坚毅与顽强的意志。他们静默伫立等待指令，随时准备出击，保卫人民的生命与财产。该作品的画法：在遵循严谨的人物解剖的基础上进行主观变形，消防员魁梧的身躯，配以蓝灰黑色，使人物展现出较强的雕塑感；丰碑式构图，视觉冲击力较强。《使命》旨在呈现为稳定社会和谐、保卫人民生命财产而无私奉献的平凡英雄们，他们是祖国繁荣富强的坚实后盾。艺术语言的传承与发展，是当代中国画的重要命题。中国画的发展经历千年，形成了以笔墨为核心的绘画语言体系，这是中国画所独有的。不管中国画的形态如何延展转化，都不应该离开中国的语言、中国的方式。②

绘画的韵味
与魅力

沙永汇创作的《金秋时代》（见图 11 - 42）是一幅版画，是"中国美术奖"金奖作品。它敏锐地捕捉高新技术应用到北大荒智慧农业的现实场景。画面以北大荒宁静湛蓝的天空为远景，大面积金黄色的庄稼使丰收的气息一展无遗。一群由北大荒早期开拓建设者组成的返乡参观团漫步智慧农田，成排的先进数字化农机纵横大地，他们细致地观察数字化农田管理装置，倾听讲解、拍照留念。画面正上方是蓝天映衬下的无人机，这个凸显的视觉标志，起到了连接历史、定格当下、预见未来的符号学作用。作者沙永汇采用了层次鲜明的平面化造型语言，布局得当的色块与干脆利落的木刻刀法形成一股合力，使作品给人一种饱满、生动的艺术气息。

观者会被书法绘画所震撼和感动，书法绘画的教化功能是一个很主要的原因。画

---

① 习近平谈治国理政：第二卷［M］. 北京：外文出版社，2017：319.
② 牛克诚. 第十三届全国美展中国画：建构中国当代艺术之可能［J］. 美术，2020（1）.

面的冲击力使观者和画的距离缩短。成百上千年的书法绘画作品与观者时空伴随，同室对话。

透过这些书法绘画作品，我们回味文明肇始时，如日初生的灿烂景象。"今人不见古时月，今月曾经照古人。"在中国，我们置身于一个从未断裂的伟大文明现场，每一个中国人，都是自豪和自信的。一个伟大的时代让我们通过实物见证一代代中国先民留下的丰富精神世界的艺术品。所有关于书法绘画的追问，都是在探究天地的始终、人伦的秩序、教化的本源。

图 11-41　使命　李玉旺　当代

图 11-42　金秋时代　沙永汇　当代

第三节　建筑园林美

建筑与园林作为一门公共的、体验强的艺术门类，由来已久。学术界称专门从事建筑与园林的设计、建造的科学为"建筑学""园林学"。把专门研究建筑、园林艺术价值的分支学科称为"建筑美学""园林美学"。

一、建筑园林美的内涵

建筑和园林都与人类生活息息相关，是人类生活密不可分的组成部分。好的园林需要有特色建筑的点缀，好的建筑需要在优美的园林环境中彰显魅力。

（一）建筑类型

关于建筑类型的划分，学界有多种划分方法，如按结构划分、按楼层数划分、按造价划分等。基于建筑美学的鉴赏，可以按照使用功能的不同将建筑做如下分类：

1. 居民建筑

居民建筑是供人们居住的建筑。我国幅员辽阔，各地文化差异大，因此出现了不

建筑的类型

同地域文化风格的居民建筑，如江南民居的粉墙黛瓦（见图11-43），西南民居的干阑木构（见图11-44）等。

图11-43　江南民居

图11-44　西南民居

2. 公共建筑

公共建筑是供人们进行各种公共活动的建筑，如供人们办公使用的办公建筑；商场、商店、酒店等商业建筑；学校、幼儿园等教育建筑；体育馆、剧院等文娱建筑（见图11-45）；医院、疗养院等医疗建筑；机场、高铁站等交通建筑；寺庙等宗教建筑；纪念堂、纪念碑等纪念性建筑等。

图11-45　国家体育场（鸟巢）

3. 工业建筑

工业建筑是供人们进行各类生产活动、仓储物资的建筑，包括各类制造车间厂房、现代物流仓储中心、辅助生产的水塔、烟囱等。

（二）园林类型

园林的类型

关于园林类型，学界也有多种划分方法。例如，按地域的不同，划分为中国园林、西方园林，中国园林按地域的不同又可细分为北方园林、江南园林、岭南园林等各具地方特色的园林；按照要素布局的方式，划分为规整式园林、自然式园林。

园林学界普遍推崇的是按照园林发展的时期将中国园林划分为古典园林、近代园林、现代园林。其中中国古典园林又细分为皇家园林、私家园林、寺观园林三大类。皇家园林如阿房宫、颐和园（见图11-46）等，造园宏大，选址自由，富丽堂皇；私家园林是以苏州拙政园、留园为代表的江南园林（见图11-47），有别于皇家园林，体现文人雅士的审美，造园规模小，用山水亭台楼阁花草树木展现主人的诗画情趣。与古典园林相对应的是现代园林。中国现代园林，尤其是改革开放以来所建造的园林，如北京奥林匹克公园、重庆园博园等，类型丰富，风格迥异，极大地满足了人民群众茶余饭后游山玩水的闲趣雅致生活的需求。

图 11-46　颐和园

图 11-47　苏州留园

（三）建筑园林的美学价值

建筑园林美学具有很高的艺术价值。除了其他艺术形式所具备的艺术特征，建筑园林还具有以下个性化的艺术特征：

1. 工程技术与人文思想的综合性

工程技术与人文思想的综合性主要表现在建筑园林的构成上。任何建筑园林作品的创造都离不开生态、生物、地质、工程设计、建筑力学、结构构造、工程施工技术、植物栽植养护等多种专业技术和知识。除此以外，建筑园林作品在建造过程中倾注了人文思想、意识形态，以反映人们的日常社会生活。如拙政园中建造的廊桥弯拱造型寓意飞虹（见图 11-48）。建筑园林既是实用功能的艺术，也是人文综合性的体现。实用的建筑园林应当具备美的特征，美的建筑园林应当兼备实用的功能（见图 11-49）。在建筑与园林布局设计之初，首先考虑的是如何满足使用者的功能需求。设想一下，一座博物馆内没有设计供人小憩的空间，或是未设置卫生间，这样的博物馆建筑，即便外观很美，风景秀丽，恐怕也会让人兴致索然，更不会有人去探索设计的意境。但过分强调建筑园林的实用功能，忽视甚至否定造型的美观，建筑园林就不复为艺术品。

图 11-48　飞虹

图 11-49　建筑园林审美与实用的统一

2. 经济、技术、环境生态与工程的统一性

创意的构思与图纸的表达，都是为建筑园林工程做理论准备。要实施这些蓝图，还必须与经济、施工技术、施工条件等方面配合。建筑园林项目的总投资、竣工以后的经济效益、后期的维护费用，都是衡量一个建筑园林项目的重要经济指标。此外，施工场地是否具备施工条件，在勘测、改造甚至旧房拆迁等方面都会影响项目的投资造价。但必须指出，好的建筑园林项目并不一定是用金钱堆砌出来的。在现有的经济条件下，通过合理地选择工程材料、改进施工技术措施等方式减小投资规模，从审美的角度出发，也能建造好的建筑园林作品。建筑园林往往不能单看一个建筑或者园林本身，还需兼顾周边环境效益评估，做到园林、建筑与环境生态的和谐统一。

二、建筑园林美学特征

马克思说："人也按照美的规律来建造。"[①] 建筑园林也不例外，建筑园林建造技术属于工程建造技术，在美学方面具备较高的价值。

（一）视觉美

就建筑而言，建筑师在设计建筑时，除了有实用功能方面的巧思，工程建造技术方面的筹思，同时还有艺术方面的构思。利用造型、比例、色彩、材质的不同，建造立体的、具有艺术价值的作品和具有地域特色的古建筑群（见图 11－50）、上海浦东建筑群、香港中环建筑群（见图 11－51）等。

图 11－50　川东古建筑群　　　　　图 11－51　香港中环建筑群（夜景）

园林的视觉形象是具体而实在的。园林（见图 11－52）的艺术美不单局限于视觉的艺术美，还包含声、光、味等艺术形式。从人类的视觉、听觉、嗅觉、触觉感受出发，调动花草树木、山石泉水等造园要素，巧妙布置，营造空间。拙政园（见图 11－53）的听雨轩，每到雨天，在清池石畔听到雨滴淅淅沥沥地打在芭蕉树叶上，窸窸窣窣的缠绵雨声清新悦耳。因此，园林被誉为"无声的乐章""无字的诗歌""立体的画卷"，缩景无限，咫尺山林，是艺术空间拓宽的展现。

---

① 马克思恩格斯全集：第四十二卷［M］. 北京：人民出版社，1979：97.

图 11 - 52 　江南园林中"雨打芭蕉"造景　　　　图 11 - 53 　拙政园框景如画的造景

（二）精神象征美

　　建筑是实际环境与心理感知的有机融合。建筑的精神意义并不是建筑本身，而是通过建筑启发人的思考，唤起普遍观念的一种无声的语言。例如，天安门广场，激发全国各族人民团结起来；万里长城（见图 11 - 54）是中华民族永垂不朽的历史画卷。建筑能够让人产生或亲切，或严肃，或宏伟，或浪漫的心理感受。例如，宏伟的故宫太和殿（见图 11 - 55）、富有浓郁地方特色的苏州博物馆（见图 11 - 56）、庄重严肃的人民英雄纪念碑等。

图 11 - 54 　万里长城　　　　　　　　图 11 - 55 　故宫太和殿

图 11 - 56 　苏州博物馆

园林，尤其是中国古典园林，是充满书卷气息的艺术，被誉为"文人园"。清代钱泳在《履园丛话》中写道："造园如作诗文"，说出了园林建造与诗画创作相通。从诗画中可以悟出造园理论，在园林中又能激发诗画的创作。例如：四大古典名园之一的苏州拙政园中湖山上栽植梅树，源于园中建筑"雪香云蔚"匾额，让人有踏雪寻梅的诗意之感。

建筑园林反映社会生活。建筑艺术本身并不会直观地表达社会生活，而是通过造型外观概括、隐喻一定的时代、社会精神风貌和人类的审美与理想。例如，北京大兴国际机场航站楼，核心区与指廊道组成的外形，酷似"凤凰展翅"（见图 11 - 57）；在湖光倒影映衬下的中国国家大剧院犹如一颗鸡蛋，寓意新生（见图 11 - 58）。

图 11 - 57　北京大兴国际机场航站楼

图 11 - 58　国家大剧院

园林的创作也受到社会意识形态的影响，表现出造园者或园主人的审美和思想情怀，这就是这一种意境美。园林的存在，受社会的制约，反映社会生活内容，讲究景生于象外，即象外之象，景外之景。这种景外之景就是园林的虚景，是人的精神情感与自然景观构造的意境之美。园林常常运用大自然山石掇山叠石，营造如自然的真山意境（见图 11 - 59），通过理水呈现延绵不尽的悠远之景。寄情于景、情景交融、景由心造的理念造就了园林的意境之美。

图 11 - 59　苏州博物馆中的拟山造型

（三）生态环境美

任何建筑都不是孤立存在的。建筑和周围的环境密切相关。建筑的存在将会影响周围环境小气候的变化，如温度、湿度等，建筑周围的环境也会反衬建筑的优美。建筑设计时既要考虑建筑营造的宏观环境，也要重视微观环境和小气候的变化。

园林的生态环境美学价值更加突出。园林工程取之自然，效仿自然，自然的事物是构建园林的基础。通过运用大自然的材料，如花草树木、自然山水乃至气候天象等自然因素，加以人工改造，或筑路，或理水，或建造亭台楼阁于其中，构建人类现实生活的环境。例如，江南园林常见的水体驳岸效仿自然原生态（见图 11-60），"虽由人作，宛自天开"，追求"天人合一"的造园思想，体现人的智慧与大自然力量相结合、人与自然和谐共生的自然之美。

图 11-60　江南园林水体驳岸

三、建筑园林美的欣赏

随着国民经济的发展，各地各具特色的建筑园林千形万态，人民群众有了更多享受建筑园林美学的条件。只有运用正确的鉴赏方法去体验建筑园林美，才能提升建筑园林美的鉴赏审美能力。

正确欣赏建筑园林美主要分三个阶段：

（一）观

欣赏美的作品，人们总是从感性直觉开始对作品进行观察。欣赏建筑园林景观作品也是如此。

观赏建筑园林美，就是要从造型、色彩、光影、材质去观赏。观建筑的外形轮廓线条，赏建筑表面的材质与色彩，看园林的亭台楼阁，览园林的假山叠石花草树木。

观的方式上，可以先远观，遥看建筑园林的外轮廓与色彩，观看建筑园林与周围环境是否和谐；再近看建筑园林的材质、细节、肌理。可以静观，即观者固定在某个角落驻足凝视，欣赏建筑园林的设计；也可以动观，从不同视角、不同时节、以变化的方式欣赏建筑园林美，一方面游走在建筑园林中，享受建筑园林步移景换的奇妙，另一方面，天气变换与四季更替也为建筑园林的观赏带来不同感受。

（二）品

作为一门实用性突出的造型艺术，欣赏建筑园林美，还需要品味建筑园林给使用者带来的功能。

首先，可以从建筑园林的流线上品味建筑园林的功能布局，体验建筑园林是如何通过巧妙设计将各个不同功能区域串联在一起，并组织交通流线的。其次，要品味建筑园林的设计目的，该设计解决了哪些具体的问题，满足了哪些受众的具体需求。

观者可以亲自到建筑园林中体验功能：可以用手感知建筑园林的材质，例如木头的温暖、玻璃的轻盈、砖石的朴实都将带来不同的触觉感受；可以听觉品味建筑园林中的风、雨、泉水、鸟叫，感受这些设计者刻意引入的环境背景声音；可以嗅觉品味建筑园林中植物花草的芳香与建筑室内环境中人工营造的香氛气息。

（三）悟

鉴赏建筑园林美，还需要感悟建筑园林背后的精神寓意和美学象征。如果说前文陈述的"观""品"鉴赏方式是从感知、体验的角度，达到物我同一的境地，那么"悟"则是理解、思索与领悟，是在"观"与"品"的基础上进行的哲学思考，唤起人们思想的提高与人格的升华。

一般情况下，在悟的过程中，观者的联想与想象占主导地位。联想是在物与物的相似性的类比中生成形象，在物与事、物与人的接近性联想中深化，使建筑园林显示新的境界与意趣。也就是说，建筑园林的象征意义需要观者的联想活动才能创造出来。在欣赏建筑园林的诸多心理活动中，想象占据着重要地位。建筑与空间，园林山石与水面，造园者往往让建筑园林的意境半露半含，让观者领会其精神含义的深度。

思 考题 ···

1. 外出旅游时，令你印象最深刻、最打动人心的雕塑是什么？以班级为单位，举办一次旅游分享会，介绍当地的雕塑与历史文化底蕴的关系。

2. 去美术馆时，最令你感动的一幅画是什么？可以把你的感受分享给同学们吗？

3. 列举让你印象深刻的建筑、园林，并描述其美学特征。

第十二章

媒体艺术美

 习目标

1. 了解媒体艺术美的美学特征
2. 掌握摄影艺术、数字媒体、媒介融合的审美特征及方法
3. 能够运用所学知识完成作品的创作与鉴赏

学 习重点

1. 摄影艺术审美
2. 数字媒体、媒介融合审美

相对于传统艺术美而言，媒体艺术美借助数字科技，对各种艺术元素兼容并举，形成了展现信息时代特色的新生代艺术风格样式。数字化的新艺术语汇、多媒体化、互动性、大众化、虚拟化时空性等，是媒体艺术的美学来源。媒体艺术获取各门艺术的长处，通过多种手段和方式发挥艺术表现力，从而形成了独特的审美特征。它将时间艺术与空间艺术、视觉艺术与听觉艺术、再现艺术与表现艺术、造型艺术与表演艺术的特点融汇到一起，具有更强烈的艺术感染力。

第一节 摄影艺术美

摄影是用照相机或摄影机等工具摄取景物影像的过程，摄影艺术是用摄影手段来反映现实生活，表达人们对生活的见解和感受，抒发思想感情，给人以美的享受的一种造型艺术。只有真正了解摄影艺术美的表现形式才能更好地领悟美的内涵。

一、摄影艺术美的表现

在摄影创作时，要从大量的摄影构图视觉元素中去寻找摄影的视觉美点，其主要表现形式有两种：一是外观上的直观形式美，如前景衬托、画面延伸、动静对比等。直观形式美主要是借助线条、色彩、光线和影调4种造型语言营造摄影艺术视觉的美感。二是内容美与形式美的统一，主要以社会情感等去打动人、感染人。摄影作品在追求视觉美的同时，还必须让作品保持自然的形态，以保证作品的艺术美感和价值。

（一）线条

线条是摄影的视觉语言。摄影结构和光线相互作用，相邻两种影调分界线勾画出摄影画面的线条。摄影者就是通过线条的美构建与丰富画面形象，借以表达情感，增强作品的艺术感染力。线条是有生命之物，体现艺术作品的情感。直线、曲线、组合线等不同线条形态突出不同的情感。线条在摄影视觉中的主要作用是勾勒出整个画面的轮廓，凸显主体的形状、形象和姿态，使画面具有节奏感、韵律感，使作品更生动，更富有表现力、感染力。不同的线条，给人不同的美感。直线体现挺拔、刚强之美；曲线千变万化，体现温柔、自由、解脱、开放之美，富有情感浓郁、流畅活泼的造型特征；组合线增加了视觉容量，让空间效果更加强烈，具有自由、灵活多变的审美表现形式。

如《田野》（见图12-1）表现了一片绿色的田野，牛羊正在吃草，中间蜿蜒的小道将田野分割成两部分。蜿蜒的小道采用了"S"形曲线，使原本垂直广阔的田野多了几分曲线美和流畅性。广阔的草原具有生动活泼、起伏舒展的美感，它能较好地构成景物的结构和表现姿态，揭示主体形象和轮廓，制造影调和色调的分野，"S"形曲线在形式上就像一副骨架，支撑整个画面的结构。

《城市建筑》（见图12-2）中城市的建筑运用垂直、斜线和曲线，建构出城市的全貌。高楼主要采用垂直线条，显示城市建筑的高大；前进的玻璃屏障主要采用"C"形曲线，揭示主体形象和轮廓，通过"C"形曲线的运用，能够看到城市上空的自然景物，给人一种空间延伸的视觉之美。

（二）色彩

色彩能够给人直观的体验，色彩的明暗度和饱和度可以体现一幅作品的不同情感，因此，摄影作品的色彩要和作品所要表达的主体一致，要综合考虑色彩的饱和度和明暗度。在形式美的表现中，色彩所产生的视觉冲击可以给观者带来极大的共鸣，使观者对摄影作品留下深刻的印象。在摄影中，结合作品本身的主题，通过对色彩的运用、冷暖色调的搭配，能够更好地表现艺术。例如，在进行颜色搭配的时候，红色、黄色、橙色等暖色调能给人更温暖热烈的感觉，而蓝色、灰色等冷色调则给人更安静、沉稳的感觉。和谐的色彩构成能够进一步升华感情，更好地衬托作品的内涵和文化。不同场合、不同色彩代表不同的情感，在摄影艺术中应用形式美的表现手法，应当注重色彩的表达。摄影的世界中充满了丰富和变化的色彩，摄影的艺术表现力包括很多方面，摄影色彩的准确表达就是非常重要的一部分。在摄影中，色彩有哪些作用呢？如何正确地把握色彩在摄影中的运用呢？接下来以案例作说明。

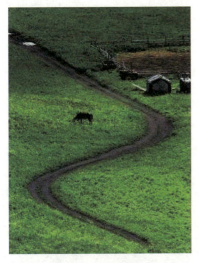

图 12-1　田野

图 12-2　城市建筑

《红色雨伞》（见图 12-3）主要采用了单色色调，来往的人群都拿着一把红色的雨伞，该作品单色搭配，并没有形成颜色的层次，但形成了明暗层次，这是设计中一种常用的表现形式。

《繁叶丛中一点绿》（见图 12-4），整个画面使用了互补色。红色和绿色属于一对互补色，红配绿要取得好的视觉效果，则需要使用一些调和手段，可以在明度、饱和度上加以改变，中和两种色彩的突兀感，使其和谐统一。该作品中的一对互补色不但能给人突出醒目、强烈有力的感觉，还能起到振奋人心的视觉美感。

图 12-3　红色雨伞

图 12-4　繁叶丛中一点绿

（三）光线

光线是利用不同线条的交叉，产生不同的明暗度，来体现摄影作品的空间艺术感。

此外，摄影者还会利用丰富的影调，制造视觉上的延展体验，使观者不自觉地跟着作品进入更深层次的艺术空间。

如《彩色房屋》（见图 12 - 5）中一栋栋房屋紧挨在一起，形成一个整体，房屋的结构使用了多种线条，不同的线条能够带来不同的视觉之感。由于阳光照射光线的不同，房屋的正面、背面和侧面呈现了大量的阴影和色彩，可以增加房屋之间的空间感。

如《屋檐》（见图 12 - 6）中房屋整体色调以黄色为主体，房屋在阳光的照射下显示出两部分阴影，一部分是阳光充足照耀下的亮处，另一部分是没有被阳光照射的背面，一明一暗共同加强了房屋整体的立体感。

图 12 - 5　彩色房屋

图 12 - 6　屋檐

（四）影调

对摄影视觉之美而言，影调是指画面的明暗层次、虚实对比和色彩色相的明暗等之间的关系。通过这些关系，使观者感受到光的流动与变化之美。常用的摄影艺术美的影调有 3 种：高调、低调、灰色调（中间调）。高调以光明、柔和、纯洁、均匀的方式展现美，一般用于表现妇女与儿童的形象、恬静的风光、素雅的商品。低调以坚毅、沉着、稳定、充满动力的方式展现美，作品通常采用侧光和逆光，使物体和人像产生大量的阴影及少量的受光面，产生明显的体积感、重量感和反差效应。低调一般用于表现性格深沉的人、雕塑群、纪念碑、古建筑中的庙宇等。灰色调的特征不明显，但画面层次丰富、细腻，随着画面的形象、动势、色彩、光线的不同而呈现不同的感情色彩，一般用于表现大自然的景观，如雨、雾、云、烟等。

二、摄影艺术美的欣赏

摄影艺术是视觉艺术，创作者的思想要通过具体形象来表达。想要准确并且高效地读懂摄影者的作品，在欣赏时不妨从以下几个方面考虑：

（一）线条融合下的构图法则

摄影画面的构图元素——垂直线条、水平线条、斜线条等。多种线条的融合形成摄影画面的构图。摄影画面的构图有公认的一般性法则，这些法则可以引导我们建立一些常规的摄影构图，尤其对于观者来说是欣赏摄影艺术美至关重要的一部分。但这些线条融合下的构图法则有时又不是绝对的，观者在进行摄影艺术鉴赏的时候不可以生搬硬套，要根据实际情况灵活变通。

1. 三分法

三分法也被称作"三分结构图法"或"井字法"，是使用两条横线和两条竖线，将画面分成9个大小相同的长方形。在拍摄时将主体放置在线上或是线的交汇处，使画面的重点更为突出。三分法是一种在摄影、绘画、设计等艺术作品中经常使用的构图手法，这种方法非常适合新手使用。用相机或手机拍摄时，一般都有九宫格辅助摄影者进行构图。观者可以通过三分法进行艺术欣赏。

如《船夫》（见图12-7）的画面主要采用了三分法构图，巧用垂直线条和水平线条的艺术表现形式，将船夫划船的景象置于画面的三分之一处，通过画面的表达能够突出重点、突出主体，能够搭配简洁的环境，使画面呈现生动感。

如《小船》（见图12-8）的画面采用三分法构图，将夕阳下的船只置于整体画面的三分之一处。整体画面主要分为三部分，每一个部分都有一个视觉重点，夕阳照射下的海平面是水平线条，船只的摇曳是垂直线条，在茫茫大海的衬托下使画面具有近景、中景、远景的效果，使作品看起来更具有纵深感。

图12-7 船夫

图12-8 小船

2. 散点式构图

散点式构图是一种比较随意自然的构图法。散点式构图是指画面中不止有一个主体出现，而是有很多个相似的主体，这些主体以多点布局的形式被安排在画面中。散点式构图的特点就是多主体，如果观者将每个主体分割来看，会发现散点式构图主要包含斜向构图元素。当一幅画面中有多个斜向构图元素融合相似元素重复出现时，这些重复出现的元素会给画面带来一种气势和视觉冲击力，这是单独一个元素所不能达到的效果。

如《小车》（见图12-9）主要展示了多辆外观、形状相似的汽车。单独来看，小汽车是斜向构图元素。整体画面采用了散点式构图的方法。多个相似元素的重复出现能够给画面带来一种强烈的冲击力和磅礴的气势。画面中各个元素在一起能够成为一个统一的整体，元素的散乱也不会给人杂乱的感觉。作品主题明确、形式新颖。自由的散点式构图带来的情感效果更具奔放感，带给人的情绪更热情、高亢，能够给人欢乐、青春的画面感。

如《小鸽子》（见图 12 - 10）运用了多个外形相似的鸽子作为画面的主体。散点构图的特点在于"散"，将景物自然、有机地安排在画面里，使构图具有很大的自由性，又具有内在的联系，如同一篇散文"杂而不乱"，给人回味的空间。视线来回地从一点移向另一点，两点之间产生隐含的连接线，这条连接线是画面中最重要的动态元素之一，它与画面的水平线和垂直线都有关系，同时还包含方向性。

图 12 - 9　小车

图 12 - 10　小鸽子

3. 斜线构图

斜线能够给人带来一种不安定感，是一种有活力的构图法。这种构图法常常会使画面具有延伸的动感，适用于表现有运动感的内容。例如，在拍摄赛车时，为了表现赛车的速度感，常常会使用斜线构图法进行拍摄。

如《桥》（见图 12 - 11）主要采用斜线构图法，展示了桥面的倾斜度，同时也增强了画面的运动感和整体的活力。

如《站台》（见图 12 - 12）主要使用斜线构图法，展示了站台的大厅。站台的墙面使用斜线构图法，能在视觉上拓展画面，能够使受众感受其中的艺术美感。

图 12 - 11　桥

图 12 - 12　站台

4.三角形构图

三角形构图是指在画面里，被摄物可以形成一个或者多个三角形。这个三角形可以是多种不同的形式，正立或者倾斜，甚至是倒着的三角形，样式比较灵活。不同形式的三角形会给人带来不同的视觉感受：正三角形构图能够营造画面整体的安定感，给人以稳定、无法撼动的形象；倒三角形构图给人一种开放性和不稳定性所带来的紧张感；不规则三角形构图则给人一种灵活性和跃动感。

（二）被摄主体和环境色彩的对比

色彩对比是摄影创作不可或缺的元素。两种或两种以上的色彩并置在一起时，由于色彩的色相、明度等不同而显现出个性差异，相邻区域之间的色彩彼此影响，从而形成色彩对比。有了各种不同的色彩对比，世界才变得多姿多彩。色彩对比主要指色彩三要素（色相、纯度、明度）的对比，即色相对比、纯度对比、明度对比。观者在赏析摄影作品的同时可以注意被摄主体和环境的色彩对比。

如《红枫叶》（见图 12-13）以红色的枫叶做前景，焦点在最红的叶子上；近处的叶子作虚化处理产生了梦幻的光斑效果，服务于主体枫叶。各种深浅不同的红既拉开了空间层次，也实现了同类色对比。另外，此作品还采用多重曝光，将不同位置的同类色叠加在一个画面内，让画面更具意境之美。

如《自然风光》（见图 12-14）中树木的绿色和灯光的橙黄色形成中差色对比，画面明快、活泼，既有一定的变化又能协调统一。

图 12-13　红枫叶

图 12-14　自然风光

（三）光线与影调的明暗交织

光影是摄影作品的灵魂，摄影光影之美可分为逆光、顺光、侧光。逆光照明能够在摄影作品的创作中建构诗意化的表达。逆光照明可以分为侧逆光照明和正逆光照明两种。明暗又可细分为明调和暗调。光线的强度越高，主体就越明亮，其表面就越清晰；光的强度越低，主体也越阴暗，其色彩、纹理等细节也越模糊。观者可以通过光的强度直观地感知场景的气氛，如明亮的光影象征着欢乐和希望，而暗淡的光影渲染着悲伤和阴郁。

1.逆光

逆光拍摄的物体有明显的受光面、阴影面和投影。物体受光面积受到光源高低及视点高低的影响。在视点固定的情况下，光源位置偏高，受光面积较大，在物体四周轮廓处形成光带或光条；光源位置偏低，受光面积较小，在物体四周轮廓处形成较细的光边和轮廓光。轮廓光是主体和背景环境的分界线，它可以将两者隔离开，因此被称作"隔离光"。

逆光结合变焦镜头拍摄，光线会在变焦镜头的多组镜片之间产生衍射、反射等现象，画面中有时会出现光环、光晕，可以起到增强画面形式美感的作用。需要注意的是，光环、光晕本质上是一种杂光现象，控制得好，会为画面增色；控制得不好，会在画面中产生光斑、光雾，严重影响画面的艺术感。

逆光有利于拍摄剪影、半剪影画面。逆光拍摄时，如果以较亮的景物为背景，并按亮部为基准进行曝光，就可以获得剪影、半剪影的画面效果，主体的层次和细节被隐没，只剩下简洁的轮廓。剪影、半剪影往往具有一定的形式美感和很强的抒情写意能力。

如《孩子与小狗》（见图 12－15）中，运用逆光的拍摄方式呈现夕阳下的小孩和小狗，夕阳在小孩和小狗之间形成一个光晕，观者并不能直接看清楚两主体之间的动作和情绪细节，但是可以通过二者的剪影看出其中的故事情节和情感，作品具有诗意化的表达方式。在环境造型中可以加大空气透视效果，加强空间感。逆光照明常用以表现人物的形态美和环境的层次。

如《幸福的一家三口》（见图 12－16）中，阳光下，一家三口正在玩乐，一派其乐融融的幸福景象。在夕阳的照射下，主要使用了逆光拍摄一家三口，清楚地勾勒人物的外形，从人物的动作中，观者可以想象此刻发生的故事和表达的情感。

图 12－15　孩子与小狗

图 12－16　幸福的一家三口

2. 顺光

顺光时，光线来自景物正前方，景物的受光面积最大，受光均匀。顺光拍摄图片，主体的投影几乎看不到，画面缺乏明暗对比，立体感较差；主体和背景受光情况相同，远近景物在亮度和影调上没有十分显著的变化，空间深度感也较差。顺光的优点：主体受光均匀，比较容易把握曝光，用平均测光的方法能使主体正确感光；主体最接近原型，比较有利于表现质感；色彩能得到正确还原，饱和度高，色彩鲜艳。顺光的不足：缺乏表现力，照片多属两维平面，缺乏三维空间感。如果主体就是需要平均用光的大场面或无须追求立体感或空间深度感，采用顺光更符合表现的需要。

如《花朵》（见图 12－17）主要采用顺光的形式展示了花朵的柔和、细腻之美。花朵的色彩饱和度很好，画面比较通透，颜色也比较亮丽，顺光可以细腻地展现花朵的细节，最大程度还原花朵的真实颜色及形态。

图 12－17　花朵

3. 侧光

侧光是常用的一种光线，是指光线从拍摄点的左或右侧照射到主体上，侧光在主体上形成明显的受光面、阴影面和投影。画面明暗配置和明暗反差鲜明清晰，层次丰富，空气透视现象明显，有利于表现主体的空间深度感和立体感。在侧光下拍摄，作品具有比较理想的光线条件。采用侧光摄影，可造成较强烈的造型效果。人物摄影中，也往往用侧光来表现人物的特定情绪。有时也把侧光用作装饰光，突出表现画面的局部或细节。

侧光主要分为前侧光、正侧光、后侧光，每种侧光形式都有不同的艺术效果。

（1）前侧光。

光线从主体的侧前方射来，与主体体呈 45° 左右，称为"前侧光"，也称"斜侧光"。这种光线比较符合人们日常的视觉习惯，在前侧光的照明下，主体大部分受光，投影落在斜侧面，有明显的影调对比，明暗面的比例也比较适中，可较好地表现主体的立体形态和表面质感。这种方法在人物摄影中使用比较普遍，运用时，以前侧光为主光，正面有辅助光作补助，以取得轮廓线条清晰、影调层次丰富、明暗反差的和谐效果，从而较好地表现人物的外形特征和内心情绪。

如《盛开的花朵》（见图 12－18）主要采用侧光的表现手法，将花朵的明暗效果清晰地展示出来。明暗的交织能够生动地展示花朵的生机和活力。运用侧光，能够清楚地看到花朵的轮廓和线条的层次感，光影能够增强它的立体感。

图 12－18　盛开的花朵

（2）正侧光。

当光线与主体呈 90° 左右时，称为"正侧光"。在正侧光的照射下，投影落在主体侧面，明暗面各占一半，能比较突出地表现主体的立体感、表面质感和空间纵深感，造型效果好。特别是在拍摄浮雕、石刻、水纹、沙漠以及各种表面结构粗糙的物体时，利用正侧光，可获得鲜明的质感。采用正侧光拍摄风光照片，画面层次丰富，立体感和空间感很强，若对比太大，应注意画面反差的调节。一般来说，正侧光不宜拍人像，因为正侧光会使人的脸部呈一半明、一半暗的阴阳脸，这样不美观。但有时用正侧光也能较好地表现人物的性格特征和精神面貌。

（3）后侧光。

当光线与主体呈 135° 左右时，称为"后侧光"。此时主体的 1/3 面积受光，2/3 面积在暗处，明暗对比强烈，投影很有表现力，能表现主体的轮廓。

如《春日花朵》（见图12-19）中的花朵使用了后侧光的表现形式，整体画面能够清晰地展示明暗对比，层次分明，空气透视效果明显，有利于表现花朵的空间感和层次感。在侧光下拍摄，能够显示花朵更加优美的姿态。

如《静物》（见图12-20）主要以静物为主体，桌上的花瓶、玻璃杯等物品成为主要内容。采用侧光的拍摄手法，花瓶的上方有明显的受光面，花瓶、杯子等物品有明显的阴影面。在明和暗的对比中能够体现物体的立体感，增强静物表达的生动性。

如《水果》（见图12-21）以水果为主要内容，使用侧光的表现手法，光影主要投射在西瓜、苹果的侧面。测光的运用，能够显示水果的立体感。

图12-19　春日花朵　　　图12-20　静物　　　图12-21　水果

（四）摄影主题与意境升华

主题是摄影作品的中心思想，传递创作者的思想和情感。意境则为摄影作品起到画龙点睛的作用。意境是指创作者以景动人、寓情于景，将情与景完美相融，达到情景统一的境界。此类作品在动静、明暗、虚实、冷暖的对立互换中存在平衡点，突破时空的羁绊，具有视觉的独特效果。观者欣赏时需要将自己的情感融入其中，与创作者共鸣，在心中形成一幅充满意境的画作。

1. 摄影主题

想要真正读懂摄影作品的主题，观者应该主动了解摄影作品创作的背景或者故事，应该通过网络或者书籍了解创作者在什么时代背景、社会背景下拍摄的这个主题以及为什么要拍摄这个主题，通过这个主题能够体会到哪些创作意图或者摄影作品反映什么样的社会问题、内容。

如在《俺爹俺娘》摄影照片一（见图12-22）中，如果观者在赏析摄影作品的时候并没有提前了解创作背景，就并不能直接体会摄影者坚持30年为其爹娘拍照，实现"用镜头留住爹娘"的感人初衷。在《俺爹俺娘》摄影者照片二（见图12-23）中，如果观者只赏析照片本身，只会认为这仅仅记录了一名老者正在辛勤劳作的场景。[①] 但通过查阅相关资料，可以了解照片拍摄于1983年，摄影者的爹娘分到了土地，他们像侍弄花儿一样管理庄稼，那年秋天他家满院子里都是粮食，摄影者拍了这张照片发表在报纸上，这是他第一次公开发表有关爹娘的照片。通过对摄影作

---

① 焦波. 俺爹俺娘［M］. 北京：华艺出版社，2005：18.

品创作背景进行挖掘，观者可以充分体会历史和政策为百姓生活带来的改变。

图 12 – 22 《俺爹俺娘》摄影照片一

图 12 – 23 《俺爹俺娘》摄影照片二

2. 意境升华

摄影作品是光与影的记录，光影交错的作品更具艺术气息。创作者喜欢寻找特殊的光影效果，如穿过树叶缝隙的阳光、地面上斑驳的树影都是光与影的完美展示，能较好地烘托摄影意境之美。

如《赠范晔诗》（见图 12 – 24）中以湖泊、小船、凉亭为主要拍摄内容，通过阳光的折射能够清晰地看到湖面上的船只倒影。左侧使用诗句作点缀：江南无所有，聊赠一枝春。摄影作品将南北朝诗人陆凯创作的《赠范晔诗》中所表达的寄梅问候和对朋友的殷殷挂念展示在观者面前。充满趣味的表现形式使作品充满自然之趣。

如《画卷》（见图 12 – 25）中远处是落日黄昏下的点点灯光，近处是阵阵微风拂过的树枝。前景使用了古色古香的屏风作遮掩，突出了主体，形成一幅诗意般的画卷。

图 12 – 24　赠范晔诗

图 12 – 25　画卷

第二节　数字媒体艺术美

数字媒体艺术是指传统艺术与计算机图形图像数字化技术相融合，可以拆解成数字、媒体以及艺术三部分。新一代的数字媒体技术包括传统的影视广播、电视媒体数字视音频，也包括日益普及的虚拟现实技术、计算机动画技术等。数字媒体艺术美包括数字图像艺术美、数字动画艺术美、数字音频艺术美。

一、数字媒体艺术美的表现

（一）动态之美

相比传统艺术画面的静态，数字媒体艺术是有不同的视觉艺术元素在不断变化和运动的，是具有动态感的表现形式，同时它的色彩、画面感、光感等艺术元素也会不断地运动。饱满的动画感与动态的秩序美的融合体现了数字媒体艺术的独特之处。

（二）互动之美

数字化的艺术作品在创作者与观者之间形成一种角色互换、互相沟通、共同分享的新艺术模式，互动性也是数字媒体艺术美的重要特征之一。从数字媒体艺术作品中形成了创作者与观者之间的友情互动，从而使艺术创作得到了新的灵感。在数字媒体的作用下，艺术氛围更平民化，创作者与生活和社会色彩加强交流接触，融合新媒体技术创造出更多的美，如兰灯国际创作的有着超现实沉浸式互动氛围的大型互动艺术装置作品《雨屋》（见图 12 - 26）。

图 12 - 26　雨屋

（三）期盼之美

一般传统艺术作品在一定程度上达到了创作者的目的，创作者就会收笔，而数字媒体艺术正在改变这一局限，开放式的作品结构使得作品在共同参与和互动中可以随时删改、剪切和复制，这样就无限延续了它的创作动机和创作期盼。在这种大众化的创作中，很难看到终结，只要有人欣赏和接受，作品就会在互联网中被无限创作、无限传播，永不会结束和停息，创作者永远在期待意想不到的艺术奇观的产生。

二、数字媒体艺术美的欣赏

（一）数字图像艺术美的欣赏

随着图像数字化或者数字图像的出现，在数字技术高度发展的今天，数字媒体图像正在成为人们接收信息的主要来源，更具有时代感的数字图像作品正在满足人们审美和生活的需要。

以三维数字图像为例，三维数字图像的创作需要结合创作者自身的艺术性与审美，在想象力和现实的和谐搭配中，将其转化为易懂、可见的艺术作品，利用数字技术与数字图像赋予作品全新的意义。《坐井观天》《H2O》，就使用了 3D 虚拟形象，使数字图像艺术具有别样的划时代意义。

上海世博会《清明上河图》（见图 12 - 27）将数字化作为信息载体，以更广泛深入的形式设计了巨幅、高清晰度、动态的《清明上河图》数字影像作品，做到了色彩与影像的同步播放，展示了数字媒体的强大影响力，在技术革命中为数字媒体艺术的创作提供了更多可能性。

图 12 - 27　上海世博会《清明上河图》

（二）数字动画艺术美的欣赏

动画作品的艺术美的表现形式之一就是自由，创作者可以发挥想象力来挖掘创作主题，如不同民俗文化、神话体系等，都能在动画作品中得以展现。动画作品可虚拟创造出寓言神话、文学作品中的形象。如《大闹天宫》融合了敦煌壁画、京剧与民间剪纸等多种传统艺术元素，富有浪漫色彩；《猫和老鼠》的幽默夸张以及富有弹性的造型线条、精巧的镜头处理等。这些超现实美学作品，都为观者带来多重的审美愉悦，在文化的消解、重构中，以多种技术手段来设计不同的数字动画之美。

如《海底总动员》以小丑鱼尼莫为主人公讲述了一系列冒险故事。作品中设计并处理了小丑鱼丰富的表情与大量肢体语言，尤其是海洋场景中色彩与灯光的处理。尽管处处都可看出作品中的不真实，但都是为了虚拟形象（小丑鱼）的人性化让渡。在电影作品《机器人总动员》中营造了被垃圾包围、被遗弃的地球与迥异的外太空环境的氛围。作品科幻主题的设定，兼顾了"废土"美学与"赛博朋克"美学，如地球在遭遇生态灾害后，机器人瓦力在昏暗的废墟、沙尘之中劳作，将垃圾打造成同等大小的方块，营造看似无序、实则有序的"废土"美学。反观外太空世界，人类在飞船内生活，每一处都有机器人、高科技来维持飞船内高效、整洁的景象，但因人类长期食用垃圾食物且享受高科技服务，导致逐渐丧失行走能力，营造出看似有序、实则无序的"赛博朋克"美学。此外，作品中的环保、人与机器这两个叙事主题，发人深省。无论是非真人形象还是场景的设计，无不源自创作者对现实生活的认知与反思。

（三）数字音频艺术美的欣赏

数字音频艺术的价值在于其创作手段的突破。从以往的音乐只能被"听"，逐渐衍变为以通感为主导的"可视化"艺术。如德国浪漫主义画家莫里茨·冯·施温德以肖邦的音乐作品为灵感源泉，创作了大型绘画作品《猫咪交响曲》，将视觉元素作为主题来创作画作，画作中对形象运动轨迹的处理、急缓交替的筹划等，生动地呈现画作和声音间的联系，以独特的造型质感与线条展示音乐复调下画作中独特的物理动力。数字音频作品《钟摆合唱团》在兼顾宗教仪式感的同时，又具有肃穆的工业化审美，很好地联结了传统和现代之间的关系，在即兴创作节奏方位线、旋律线型的同时，又将重复再现的手法穿插其中，进而将作品中的声音划分成两个层次，一为人声演唱、二为电子声音的处理，以人体和机械的碰撞来演绎合唱中的电子声音，以若隐若现的方式来表现作品内在的激情与机械美。从演唱形式上来讲，《钟摆合唱团》以合唱对应独唱。以合唱开场，利用直白、强劲的起音过渡高音，以电子声音不合时宜地插入，营造数字音频作品独特的跌宕美。在数字技术的处理下，肢体运动在作品中为声音稳定性带来了一定难度，创作者为适应这一变化，利用自身演唱的弹性、可塑性为数字音频的参数调制增加了新的可能性。由于创作者是在身体反重力的状态下进行的演唱，因此通过电子声音的烘托使得作品中的声音在叙事、抽象、抒情和重复等元素间交替，宛如机械的运转、传统文明向现代文明行进，将作品中的古典美、荒诞美展现得淋漓尽致。

从艺术审美上讲，数字音频乐器在创新音乐语言、音色方面打破了音响系统的束缚，不仅为创作者带来了更多的创作素材，也制造出了自然界从未出现过的音响，打造出了声音的层次感与空间感。声音的层次感是指声场内不同声音元素因位置的差异性，在数字技术下形成前后、上下、左右的三维层级，如一场交响乐的大提琴、小提琴和打击乐间构成前后关系，同时互为左右关系，将其应用到数字音频制作中，可丰富音乐作品的内容与创作思路。声音的空间感在艺术创作中有独特的引导功能，数字音频艺术的引导取决于其空间属性，如呼啸的暴风雨、蜂鸣的火车等，都会为听众营造出特定的空间。同时，数字音频的时间属性体现在如清晨婉转的鸟鸣、夏季夜晚的蝉鸣等，在时间与空间的交叉中强调了声音的表现意义以及场景画面、听众的互动关系。

许多软音源、合成器普遍增加了琶音器、自动伴奏功能。例如，Ezkeys 钢琴音源有着丰富的 MIDI 素材库，能为创作者提供伴奏素材，创作者仅须将和弦输入其中便可从素材库中选择音乐风格，形成大师级别的伴奏音型。无纸化的数字音频制作为音乐创作者提供了很多便利，创作者可选择合适的伴奏、节奏音型，并结合实时参数来调整声音，实现创作思维的发散与音频制作。从这一方面来讲，数字音频下的即兴创作，不仅可为创作者提供源源不断的灵感，还有助于创作情感的酝酿、发挥。从素材方面来讲，数字音频创作打破了以往传统创作的线性思维模式，从海量的素材库中收集、编辑音乐素材并进行整合，因此使创作更具随机性、瞬时性，同时采样、拼贴组合、循环等技术手段，也直接体现了数字音频创作的非线性思维。可以说，数字媒体艺术为数字音频的创作提供了很多便利，同时也为数字音频作品带来了生机。

第三节　媒介融合美

媒介融合是将不同类型的媒介融合在一起，是创作者与观众沟通互动、角色换位、共同分享的艺术模式。在这个媒介深度融合的互联网时代，音视频、流媒体成为全球传媒业的发展趋势。[①]

---

① 张蓝姗. 媒介融合：电视＋互联网的跨界与转型［M］. 北京：清华大学出版社，2019：8.

媒介融合艺术是连接科学与艺术的桥梁，它不仅可以改善人类的生活质量，也可以提升艺术的创新体验。新媒体艺术通过创作数字化的梦幻之境，为观众带来突破想象力的沉浸式体验，使观众享受互动、交互、共同创造的沉浸体验之美。新时代数字媒体艺术，借助声、光、影等媒介，打破固有局限，与观众高度沉浸式互动，赋予了作品无穷的魅力，同时这种魅力也赋予了数字媒体艺术未来发展的巨大潜力。

（一）声

媒介融合艺术与交响乐意外融合，探索媒介融合艺术和数字艺术的更多可能性，呈现音乐的无界魅力。当旋律从乐器中诞生，当无限可能的音乐开始与空间融合的那一刻，音乐将跨越多元文化的边界在空间中自由地流淌。teamLab 无界美术馆与上海交响乐团合作推出"感心动耳：无界·上海交响"等多场音乐会。沉浸在 teamLab 无界美术馆的艺术作品之中，巴赫、莫扎特、圣－桑、德彪西等多位作曲大师的经典之声在展厅中流淌，演奏家和音乐人走下舞台，带领观众在美术馆的艺术作品之中"循音"，现场的观众可进入演奏区域，观众可以近距离欣赏全球顶级演奏家、音乐人的现场演出，感受流淌而出的音乐魅力与数字艺术相结合带来的全新体验。

（二）光

媒介融合艺术与光的趣味碰撞，是以数字艺术为基础，融合灯光、视觉，灯光点缀，视觉配合，为观众献上一幅突破空间的视觉画面。

微光渐起，飞天于上空翩翩起舞，在云的缝隙间若隐若现，撒花瓣，置身于宫廷水榭中，漫天花雨，仙乐飘飘，阅尽繁华。昏暗的场内，观众随着墙壁上的灯光移动视线，仿佛真的置身于敦煌石窟内，顺着微弱的光欣赏珍贵的壁画。"遇见敦煌光影艺术展"（见图 12－28）将 200 余幅艺术家重绘的敦煌石窟壁画，借助 3D 光雕数字技术进行全新演绎。营造全沉浸式的氛围和敦煌石窟艺术之美，帮助更多年轻人了解中华优秀传统文化，感受敦煌石窟的艺术魅力。相较于传统展陈形式，"遇见敦煌光影艺术展"增加了媒介融合艺术元素，在有限的体验时间内向观众呈现敦煌石窟艺术之美，平衡展览的视觉效果与故事性，更为鲜活地再现精美绝伦的壁画，带领观众身临其境地探寻敦煌艺术史诗。

（三）影

媒介融合艺术与影的错位重叠是一种全新的视觉突破，打破了虚拟世界与现实世界的阻隔，观众可以与虚幻场景进行互动，感受零距离接触的视觉和触觉震撼。

"印象武隆"（见图 12－29）运用 3D 全息技术让观众身临其境，梦醉桃园。3D 全息技术是将三维画面悬浮在实景半空中进行的投影成像技术，营造亦幻亦真、真假难辨的效果。同时，利用空中幻想结合实物，影像与实物相结合的方式，整个场景给人完全立体的感受。3D全息技术将武隆景色融入剧中，舞台上演员的演出与画面有机配合，营造出很多传统舞台无法实现的梦幻效果。

图 12 – 28　遇见敦煌光影艺术展

图 12 – 29　印象武隆

二、媒介融合艺术美的欣赏

AIGC 技术
与媒介融合
艺术美

在媒介融合大背景下，我们不仅能欣赏到传统媒介的艺术美，还能领略到新技术带来的创新之美。其中，AIGC（Artificial Intelligence Generated Content，人工智能生成内容）技术的运用，为媒介融合艺术美的欣赏增添了新的维度。AIGC，即利用人工智能技术生成的内容，正逐渐成为媒介融合领域的一股新兴力量。通过应用深度学习、自然语言处理等先进技术，AIGC 能够生成具有高度真实感和创意性的数字内容，为观众带来全新的视觉和听觉体验。

（一）AI 与文化的融合体验

在线平台不仅提供了静态的艺术作品欣赏，还能让我们跟随 AI 沉浸式体验文化的魅力。比如，通过 AI 技术，我们可以穿越时空，体验千年运河的十年蜕变，感受历史的厚重与文化的传承（见图 12 – 30）。还可以通过 AI 看到花开盛世（见图 12 – 31）。另外，我们还可以通过 AI 以油画的方式体验重庆文化（见图 12 – 32）。

图 12 – 30　AI 沉浸式体验千年运河十年蜕变

图 12 – 31　AI 菏泽：花开盛世

图 12 - 32　AI 油画体验重庆文化

（二）AI 等数字技术为传统文物展览注入新活力

通过 AI，我们可以身临其境地欣赏到珍贵文物，还可以利用 AI 技术重现文物原貌，使观众可以近距离、360 度无死角地观察文物每一个细节，仿佛置身于博物馆之中。例如，国家博物馆举办的"华彩万象——石窟艺术沉浸体验"（见图 12 - 33），展览借助 AI 算法、数字交互应用等技术手段，让克孜尔石窟、敦煌莫高窟、麦积山石窟、云冈石窟和龙门石窟等文化珍品"齐聚一堂"。展览对历史遗存进行数字化再创作，打开了石窟艺术全新的解析和观赏视角，让不可再生、不可移动的文化遗产"活"起来。

图 12 - 33　AI 华彩万象——石窟艺术沉浸体验

（三）AI 助力艺术创作与个性化推荐

数字技术不仅可用于文物展示，还为艺术创作提供了新工具和可能性。艺术家们可以利用这些技术创作出更加丰富多彩的艺术作品（见图 12 - 34），拓宽了艺术边界。同时，通过分析观众的兴趣和偏好，数字技术还能为其推荐最符合其品位的艺术作品（见图 12 - 35），提供个性化的艺术欣赏体验。

图 12 - 34　AI 海报　　　　　　　图 12 - 35　AI 生成的插画

（四）数字技术宣传环保理念

数字技术同样被用于宣传环保理念。比如，《AI 地球》宣传片就利用了先进的数字技术，呼吁人们关注地球环境，保护我们共同的家园。

（五）数字人技术引领虚实交融的未来

数字人技术通过高度逼真的 3D 建模、动作捕捉和人工智能技术，创造出虚拟生动的人物形象。数字人不仅在外观上栩栩如生，更能模拟真实人类的行为、语言和情感，为用户提供全新的互动体验。2024 年 4 月 28 日举行的 2024 中关村论坛年会平行论坛"互联网 3.0：未来互联网产业发展论坛"上，中国工程院院士金涌与"钱学森"跨时空对话（见图 12-37）。"合成现实"数字复原人技术，成就了这次跨越时空的对话。

图 12-36　AI 地球

图 12-37　中国工程院院士金涌与钱学森跨越时空相见

数字人化身为虚拟讲师和主持人，通过生动的讲解和互动，为用户提供知识普及和娱乐体验。数字人不仅能够呈现逼真的表情和动作，还能根据用户的反馈进行智能调整，提供更多个性化服务（见图 12-38）。

图 12-38　虚拟主持人

数字人技术的应用不限于上述领域，还可广泛应用于游戏、电影、广告等多个行业。在游戏中，数字人可以作为玩家的角色或 NPC，提供更加真实的游戏体验；在电影中，数字人可以创造出逼真的虚拟角色，丰富电影的视觉效果；在广告中，数字人可以作为品牌形象代言人，吸引用户的注意力。类似地，我们还可以与 AI 张骞聊丝路，深入了解丝绸之路的历史与文化，这种互动式的体验让学习变得更加生动有趣（见图 12-39）。

图 12-39 AI 张骞聊丝路

数字人技术以其独特的魅力和广泛的应用前景，正在逐步改变我们的生活方式和交互模式。不仅提升了用户体验，还为各行各业带来了创新和效率。展望未来，随着技术的持续进步和市场的不断拓展，数字人技术有望在更多领域大放异彩，成为数字化时代的重要推动力。

考题 ··

1. 一幅好的摄影作品，需要具备哪些要素？
2. 对于数字媒体艺术美，你是如何认识的？
3. 媒介融合是媒介变革，专业市场需求旺盛，如何提升媒体人才的美学素质？

参考文献

一、著作类

［1］马克思恩格斯选集：第一卷［M］. 北京：人民出版社，1995.

［2］马克思恩格斯全集：第四卷［M］. 北京：人民出版社，1953.

［3］马克思恩格斯全集：第二十卷［M］. 北京：人民出版社，1971.

［4］马克思恩格斯全集：第四十二卷［M］. 北京：人民出版社，1979.

［5］马克思恩格斯全集：第四十六卷［M］. 北京：人民出版社，1979.

［6］习近平谈治国理政：第一卷［M］. 北京：外文出版社，2014.

［7］习近平谈治国理政：第二卷［M］. 北京：外文出版社，2017.

［8］朱立元. 美学［M］. 北京：高等教育出版社，2001.

［9］姚勇. 大学生美育［M］. 北京：中国人民大学出版社，2021.

［10］黄高才. 大学美育［M］. 北京：北京大学出版社，2018.

［11］王德岩，王文革. 大学美育讲义［M］. 2版. 北京：清华大学出版社，2017.

［12］鲁岩. 大学美育［M］. 天津：天津人民美术出版社，2020.

［13］宗白华. 美学散步［M］. 上海：上海人民出版社，1981.

［14］班建武，曾妮. 大学生劳动教育［M］. 北京：人民邮电出版社，2021.

［15］李淑玲. 工匠精神［M］. 北京：企业管理出版社，2016.

［16］徐国庆. 大学生劳动教育［M］. 2版. 北京：高等教育出版社，2021.

［17］夏一璞. 劳模精神［M］. 北京：人民日报出版社，2021.

［18］康保苓. 茶文化［M］. 北京：中国人民大学出版社，2022.

［19］卢梭. 论科学与艺术［M］. 何兆武，译. 上海：上海人民出版社，2007.

［20］《新时代公民道德建设实施纲要》学习读本［M］. 北京：人民出版社，2020.

［21］何语华. 美育：美即生活［M］. 4版. 北京：中国劳动社会保障出版社，2021.

［22］尹红领，王雪萍. 新时代家庭美德建设读本［M］. 北京：中国言实出版社，2020.

［23］罗国杰. 社会主义道德体系研究［M］. 北京：中国人民大学出版社，2018.

［24］吴海庆. 美育与德育关系的当代阐释［M］. 济南：山东文艺出版社，2008.

［25］季兴泉. 职业装设计艺术［M］. 上海：中国纺织大学出版社，1999.

［26］常树雄，王晓莹. 职业服装设计教程［M］. 沈阳：辽宁美术出版社，2014.

［27］刘志平，熊若佚. 化妆与造型［M］. 重庆：重庆大学出版社，2015.

［28］徐莉. 化妆形象设计［M］. 北京：中国纺织出版社，2019.

［29］范蒙蒙，禹巧华. 形象设计与化妆［M］. 2版. 郑州：郑州大学出版社，2021.

［30］朱海林. 伦理关系论［M］. 北京：光明日报出版社，2011.

［31］冯兰. 人际关系学［M］. 沈阳：辽宁大学出版社，2005.

［32］郑杭生. 社会学概论新修［M］. 北京：中国人民大学出版社，1994.

［33］陈斌蓉，唐笑宇，易今科. 大学美育［M］. 长沙：中南大学出版社，2021.

［34］黄高才，刘会芹. 艺术欣赏［M］. 北京：中国人民大学出版社，2012.

［35］史密斯. 艺术感觉与美育［M］. 滕守尧，译. 成都：四川人民出版社，2000.

［36］王昳. 大学美育［M］. 合肥：合肥工业大学出版社，2008.

［37］王子云. 中国雕塑艺术史（上中下)［M］. 北京：人民美术出版社，2012.

［38］巫鸿. 中国绘画：远古至唐［M］. 上海：上海人民出版社，2022.

［39］洪再新. 中国美术史［M］. 北京：中国美术学院出版社，2000.

［40］李来源，林木. 中国古代画论发展史实［M］. 上海：上海人民美术出版社，1997.

［41］王冬龄. 书法篆刻［M］. 北京：中国美术学院出版社，2004.

［42］徐复观. 中国艺术精神［M］. 沈阳：辽宁人民出版社，2019.

［43］张建. 大学美育［M］. 北京：高等教育出版社，2017.

［44］张蓝姗. 媒介融合：电视＋互联网的跨界与转型［M］. 北京：清华大学出版社，2019.

［45］朱春阳. 现代传媒集团成长理论与策略［M］. 上海：上海人民出版社，2008.

二、报刊类

［1］张绍荣，唐玉林，杨敏. 创新"美育＋"体系赋能"五有城职人"［N］. 光明日报，2023－07－17（08）.

［2］张绍荣，唐玉林. 涵育红色匠心 实现技能报国［N］. 中国教育报，2022－06－23（08）.

［3］张绍荣. 新时代坚持和发展马克思主义的三个维度［J］. 马克思主义理论学科研究，2018（4）.

［4］凌一，朱斌. 中国共产党美育思想的基本内涵［J］. 美与时代（下），2012（10）.

［5］冉玉，冉一贝. 习近平总书记关于美育的重要论述的渊源与内涵［J］. 华北水利水电大学学报（社会科学版），2022（3）.

［6］高天. 劳动精神的三重维度［J］. 大庆社会科学，2022（3）.

［7］黄英杰．中国陶瓷工艺的起源与发展［J］．陶瓷科学与艺术，2021（3）．

［8］梁宇．试论陶瓷技艺传承与工匠精神［J］．景德镇陶瓷，2020（6）．

［9］李净仪．唐三彩工艺及其艺术价值［J］．天工，2022（16）．

［10］刘茜，车洁．蜀绣内蕴的"工匠精神"研究［J］．黑龙江人力资源和社会保障，2022（5）．

［11］施爱芹，李蒙．非遗蜀绣的艺术特性及传承创新研究［J］．天工，2021（11）．

［12］汤南南．创意时代"困局"中的传统手工艺——以竹编工艺为例［J］．集美大学学报（哲学社会科学版），2015（3）．

［13］苏攀龙，杨德松．浅谈棉田农药随水滴施与植保无人机施药［J］．新疆农垦科技，2021（4）．

［14］吕政．科技创新与中国工业发展［J］．学习与探索，2004（6）．

［15］何春华，汪朝杰，张莹．借力科技精细管理 用心服务杜绝浪费：以合肥工业大学为例［J］．高校后勤研究，2022（2）．

［16］宋德军．科技创新对就业的影响效应：基于总量和结构的视角［J］．技术经济，2012（6）．

［17］孙庆杰．科技发展促进思维方式变革［J］．改革与开放，2011（16）．

［18］谢保卫．职业装形象的代言［J］．淮北职业技术学院学报，2009（5）．

［19］周蓉辉．马克思恩格斯关于人与自然和人与人的社会关系理论［J］．学术论坛，2011（2）．

［20］陶行知．"伪知识"阶级［J］．教学管理与教育研究，2018（24）．

［21］徐绍棠．试论语言美与心灵美的内在联系［J］．晋中师专学报，1983（2）．

［22］邹文彪．谈戏曲表演艺术之美［J］．文艺生活，2021（5）．

［23］王维，孙南航．论现代大学音乐审美教育：评《音乐审美心理学教程（修订版）》［J］．高教探索，2017（2）．

［24］杨继平．美育，渗透心灵的教育：以普通高校美术鉴赏课为例［J］．赤峰学院学报（汉文哲学社会科学版），2018（5）．

［25］孙大鹏．我国音乐表演艺术的现状及美学学科建设研究：评《音乐表演美学》［J］．科技管理研究，2021（3）．

［26］韦汉．声乐表演艺术欣赏的美学思考［J］．戏剧之家，2019（13）．

［27］熊燃．媒介融合的三种形式［J］．新闻前哨，2013（7）．

三、学位论文类

［1］程新宇．习近平关于美育的重要论述研究［D］．济南：山东大学，2021．

［2］周培倩．新时代高校美育中存在的问题及其对策研究［D］．西安：西北大学，2020．

［3］王正．新时代大学生劳动精神培育路径研究——以天津市部分高校为例［D］．

天津：天津师范大学，2022.

　　［4］邹颖．中国非物质文化遗产中手工刺绣的传承与发展［D］．南昌：南昌大学，2021.

　　［5］潘彦瑾．非遗视域下四川传统竹编技艺的生产性保护研究［D］．成都：成都大学，2021.

　　［6］林更茂．建构现代和谐社会伦理秩序论［D］．武汉：华中师范大学，2008.

　　［7］姜燕．汉语口语美学研究［D］．济南：山东师范大学，2011.

　　［8］冯婷．审美教育与大学生的全面发展［D］．西安：陕西师范大学，2015.

后记

加强大学生美育是高等教育义不容辞的责任和义务，而一本符合新时代要求的高质量美育教材是开展好大学生美育的基础和前提。为编写好《现代大学美育》教材，自 2022 年以来，川渝鄂桂四地高校联合成立了编委会，重庆城市职业学院党委书记张绍荣、重庆工业职业技术学院党委书记郭天平任编委会主任，重庆移通学院副校长王征、重庆工贸职业技术学院党委书记唐玉林、重庆三峡职业学院党委书记谈建成、重庆财经职业学院党委书记胡尚全、重庆交通职业学院党委书记张俊、重庆青年职业技术学院党委书记朱毓高、宜宾职业技术学院校长伍小兵、重庆幼儿师范高等专科学校校长马文华、重庆水利电力职业技术学院党委副书记陈吉胜、重庆文化艺术职业学院党委副书记胡刚、黄冈职业技术学院党委副书记郑柏松、重庆工程职业技术学院副校长周优文等任编委会委员。

教材编写和再版修订工作由重庆城市职业学院承担，张绍荣、朱传书、杨敏担任主编。张绍荣负责教材框架、提纲拟定和模块一、模块四等部分章节撰写并负责全书的统修定稿，杨敏负责模块二、模块三等部分章节撰写并协助负责全书的统修定稿，朱传书负责模块五部分章节撰写并协助负责校改工作。参与教材编写的人员还有：蔡欢欢参与撰写模块一，屈洋参与撰写模块二的第五章，刘振栋参与撰写模块三的第六章、第七章，胡圣知参与撰写模块四的第八章，龙虹竹参与撰写模块四的第九章，付诗诗、赖静雯参与撰写模块五的第十章，陈琳、刘晓晓参与撰写模块五的第十一章，王瑶、付振中、温萍萍参与撰写模块五的第十二章。重庆市高等教育学会高校美育专业委员会首席专家李益教授协助审校了书稿全文，《现代大学美育》教材编委会相关专家对书稿进行评审校订。

在本书编写和再版修订过程中，编者参考了大量资料和教材，广泛借鉴了众多专家学者的研究成果，得到了有关兄弟院校和中国人民大学出版社的大力支持，在此一并表示衷心的感谢！由于编者能力和水平有限，本书还存在一些不足之处，敬请广大读者批评指正，以便进一步完善和提高。

意见反馈邮箱：775391168@qq.com

jwcyangmin@cqcvc.edu.cn